구술전승과 신약성서

라파엘 로드리게즈 지음

김선용 옮김

구술전승과 신약성서

지음	라파엘 로드리게즈
옮김	김선용
편집	김덕원

발행처	감은사
발행인	이영욱
전화	070-8614-2206
팩스	050-7091-2206
주소	서울특별시 강동구 암사동 아리수로 66, 401호
이메일	editor@gameun.co.kr

종이책

초판발행	2024.11.30.
ISBN	9791193155714
정가	24,800원

전자책

초판발행	2024.11.30.
ISBN	9791193155721
정가	19,800원

이 도서는 2022년 대한민국 교육부와 한국연구재단의 지원을 받아 수행된 연구임
(NRF-2022S1A5B5A16053153)

Oral Tradition and the New Testament

Rafael Rodríguez

| 일러두기 |

- 각 페이지 하단에 있는 작은 숫자는 원서 페이지입니다. 색인 참조 시 원서 페이지를 찾으시면
  됩니다.

서문

나와 내 큰딸은 몇 시간 전 디즈니의 〈피니와 퍼브〉(*Phineas and Ferb: The Best Live Tour Ever!*) 공연을 보고 집에 왔다. 공연이 끝나갈 무렵 오리너구리 페리와 악당 두펀스머츠 박사(Dr. Doofenshmirtz)의 극적인 싸움이 진행될 때 재미있는 일이 벌어졌다. 페리와 두펀스머츠 박사가 짜여진 안무대로 공수도 같은 움직임을 할 때 불빛이 번쩍거리며 그들을 둘러쌌다. 갑자기 그 둘은 다른 맥락에서라면 [〈스타워즈〉의] 광선검처럼 보일 수 있는 빛이 나는 칼을 들고 있었고, 주먹다짐과 발차기 위주에서 찌르기와 방어 위주로 싸움 형태가 바뀌었다. 그때 〈피니와 퍼브〉에 자주 나오는 스타일의 얼터너티브 록 음악이 잠시 잦아들고 강한 디스토션이 걸린 전기 기타 음으로 존 윌리엄스(John Williams)의 〈스타워즈〉 OST가 들려왔다. 당연하게도 결국 페리가 승리했고 두펀스머츠 박사는 패배했다.

공연의 이 광경과 음향은 이 책과 관련된 몇 가지 이유에서 내 관심을 끌었다. 첫째, 〈스타워즈〉라는 대서사시에 대한 다양한 감각적 암시는 관객 모두가 이미 알고 있는 사실에 깊이를 더해 주었다. 바로 페리와 두펀스머츠의 전투가 선과 악의 대결이라는 점이다. 둘째, [어린 시절 〈스타워즈〉의 내용 즉] 반란군 연합과 은하 제국 간의 전쟁을 접했던 관객의 부모들은 이러한 암시를 통해 자녀와 함께 어린 시절의 입장에서 공연을 (적어도 일부분은) 체험할 수 있었다. 셋째, 나는 페리와 두펀스머츠의 결투를 보며 〈스타워즈〉 여섯 편 중 어느 특정 장면을 떠올렸던 것이 아니라 〈스타워즈〉 이야기 전체를 한꺼번에 떠올렸다(그것도, 단 몇 초 만에). 넷째, 관객석에 있던 아이들의 반응을 보고 짐작하건대, 암시를 눈치채지 못한 사람(내 딸도 눈치채지 못했다)도 이렇게 더해진 깊이를 느끼지 못했음에도 불구하고 계속 공연을 즐겼다. 마지막으로, 다섯째, 페리와 두펀스머츠가 광선검을 휘두르는 장면을 보면서 몇 가지 이상한 질문이 떠올랐다. 특히 이 질문—두펀스머츠 박사가 오리너구리 페리의 아버지는 아닐까? 이 모든 것이 빛을 내는 검 두 개와 익숙한 음악 몇 소절에서 비롯됐다!

〈피니와 퍼브〉 공연의 작가들과 안무가들은 범죄와 싸우는 오리너구리의 이야기를 〈스타워즈〉라는 우주 대서사시에 구현된 선과 악이라는 더 커다란 문화적 전통에 창의적으로 엮어냈다. 이 암시를 왜 넣었는지 설명할 필요도 없었고, 그 암시가 무엇을 의미하는지 따로 설명할 필요도 없었다. 그러한 암시는 그냥 자연스럽게 받아들여졌다. 작가들이 악보와 안무에 전통적인 소재를 창의적으로 포함시켰고, 관객이 그 의도를 해석할 준비가 되어 있었기 때문이다.

이 책은 초기 그리스도인들이 예수에게서 유래한 이야기 혹은 예수에 대한 이야기를 전하기 위해 모였을 때나, 모세와 다윗과 예언자들에 관한 오래된 성스러운 전승을 들려주기 위해 모였을 때나, 또는 바울이나 야고보, 베드로가 쓴 편지를 공개적으로 공연하는 것을 보기 위해 모였을 때 (《피니와 퍼비》 공연과) 비슷한 일이 일어났다는 주장을 담고 있다. 마가복음 저자가 하나님의 영이 예수를 사탄의 시험을 받도록 광야로 "쫓아냈다"(*ekballō*, '에크발로')고 말할 때, 이 특이한 단어인 '에크발로'(*ekballō*)는 훨씬 더 큰 [성서적] 전승의 세계를 향한 창을 열어주었다. 거대한 녹색 오리너구리가 손에 든 광선검처럼, 더 크고 포괄적인 전승과의 연결은 내러티브에 의미의 층을 더했다.[1] 이 암시는 미묘해서 마가복음 독자 중 일부는 이를 놓쳤을 수도 있다. 그러나 그것은 별로 중요하지 않다. "들을 귀"가 있는 사람들에게는 암시가 분명히 존재했다.

20세기에 구술전승과 신약성서에 대한 관심이 크게 증가했다. 20세기 초에는 양식비평가들, 특히 마르틴 디벨리우스(Martin Dibelius)와 루돌프 불트만(Rudolf Bultmann)이 이런 이슈를 제기하는 데 크게 기여했다. 하지만 20세기 말에는 대부분의 신약학자가 구술전승의 역동성과 영향을 다루는 양식비평의 방식에 불만을 품

---

1   막 1:12을 논한 이 책 제5장을 보라.

게 됐다. 20세기 후반에는 호메로스 연구, 문화인류학 및 기타 분야의 학제 간 연구가 구술전승의 문제에 접근하는 대안적 방식을 제시했다. 1980년대와 1990년대에는 신약학자들이 이러한 대안적 방법에 점점 더 정교한 주의를 기울이기 시작했는데, 특히 베르너 켈버(Werner Kelber)의 중요한 저서 『구술 복음과 기록된 복음』(*The Oral and the Written Gospel*, 1983)이 계기가 됐다. 21세기의 첫 십여 년 동안 매체비평적 연구의 폭발적인 증가는 계속됐을 뿐만 아니라 더욱 가속화됐다. 그럼에도 여전히 신약 텍스트에 대한 미디어 비평적 분석은 비교적 신생 분야이며, 역사비평과 문학비평 그리고 여타 비평 방법의 그늘에 가려진 갓난아기에 불과하다.

이 책에서 나는 "다양한 커뮤니케이션매체(연설, 글, 의례 등)의 기능과 역학, 특히 한 매체에서 다른 매체로의 전환(예, 구술 표현에서 기록 표현으로의 전환)이 지닌 중요성에 대한 분석"이라고 정의하는, 신약 매체비평의 기본 요소들을 소개하는 작업을 시도한다. 나는 이 분야에 대한 폭넓은 논의를 제공하려고 노력했다. 그렇다 하더라도 매 단계마다 나는 신약 매체비평의 현황을 중립적이고 객관적으로 요약하기보다는 분석하고 평가하는 논의를 제공했다. 다시 말해, 이 책은 신약 매체비평에 대한 입문서 그 이상의 책이다. 또한 향후 신약 매체비평이 나아갈 방향에 대한 내 자신의 제안이기도 하다.

이 책 제작의 여러 단계에서 많은 사람이 도움을 주었다. 애틀랜타에서 열린 SBL 연례 학회에서 내가 도미닉 마토스(Dominic

Mattos)에게 "당황한 이들을 위한 안내서 시리즈"(the Guides for the Perplexed series)에 구술전승에 관한 책을 싣는 게 어떻냐고 제안했을 때 그는 흔쾌히 받아들였다. 티머시 곰비스(Timothy Gombis)와 제임스 크로슬리(James Crossley)는 둘 다 "당황한 이들을 위한 안내서 시리즈"에 책을 낸 적이 있어서(Gombis 2010, Crossley 2010) 구술전승과 신약성서에 대한 안내서가 어떤 모습이어야 하는지 생각하도록 도와주었다. 크리스 키스(Chris Keith)는 이 프로젝트에 귀중한 피드백과 격려를 주었다. T&T 클락 인터내셔널의 편집진, 특히 케이틀린 플린(Caitlin Flynn)은 내가 마감일을 한두 번(혹은 세 번!) 미뤄야 했을 때도 놀라울 정도로 유연하게 대처해 주었다. 이 책의 대부분은 2012년 가을 안식 학기 동안 집필했다. 안식 학기를 갖게 해준 크리스 데이비스(Chris Davis)와 존슨 대학교(Johnson University)의 행정팀에 감사한다. 존슨 대학교의 도서관 직원들, 특히 존 헤일(Jon Hale)과 하이디 베리힐(Heidi Berryhill)은 내가 필요한 소논문이나 책을 요청할 때마다 항상 친절하게 응해 주었다. 리디아 웨이드(Lydia Wade)는 거의 원고 전체를 검토하고 편집일을 크게 도와주었다. 또한 이 책의 제작 마지막 단계쯤 에릭 이브(Eric Eve)가 『예수에서 복음서까지』(*Behind the Gospels: Understanding the Oral Tradition* [SPCK], 좋은씨앗, 2016 역간)를 곧 출간한다는 사실을 알게 됐다는 점을 말해 두고 싶다. 안타깝게도 에릭의 책을 이 책의 논의에 넣을 순 없었지만, 그는 기꺼이 출판 전 원고를 내게 제공해 주었다.

　당연히 감사의 가장 큰 몫은 내 아내 안드레아(Andrea)와 딸 자넬(Janelle)과 조세피나(Josephina)에게 돌린다. 이들은 집안일, 게임, 숙제, 책 읽어 주기 등 내가 해야 할 일이 있을 때도 내가 컴퓨터 앞에 앉아 있는 것을 종종 용납해 주었다. 더 중요한 것은 (그리고 더 자주) 집안일, 게임, 숙제, 읽어 주어야 할 이야기들이 있을 때 내가 컴퓨터 앞에 머물러 있지 **못하게** 했다는 점이다. 아내와 딸들의 끈질긴 종용 덕분에 나는 지금의 남편이자 아빠가 될 수 있었고, 그 때문에 이 책의 품질이 살짝 떨어졌더라도(바라기는 떨어졌더라도 **아주 조금만** 그랬으면 좋겠지만) 나는 괜찮다.

　2012년 9월 22일 토요일에 내 여동생 리키 에린 베라(Rikki Erin Bera, 결혼 전 성은 소머볼드[Sommervold])가 암과의 사투를 끝냈다. 겨우 29살, 너무 어린 나이였다. 리키 에린 베라를 기억하며 이 책을 그에게 바친다.

라파엘 로드리게즈

존슨 대학교

2013년 2월 15일

제1장
서론

2004년 봄에 나는 구술전승과 구술사학(oral historiography: 과거 사건의 목격자 및/또는 실제로 사건을 겪은 사람들을 인터뷰해서 수집한 정보를 바탕으로 역사를 서술하는 것)에 관한 연구물을 읽기 시작했다.[1] 나는 6개월 동안 스페인 정부에 대항한 바스크 분리주의 여성들의 투쟁에 대한 기억, 현대 아프리카인들이 과거를 보존하고 서술하는 기법들, 제2차 세계대전 중 일본계 미국인들이 억류당했던 사건에 대한 이해에 구술 인터뷰가 기여한 점, 고대 그리스에서 정보를 취급하고 사회적으로 참여하는 데 쓰인 구술 및 기록 기법들, 그리고 학

------

1   나는 "구술전승"(oral tradition)과 "구술사"(oral history)가 서로 다른 것이라는 사실을 공부한 지 몇 달이 지나서야 깨닫게 됐다. 각기 다른 연구자는 서로 다른 자료에 대해 서로 다른 질문을 던지고, 그에 대한 답을 얻기 위해 서로 다른 방법론을 사용한다. 구술사와 신약성서에 관한 논의는 Samuel Byrskog, *Story as History, History as Story* (2000)를 보라.

자들이 구술전승과 구술사학의 관점에서 연구한 수십 가지 주제에 관한 연구물을 읽었다.

구술에 대한 연구를 그렇게도 많이 읽었어도, 2005년 5월에 존 마일스 폴리(John Miles Foley)의 획기적인 저서인 『공연으로 이야기하는 노래꾼』(*The Singer of Tales in Performance*)을 처음 접했을 때 나는 그 책을 전혀 이해하지 못했다. 내용이 복잡할 뿐더러 내가 모르는 개념과 용어로 가득 차 있었다. 내가 이미 구술전승에 관한 저서들을 1년 넘게 읽고 있었는데도 말이다! 하지만 『공연으로 이야기하는 노래꾼』은 이해하는 데 노력을 들일 만한 가치가 있는 책이었다. 마침내 존 마일스 폴리를 이해하기 시작하면서, 나는 그의 연구를 통해 초기 그리스도인들이 예수에 대해 서로 어떻게 이야기했는지, 그들이 예수의 삶과 가르침에 대한 기록된 이야기들(“복음서”라고 불리는 책)을 어떻게 이해했는지, 그리고 2천 년이 지난 지금 우리가 그 복음서를 어떻게 이해해야 하는지에 대한 생각을 근본적으로 바꾸게 됐다.

하지만 모든 사람이 구술전승에 관한 복잡하고 전문적인 책들을 읽을 시간이나 에너지(또는 관심!)를 가지고 있는 것은 아니다. 게다가, 학부생이나 대학원생 혹은 신학교 학생들이 구술전승 연구를 쉽게 접하는 데에 도움이 되는 도구가 많지 않다는 문제도 있다. 많은 경우 구술전승을 다룬 연구물에 사용되는 전문 용어들 때문에 읽기가 어렵게 느껴진다. 나는 이 책이 이러한 문제점들 해결하는 데 도움이 되기를 바란다. 이 책에는 두 가지 목표가 있다. 제1부에서는 학생들이 구술전승 연구를 읽을 때 접하게 될 다양한 용어와 개념에 대한 설명을 제공한다. 그런 다음 제2부에서는 구술전승 연구가 어떻게 신약성서 본문에 대한 참신한 이해를 열어주는지 보여줄 것이다. 내 목표는 학자들이 구술전승에 대해 어떻게 생각하는지에 대한 세부적인 전문 지식을 피하기보다는 그 세부적인 전문 지식을 알기 쉽게 풀어내는 것이다.

그런데, 신약성서는 기록된 하나의 문서가 아니던가?

대답은 "그렇다"와 "아니다", 둘 다이다. 신약은 기원후 1세기에 집필된 27개의 문서로 이루어져 있다. "친필본"(autograph)으로 불리는 신약의 원본은 현재 아무것도 존재하지 않지만, 말 그대로 수천 개의 필사본이 지금도 남아 있다. 이 필사본들은 가로와 세로 길이가 불과 몇 센티미터밖에 안 되는 작은 조각들부터 신약성서 전체 내용이 담긴 사본까지 있다.[2] 그래서, [위의 질문에] "아니요"라고 답을 할 수 있다. 신약성서는 **한 개**의 기록된 텍스트가 아니

______

2　때때로 다른 책들도 모음집에 포함된다. 이를테면 히브리 경전(= 구약성서) 또는 정경으로 선정되지 않은 책들 말이다. 예를 들어, 4세기 사본인 시내산 사본에는 신약성서가 포함되어 있는 데다가, 히브리 경전을 처음 그리스어로 번역한 것에 더해 여타 그리스어 문헌을 담은 칠십인역, 그리고 『헤르마스의 목자』와 『바나바의 서신』 등 비정경 그리스도교 문서가 포함되어 있다. 본서는 신약에 초점을 맞추고 있으므로 신약이 아닌 텍스트를 포함하고 있는 경우는 언급하지 않을 것이다.

라 텍스트들의 **모음집**이다. 그래서 또한 "그렇다"라고 답을 할 수 있다. 신약은 **기록된** 텍스트의 모음집이다.

그렇다면, "구술전승이 신약성서와 무슨 관련이 있는가?"라고 질문할 수도 있다. 아마도 가장 분명한 사실은 (너무 명백해서 굳이 말하지 않아도 될 정도다) 초기 그리스도교 구술전승의 단 한 음절도 남아 있지 않다는 점일 것이다. 1세기 그리스도인들이 예수에 대해 이야기한 것을 녹음했거나 영상으로 찍은 것이 있을 리가 만무하다. 우리가 가진 것은 기록된 텍스트뿐이다. 게다가 그 어떤 신약 본문도 예수 전승의 구술 공연을 받아 적거나 기술한 것으로 보이지 않는다. 우리가 가진 또 다른 것으로는 고고학자들이 많이 발굴해 낸 주화, 도기, 도구 등 물질적 유물이 있다. 이러한 유물들은 초기 그리스도인들이 살았던 세상을 조명하는 데 도움을 준다. 하지만 우리는 예수와 초기 그리스도인들에 대해 알기 위해서 대부분의 경우 기록된 텍스트에 의존한다. 우리가 연구할 수 있는 구술전승은 존재하지 않는다.[3] 우리가 1세기에 대해 알고 있다고 생각하는 모든 것은 누군가가 쓰고, 우연한 기회에 그 쓴 글이 부지

---

3   신약학계에서 "구술전승"에 대해 논할 때, 우리는 구술전승을 연구하는 수많은 학문 분과가 자신들의 연구 대상인 특정 구술전승을 실제로 접할 수 있다는 사실을 알 필요가 있다. 인류학자들은 유고슬라비아, 가나, 뉴욕 등 어디든 가서 전통의 구전으로 표현된 전승을 듣고, 녹음하고, 분석하고, 보고할 수 있으며, 실제로 그렇게 하고 있다. 이와는 대조적으로, 신약학자들은 초기 그리스도교 구술전승을 직접 듣고 연구하기 위해 로마-헬레니즘 시대의 지중해 세계로 직접 갈 수 없다. 이 점은 구술전승과 신약에 대한 모든 연구가 명확하고 분명하게 인정해야 할 중요한 지점이다.

런히 필사되고 보존되어 오늘날까지 살아남은 텍스트에서 유래한 것이다. 1세기의 구술 예수 전승은 [현재] 아예 존재하지 않는다.

그럼에도 모든 정황을 보면 우리는 초창기 그리스도인들이 구전과 기록 둘 다를 포함한 다양한 소통 매체를 통해 예수에 대한 이야기를 했을 것이라고 생각하게 된다. 구술 매체와 기록 매체가 복잡한 방식, 중요한 방식으로 상호작용했음을 시사하는 점들이 있다. 아래의 사항을 고려해 보라.

- **학자들은 고대 세계에서 글을 읽을 수 있는 사람의 비율이 충격적으로 낮았을 거라 추정한다.** CIA 월드 팩트북(CIA World Factbook)에 따르면 2003년 미국인 중 글을 읽을 수 있는 사람의 비율이 99%에 달했다.[4] 서양 문화에서 읽기는 너무나 생활의 기본적인 부분이기에 일상에서 의식하지 않을 정도다. 우리는 거리 표지판, 메뉴판, 광고판, 뉴스 속보 문자, 제품 설명 등 무수히 많은 기록된 텍스트를 너무 자주 그리고 힘들이지 않고 읽어서, 읽기는 마치 숨 쉬는 것처럼 누구나 하는 것이다. 로마 시대의 상황은 이와 정반대였다. 윌리엄 해리스(William Harris, 1989)와 캐서린 헤저(Catherine Hezser, 2001) 두 사람 다 로마 시대 팔레스타인 지역 전체 인구(도시와 농촌, 남성과 여성 등)의

4　"문해력"을 정의하고 측정하는 일은 악명 높을 만큼 어렵다. CIA 월드 팩트북은 그 목적상 미국인의 문해력을 "15세 이상의 사람이 읽고 쓸 줄 아는 것"으로 정의한다. 해당 웹사이트를 보라. www.cia.gov/library/publications/the-world-factbook/fi elds/2103.html (2012년 10월 8일 자 검색).

10% 미만, 아마도 3%에 가까운 사람들만 글을 읽을 수 있었을 것으로 추정한다.[5] 크리스 키스(Chris Keith, 2011a)는 예수 자신이 글을 쓰고 읽을 수 있었는지 의문을 제기했다.[6] 고대 세계에서는 대부분의 사람이 글을 읽을 수 없었기 때문에 예수에 대한 이야기를 글로 접하지 못했다.

- **로마 시대 유대아와 헤롯 가문 통치하의 갈릴리 주민들은 기록된 텍스트의 영향권 아래 살았다.** 고대 세계에서는 상대적으로 문해율이 낮았음에도, 기록된 텍스트는 도처에 있었다. 이러한 문서 중에서, 히브리 경전을 기록한 텍스트를 첫째로 꼽을 수 있다. 이 텍스트는 온 지역에 영향력을 행사했다.[7] 마가복음과

---

5   Harris 1989; Hezser 2001; Keith 2010. 당연한 말이지만, 이 사안을 분석할 때 문해력에도 수준 차이가 있음을 인지해야만 한다. 자신의 이름 정도만 쓸 수 있거나 간단한 법적 계약을 할 수 있는 수준부터 종교, 철학, 문학 텍스트 등 보다 전문적인 수준을 요구하는 문해력까지 다양하다(이에 대해서는 Rodríguez 2009:154-6을 보라).

6   특이하게도 Craffert와 Botha는 그들의 소논문을 "현재 학계에서는 예수가 읽고 쓸 수 있었다는 점에 거의 만장일치한다"는 이상한 주장으로 시작한다 (2005:5). 예수가 (어느 정도) 문해력을 갖추었다고 강력히 주장하는 일군의 학자들이 있는 건 분명한 사실이지만, 그들이 "거의 만장일치"에 이르렀다는 판단을 정당화할 수 있는 것은 아니다.

7   일부 학자(예, Joanna Dewey 또는 Richard Horsley)는 예루살렘 성전(그리고 "최소한 일부 유대아 및 갈릴리 마을", Horsley 2001:57)에만 기록된 텍스트가 존재했고, 경제, 정치, 종교 엘리트들이 이러한 텍스트를 사용하여 대다수 대중을 통제하고 지배했다고 생각하는 것으로 보인다(Horsley 2001:57-61을 보라). 하지만 기록된 텍스트가 행사하는 사회적 기능이 지리적 한계를 넘어 확장됐을 가능성에도 불구하고, 우리가 곧 보겠지만 갈릴리 시골조차도 문서를 소유했고 그에 따른 영향이 있었던 것으로 보인다.

마태복음은 모두 예수 사역에서 예루살렘을 배경으로 한 본문에서만 "경전들"(the Scriptures, '하이 그라파이'[*hai graphai*])을 언급한다.[8] 요한복음은 다른 복음서들을 합친 것보다 '그라페'(*graphē*, "경전"[scripture])라는 단어를 더 많이 사용하지만, 마가나 마태와 마찬가지로 예루살렘과 유대아와 관련된 본문에만 '그라페'를 한정해 사용한다.[9] 마태, 마가, 요한과 달리 누가는 갈릴리에 유대 경전 텍스트가 있었다고 말하고(눅 4:16-21), 이것이 예루살렘에서 바깥으로 퍼져나간 것을 언급한다(행 8:27-35). 유대아 사막에서 발견된 수많은 텍스트들—유명한 사해문서에 적힌 성서 텍스트, 종파적 텍스트, 전례적 텍스트로부터 나할 헤베르(Naḥal Ḥever)에서 발견된 바르 코크바 편지와 바바타(Babatha) 문서까지—도 언급할 필요가 있다. 두루마리를 실제로 읽을 수 있는 사람은 거의 없었지만, 기원전 1세기부터 기원후 1세기의 유대 문화를 보면 "일반 대중 사이에 텍스트에 대한 존중"이 있었음을 알 수 있다(Hurtado 1997:96).[10]

- **기록된 문서의 영향권 아래에서도 초창기 그리스도인들은 구술적으로 표현된 전승에 지속적으로 높은 가치를 부여했다.** 히에

8　막 12:10(단수형; 참조, 병행본문인 마 21:42[복수형]), 24(병행본문은 마 22:29); 14:49(병행본문은 마 26:54, 56).

9　다음 본문을 보라. 요 2:22; 5:39; 7:38, 42; 10:35; 13:18; 17:12; 19:24, 28, 36, 37; 20:9.

10　대부분 문맹인 사회 가운데서도 "널리 퍼진 텍스트성"에 대한 매우 유용한 논의는 Keith 2011a:85-8을 보라.

라폴리스(소아시아 서부, 현대의 튀르키예)의 주교 파피아스는 구전
에 높은 가치를 두는 중요한 예를 보여 준다. 길게 그의 글을
인용한다.

나는 주저 없이 여러분을 위하여 그 진실됨을 보증하는바 내가 그
때 장로들에게서 주의 깊게 배우고 세심하게 기억한 모든 것을 나
의 해석들과 함께 제시하겠소. 왜냐하면, 대다수 사람과는 달리,
나는 말할 것이 많은 사람들을 기뻐하지 않고 진리를 가르치는 사
람들을 기뻐하기 때문이오. 또한 생소한 계명들을 상기시키는 사
람들보다는 주님께서 믿는 자들에게 주신 계명들과 진리 자체로
부터 나온 것들을 기억하는 사람들을 기뻐하오. 그리고 또한 장로
들의 추종자들이었던 사람을 우연히 만날 때마다 나는 장로들의
말씀들에 대하여 문의했소. 즉, 안드레나 베드로가 무엇을 말씀하
셨는지, 혹은 빌립, 도마 또는 야고보, 혹은 요한이나 마태 또는 다
른 어떤 주님의 제자들이 무엇을 말씀하셨는지, 그리고 주님의 제
자들인 아리스톤과 장로 요한이 하는 말이라면 무엇이든지 말이
오. 왜냐하면 **나는 실제로 살아서 남아 있는 목소리로부터 얻는 것
만큼 그렇게 많은 유익을 책에서 얻을 수 있다고 믿지 않기 때문이
오.** (Papias, frag. 3.3-4 [Holmes의 번역을 조금 다듬었음], 강조는 추가).[11]

---

11   속사도 교부 문헌 인용 출처 표시는 Michael Holmes의 판본을 따랐다(Hol-
    mes 2007). 별도의 언급이 없는 한 모든 번역은 내가 한 것이다.

이 단락을 두고 학자들은 상당히 많은 연구물을 내놓았다.[12] 남아프리카의 신약학자인 피테르 부에타(Pieter Botha)는 처음 몇 세기 동안 그리스도인들은 기록된 텍스트를 남기는 데 열중하지 않았다는 결론을 내리면서, 파피아스 같은 일부 그리스도인들은 아예 기록된 문서를 쓰고 싶어 하지 않았다는 식으로 말한다.[13] 이 같은 주장에 대해 영국의 신약학자 리처드 보컴(Richard Bauckham)을 비롯한 다른 학자들은 지나치게 날카롭게 반응하면서 파피아스가 기록된 텍스트보다 권위 있는 구술전승을 선호한 것은 아니라며 정반대의 목소리를 낸다.[14] 내가 보기에 이 사안에 대한 적절한 접근법은 이 두 극단 사이 어디쯤에 있다. 파피아스는 글이 교육에 유용한 매체라고 인식한 것이 분명하다. 결국 파피아스는 예수의 가르침에 대해 다섯 권으로 구성된 책을 쓰지 않았는가![15] 그렇다고 하더라도 그는 기

12　예를 들어, Loveday Alexander 1990, Pieter Botha 1993, Richard Bauckham 2006, 그리고 Holmes 2007:728-9의 목록에 있는 텍스트들(영어, 독어, 이탈리아어)을 보라.

13　"이 결론은 잠정적일 수밖에 없지만, 나는 책의 제작이 그 자체로 필연적이거나 **반드시 바람직한** 목적은 아니었다는 1-2세기의 문화적 전제를 찾아낼 수 있었다. 즉, 책은 구술적 교육에 비해 부차적이었다"(Botha 1993:752, 강조는 추가).

14　"파피아스가 말하는 '살아서 남아 있는 목소리'는 많은 학자의 생각처럼 구술전승이라는 '목소리'를 은유적으로 표현한 것이 아니다. … '살아서 남아 있는 목소리'가 책보다 우월하다는 말은 구술전승이 책보다 우월하다는 뜻이 아니라, 가르치는 자나 정보 제공자 또는 연설가를 직접 경험한 것이 기록된 자료보다 우월하다는 것을 의미한다"(Bauckham 2006:27).

15　"애초에 파피아스가 높이 평가한 것은 구술전승이 아니라 직접 얻은 정보였

록된 자료에서 어떤 사안에 대해 읽는 것보다 "믿을 만한 관련 소식통에서 직접 들은 말"을 분명 선호했다. "파피아스가 구술전승을 선호했든 기록전승을 선호했든 상관없이, 그가 원했던 것은 전승이었다. 이 전승은 여러 가지 방식으로 전달됐고, 전승 과정에서 다시 이야기되고 다시 기록됐다"(Parker 1997:204). 전승을 기록한 글은 그로 족했고, 전승을 말로 한 것은 족한 것 그 이상이었다.

- **그럼에도 불구하고 초창기 그리스도인들은 처음부터 기록된 텍스트에 깊은 관심을 보였다.** 물론 예수는 글을 쓴 적이 없다.[16] 예수와는 달리 초기 그리스도인들은 굉장히 많은 책을 썼다. 예수를 개인적으로 알지 못했던 바울은 예수의 죽음 후 약 20

다. … 따라서 파피아스가 구두 증언과 기록된 증언을 대조할 때 그는 텍스트를 폄하하는 것이 아니다. 둘째, 파피아스 자신이 책을 썼고, 부분적으로는 자신이 받은 전승을 바탕으로 쓴 책이 다른 사람들에 의해 읽히고 [가치 있게] 평가될 것이라고 기대했을 것이다"(Gamble 1995:30-1).

16   간음하다 잡힌 여인에 대한 유명한 이야기(요 7:53-8:11)—'페리코페 아둘테라이'(*Pericope Adulterae*)로 불리우는 단락—에서 예수는 두 번 허리를 굽히고 손가락으로 흙에 글을 쓰기 시작했다(요 8:6, 8). 이 경우를 제외하면, 그리스도교 전통에서 예수가 무언가를 쓰는 것으로 묘사된 부분은 없다. 당연한 말이지만, 설사 예수가 흙에 무엇을 썼을지라도 지금까지 남아 있지는 못할 것이다. (Chris Keith [2009:241-4, 247-8]는 "글을 읽을 줄 아는 예수"를 묘사한 3세기와 4세기의 세 텍스트에 대해 논의하지만, 이 텍스트 중 적어도 두 개[아브가르의 전설; 『아리마대 요셉의 이야기』]에서는 예수가 파피루스나 양피지에 실제로 글을 쓰거나 물리적으로 글자를 새기는 모습이 묘사되지 않는다. 다른 두 텍스트[하나님에 대한 참된 믿음에 관한 아다만티우스의 대화; 아프라하트의 사목 강론]는 더 불분명하다.) '페리코페 아둘테라이' 본문에 대한 꼼꼼하고 매우 통찰력 있는 논의는 Keith 2009을 보라.

년이 되지 않아 지금도 현존하는 편지를 쓰기 시작했다. 대부분의 신약학자는 마가복음이 네 복음서 중 가장 이른 시기에, 즉 유대인과 로마 사이의 전쟁 직전(기원후 66-70년)에 쓰였다고 생각하는데, 훨씬 더 일찍 쓰였을 가능성도 있다.[17] 1세기 말과 2세기 초에 그리스도인들은 편지,[18] 지침서,[19] 강론,[20] 다양한 종

17　James Crossley(2004)는 마가복음이 신약학계에서 전통적으로 널리 받아들여진 연도보다 30년이나 앞선 기원후 39-41년에 쓰였다고 주장한다! 그의 과감한 제안은 많은 지지를 얻지 못했지만 그의 박사 과정 지도교수인 Maurice Casey는 예수에 관한 자신의 저서에서 이렇게 이른 마가복음 저작 시기를 받아들인다(Casey 2010).

18　13개의 바울서신은 대부분 교회들(로마, 고린도 등)을 대상으로 집필됐지만, 4개는 개인(빌레몬서, 디모데전후서, 디도서)에게 보내졌다. 일반 서신(야고보서, 베드로전후서, 유다서, 요한일·이·삼서)과 계 2-3장의 일곱 교회에게 보낸 서신, 그리고 예루살렘에서 보낸 사도적 칙령(특히 소아시아의 교회들에 보낸 것, 행 15:23-9)도 보라. 『클레멘스1서』도 1세기 말에 집필됐으며 『바나바의 서신』도 비슷한 시기에 쓰였을 것이다. 2세기 초반 20년 동안 시리아 안디옥의 감독 이그나티오스는 일곱 통의 편지를 썼다(아시아와 유럽 교회에 여섯 편, 서머나[소아시아 서부 해안]의 감독 폴리카르포스에게 한 편).

19　예를 들어, 『디다케』(*Didachē*: 문자적으로는 "가르침"이란 뜻인데, 이는 "열두 사도가 이방인에게 전하는 주님의 가르침"이라는 제목을 줄인 것이다)는 1세기 말에 작성된 것일 수 있다(Holmes 2007:337-8). 『디다스칼리아 아포스톨로룸』("사도들의 가르침"이라고도 함)은 주로 그리스도교 전례를 다루는 매뉴얼로, 보통 [『디다케』보다] 100년 후(3세기 초)에 작성된 것으로 간주한다.

20　사도행전에는 종종 설교로 식별되는 여러 연설이 나온다(예, 베드로[2:14-36]와 바울[13:16-41]의 연설). 정경인 히브리서도 『클레멘스2서』(2세기 중반의 저작?)와 함께 이 범주에 속한다고 볼 수 있다. 이후 몇 세기 동안에는 설교가 폭발적으로 증가했다(예, 가이사랴 마리티마의 오리게네스[기원후 2세기 후반과 3세기]의 설교, 시리아 안디옥과 콘스탄티노플의 요인네스 크리소스토모스[기원후 4세기]의 설교).

류의 역사서,[21] 그 밖의 다른 텍스트 등 수많은 텍스트를 썼다.[22] 따라서 우리는 초대 교회에 대한 해리 갬블(Harry Gamble)의 평가에 동의한다. "그리스도교는 초기부터 텍스트의 해석과 활용에 깊이 관여했다. … 초기 그리스도교에 문학적 차원이 없었던 적이 없다"(1995:27, 29).

이 네 가지 점—(1) 고대 세계의 낮은 수준의 문해력, (2) 헬레니즘과 로마 시대 유대교의 탄탄한 텍스트성, (3) 직접적(구술적)으로 권위 있는 출처에 대한 선호, (4) 초기 그리스도인이 산출한 기록 문서의 광범위함—은 초기 그리스도인들 사이의 소통 매체(구술, 기록 등)에 관한 질문이 복잡할 수밖에 없음을 일러준다.

---

21 나는 이 범주에 네 권의 정경 복음서와 사도행전을 넣고 싶다. 2세기와 3세기(어쩌면 1세기에도)에는 "복음"(예, 『도마복음』, 『베드로복음』, 『진리의 복음』 등)이나 "행전"(예, 『바울행전』, 『베드로행전』 등)이라는 이름을 가진 다른 많은 책들이 집필됐다.

22 초대 교회는 묵시록(예, 요한계시록), 환상을 담은 다른 유형의 문학(예, 『헤르마스의 목자』), 변증 문학(예, 『디오그네투스에게 보내는 편지』, 순교자 유스티노스의 작품), 이단을 논박하는 텍스트(예, 순교자 유스티노스, 이레네우스) 및 기타 여러 문헌을 남겼다. 게다가 초대 교회에서는 많은 비그리스도교(특히 유대교) 텍스트가 보존되거나 "그리스도교화"됐다(예, 『솔로몬의 지혜』, 열두 족장의 유언, 요세푸스의 『유대 고대사』 등). 물론 이 중 어느 것도 성서 텍스트(정경과 제2정경, 즉 모세오경, 예언서, 성문서, 외경)와 증언 모음집의 대대적인 생산에 대해서 언급하지 않는다.

신약학자들은 "구술성"이라는 단어로 무엇을 뜻하는가?

내가 일하는 대학 도서관에서 "구술성"(orality)이란 단어로 검색해보니 『구술성과 문해력』(*Orality and Literacy*, Ong 1982), 『구술성, 청각성과 성서의 내러티브』(*Orality, Aurality and Biblical Narrative*, Silberman 1987), 그리고 『구술성과 글쓰기의 인터페이스』(*The Interface of Orality and Writing*, Weissenrieder와 Coote 2010) 같은 제목의 책이 검색됐다. 다른 책들, 예를 들어 베르너 켈버(Werner Kelber)의 영향력 있는 책 『구술 복음과 기록된 복음』(*The Oral and the Written Gospel*, 1983)이나 『구술전승과 기록에의 의존』(*Oral Tradition and Literary Dependency*, Mournet 2005), 또는 『예수, 목소리, 텍스트』(*Jesus, the Voice, and the Text*, Thatcher 2008)에는 "구술성"이라는 단어가 제목에 들어 있지 않지만, 이 책들을 펴자마자 "구술성"이라는 단어를 자주 보게 된다. 미국 신학 도서관 협회 데이터베이스(ATLA)를 가볍게 검색만 해봐도 제목에 "구술성"이라는 단어가 들어간 소논문이 백 개 이상 나온다. 마치 세상 모든 사람이 "구술성"에 관해 논하고 있는 듯하다.

따라서 학자들이 "구술성"의 의미를 그다지 명확하게 정의해 사용하지 않는다는 사실에 다소 놀랄 수도 있다. 고대 그리스 역사 연구자인 로잘린드 토마스(Rosalind Thomas)는 "구술성"이 한번에 서로 다른 것을 지칭할 때가 종종 있다고 지적한다. 때때로 "구술성"은 "기록된 텍스트 없이 이루어지는 의사소통"을 의미하는 반면, 다른 경우에는 기록된 텍스트가 지닌 어떤 특성을 가리킨다(Thomas 1992:6-8). 루스 피네건(Ruth Finnegan, 1990)은 학자들이 "구술성"을 언급할 때, 마치 "물"이라는 단어가 모든 문화권에서 동일한 것을 가리키는 것처럼, 구체적이고 보편적인 대상을 가리키는 것처럼 행동한다고 불평한다. 하지만 유감스럽게도 "구술성"은 "물"의 경우와는 다르다. 구술성은 수없이 다양한 것을 가리킨다—문맹 사회나 문자 등장 이전 사회의 구두 의사소통부터 글에 다양한 방식으로 접근할 수 있는 사회에서의 구두 의사소통에 이르기까지 말이다. 때로 구술성은 **기록된** 텍스트를 구두로 표현하고 해석하는 것을 의미하기도 한다. 구술성은 "원본의 형태나 저자에 관심을 별로 두지 않는 것, 수사적 기술에 대한 극도의 존중, 추상적인 가치와 논리적 추론보다는 사람 사이의 상호작용에 더 큰 가치를 두는 것, 개인주의와 개인적 사고보다는 공동체에 대한 강조"(Davis 2008:754)를 포함해, 광범위한 사회적·문화적 특성을 지칭할 수도 있다.

이와 같은 구술성의 광범위한 용례에 비추어 보면, 어떻게 몇몇 학자들이 기록된 텍스트(예, 마가복음서)의 "구술적 특성"에 대해 말할 수 있는지 비로소 이해할 수 있다(Dewey 1989을 보라). 윌리엄 그레이엄(William Graham)은 심지어 "구술적 텍스트"(oral text)라는 모순적인 표현을 사용하여 기록된 텍스트를 가리키기도 했다. 즉, 구두로 읽고 낭송됨으로써 "구술적/청각적 특성", 즉 "기능적 구술성"을 나타내는 기록된 텍스트를 지칭했다(1987:36).[23] "구술성"이 엄청나게 다양한 것을 의미할 수 있다는 점(기록된 텍스트가 지닌 특정한 특성도 포함)을 고려할 때, 구술전승 및 기록전승에 관한 저명한 학자인 존 마일스 폴리는 "구술성이란 개념은 폐기되어야 할 '구분'이며 … 그 자체로 틀린, 오도하는 범주"라고 비판했다(1995a:170). 매체비평 연구자들은 읽고 쓸 줄 모르는 것을 의미하는 "문맹"이라는 단어를 피하기 위해 "구술성"이라는 단어를 쓴다. "문맹"과 달리 "구술성"은 무능력을 의미하는 것이 아니다. "구술성"은 "문해력"이라는 단어가 가리키는 것과는 다른 종류의 능력들을 의미한다. 안타깝지만 이보다 더 구체적으로 설명할 길은 없다.

따라서 이 책에서는 구술성이라는 용어를 사용하는 학자를 인용하는 경우를 제외하고는 구술성이라는 용어를 사용하지 않겠다. 제4장에서는 내가 보기에 구술성에 대한 모든 논의와 구술성에 대해 명확하고 정확하게 말하지 못해 생겨난 불행한 결과를 자세히 논의할 것이다. 즉, 우리는 적어도 19세기 이래로 성서학자들이 계속 던져온 질문, 즉 '신약 본문은 어떻게 기록됐을까?'라는 질문을 계속 던진다.[24] 복음서 연구에서 이 질문은 "자료비평"으로

---

23 Dewey 1995:51에서 인용. 또한 Elman 1999:76-81과 Horsley 2010:96을 보라(Horsley는 "기록된 텍스트"와 "구술 텍스트"를 구분하는데, 내가 이해한 게 맞다면, 이는 두루마리나 코덱스를 이용하는 다른 방식들—읽기 대 기억을 해서 암송하기—을 가리킨다).

24 이 질문은 특히 복음서들(그리고 무엇보다도 세 개의 공관복음서—마태복

불리는데, 마크 스트라우스(Mark Strauss)는 자료비평을 "각 복음서의 배후에 있는 기록된 자료들과 그 자료들 사이의 관계를 파악하려는 일종의 역사비평"이라고 정의했다(2007:538). 매우 인기 있는 신약개론서에서 카슨(Carson)과 공저자들은 "자료비평"을 소개하면서 예수 전승에 "구술 단계"가 있었음을 명시적으로 인정한다.

> 공관복음서로 발전하는 데에 있어서 구술 단계에는 … 아마도 예수의 생애와 가르침을 기록한 전승도 일부 포함됐을 것이다. 사도들 중 일부는 예수의 사역 기간 동안 예수의 가르침과 활동에 대해 짧게 적어두었을 수도 있으며, 그들을 비롯해 다른 목격자들은 아마도 예수의 부활 후 그러한 기록의 과정을 가속화했을 것이다. 그러나 거의 전적으로 구전으로만 전해지던 시기는, 정경 복음서 집필로 이어지는 과정 중에, 결국 상당한 양의 기록전승이 만들어지기 시작된 시기로 넘어갔을 가능성이 높다. 자료비평은 복음서가 만들어지는 데에 있어서 이 문서화 단계에 대한 조사에 집중한다. 자료비평은 다음과 같은 질문을 던지고 답을 찾으려 한다. 복음서 저자들은 복음서들을 편찬할 때 어떤 기록된 자료를 사용했을까? (1992:26)[25]

음, 마가복음, 누가복음)에 해당된다.

25 제2판(2005:85-6)에서 저자들은 이 단락을 고쳐 썼다. 바뀐 점은 "그러나 그럴 법한 것은(But it is probable) …"으로 시작하는 문장에서 출발한다. "물론 그와 동시에 많은 자료가 구술로 전해지고 있었다. 그러나 시간이 흐르면서 이 초기의 기록된 자료들이 구술 증언과 결합되어 더 긴 기록된 자료가

제4장에서 더 자세히 살펴보겠지만, 구술성에 대한 수많은 연구는 신약 텍스트의 생산 또는 **지음**(composition)에 대한 이 같은 강조를 계속 이어간다. 그 결과 그러한 연구들은 "구술성"을 우리에게 현존하는 텍스트가 그와 같은 최종 형태를 갖추게 된 데에 기여한 자료(source)로 생각한다. 나는 신약 텍스트가 어떻게 지어졌는지에 초점을 맞추는 대신 전승의 발전, 전승의 표현, 전승의 전달로 관심을 돌릴 것이다. 또한 초기 그리스도인들이 기록된 텍스트를 생산하고 수용하고 전달한 점에 대해서도 다룰 것이다. 하지만 "구술성"이란 개념은 이 논의에 별로 도움이 되지 않을 것이다. 초기 그리스도교 문서의 작성에 대한 역학 관계(그리고 그 생산 과정에서 구술 자료의 역할)를 세밀히 캐어내기보다는, 의도적으로 여러 소통 매체 간의 상호작용, 특히 전승의 구술적 표현에 관한 문제를 일관된 방식으로 다룰 것이다.

만들어지고 마침내 정경 복음서가 만들어졌다고 추정할 수 있다. 자료비평은 조사에 전념한다. …" 전승이 구전 (및 단편적인 기록) 단계에서 정경 복음서로 발전하는 과정을 설명하는 두 가지 방법은, 전승의 구술 표현과 기록된 표현 사이의 상호작용을 다룬 현재의 이론적 연구와 경험적 연구에 비추어 볼 때, 둘 다 부적절하다.

우리는 여전히 신약성서라는 기록된 텍스트를
연구하고 있는가,
아니면 다른 어떤 것을 연구하고 있는 것인가?

초기 그리스도교의 구술전승이 오늘날 남아 있지 않다는 사실을 이미 인정했다. 우리가 가진 것은 고고학자들이 발굴해 낸 초기 그리스도교가 남긴 기록된 텍스트와 유물뿐이다. 본서의 제목이 이 기본적인 사실을 반영하고 있다. 이 책의 제목을 『구술전승과 신약성서』라고 지은 이유는 구술전승에 대한 학제 간 연구가 신약이라는 기록된 텍스트 연구에 어떤 도움을 줄 수 있는지 살펴보고 싶었기 때문이다. 그러나 우리가 세상이 끝날 때까지, 온종일 기록된 텍스트를 연구한다는 사실을 결코 잊지 말아야 한다.

신약학자들에게는 바로 이 점을 잊고 지낸 역사가 있다. 독일 신약 양식비평의 두 거장인 루돌프 불트만(Rudolf Bultmann)과 마르틴 디벨리우스(Martin Dibelius)는 복음서라는 기록된 텍스트를 넘어서(또는 그 배후에) 있는 기록되지 않은 구술 예수 전승을 재건하겠다는 의도를 분명히 천명했다. 예를 들어, 디벨리우스에 따르면 양식비평(= 전승사[Formgeschichte])에는 두 가지 목표가 있다. "우선, [양식비평은] 재구성과 분석을 통해 예수에 관한 전승의 기원을 설명하고, 그럼으로써 **현존하는 복음서들과 복음서 속의 기록된 원천 자료가 작성되기 이전의 시대로 뚫고 들어가려 한다.** 그러나 이 책에는 또 다른 목적이 있다. 그것은 가장 초기의 전승의 의도와 진정한 관심사를 분명히 하려는 것이다"(1935:v, 강조는 추가). 마찬가지로 불트만의 연구는 "전승이 편집자들의 작업에 의해 복음서들 안에서 결합된 개별 이야기 또는 이야기들의 집합체로 구성되어 있다는 근본적인 가정"(1963:2)에서 출발했다. 양식비평가들은 복음서의 내러티브 틀을 해체하고 각각의 이야기를 개별적으로 분석함으로써 이러한 "개별 이야기 또는 이야기들의 집합체"를 복원할 수 있다고 생각했다.[26] 예를 들어, 그들은 예수가 물 위를 걷는 이야기(막 6:45-52 및 병행본문)를 내러티브 맥락에서 분리함으로써 마치 자신들이 기록된 복음서들을 뚫고 들어가—구술이든 기록이든—가장 초기의 그리스도인 공동체가 지녔던 복음서 이전 전승을 발견한 것처럼 연구를 수행했다(Bultmann 1963:216; 226-31; Dibelius 1935:116을 보라).

신약학자들은 복음서의 내러티브의 틀(줄거리 구조, 장면이 바뀌는 내용을 담은 자료 등)을 해체하고 각 단락을 그것이 위치한 문학적 맥락에서 떼어내어 분석하는 것만으로 복음서 이전의 구술 예수 전승을 실제로 복원할 수 있다는 순진한 가정을 오래전에 포기했다. 그럼에도 불구하고 지금도 우리는 "구술전승"에 대한 이 모든 논

26　Chris Keith는 대부분의 역사적 예수 연구, 즉 진정성 기준을 사용하는 연구가 이러한 양식비평의 측면을 이어받아 역사학적 방법으로 사용했다고 주장했다(Keith 2011a, b; 2012을 보라). 예를 들어, Ernst Fuchs는 "역사적 예수의 탐구"라는 제목의 강연에서 "[복음서들 속의] 자료를 그 틀에서 분리하는 것이 가능하다"는 역사비평의 전제를 기반으로 삼았다(Fuchs 1964:19, Keith 2012:34-5에서 인용).

의가 다름 아닌 신약성서라는 기록된 텍스트를 가리킨다고 생각할 위험에 있다. 현대 신약 매체비평의 아버지라 불리는 베르너 켈버조차도 오늘날 우리가 가지고 있는 기록된 텍스트인 마가복음서 이전에 기록되어 존재한 "정리되지 않은 구술전승"을 자신이 복원했다고 믿었다(1983:77-80; 79에서 인용). 우리는 초기 그리스도교 구술전승에 대해 구체적이고 상세한 것을 알지 못한다. 다음과 같은 매우 기본적인 질문들을 생각해 보라. 이 질문들 중 어느 것도 결정적인 답을 가지고 있지 않다.

- (초기) 그리스도교 공동체들은 예수 전승의 구술 공연을 위해 얼마나 자주 모였는가?
- 구술 공연은 얼마나 오래 걸렸나?
- 구술 공연이 공동체 내에서 행한 기능은 무엇인가?
- 예수 전승을 이야기할 수 있도록 승인을 받은(또는 기대된) 사람은 누구인가?
- 기록된 텍스트가 구술 공연에 있어서 어떤 역할을 했는가?

질문은 더 이어질 수 있다. 우리에게 있는 것은 기록된 텍스트밖에 없다. 이 기록된 텍스트를 넘어서 추론을 할 수 있지만, 그러한 추론은 언제나 추정에 머무른다. 신약학자들이 구술전승을 논할 때 반드시 기억해야 할 것은, 우리가 **구술**전승이 아니라 **기록**전승만 연구할 수밖에 없다는 점이다.

　　다음 장들(특히 제4장과 제5장)에서는 구술전승에 관한 문제에 초점을 맞추고 매 단계마다 우리가 기록된 텍스트를 다루고 있음을 상기시키기 위해 "구술에서 유래한 텍스트"(oral-derived text)라는 용어를 사용할 것이다. "구술에서 유래한 텍스트"라는 용어는 존 마일스 폴리의 전문적이면서도 획기적인 저서, 특히 『내재적 예술』(*Immanent Art*, 1991)과 『공연으로 이야기하는 노래꾼』(1995a)에서 나온 것이다. 폴리는 이 용어를 "구술전승에서 직접 유래했거나 구술전승에 뿌리를 둔 언어 예술 작품"을 지칭하는 데 사용한다(1991:xi; Rodríguez 2010:35-7을 보라). 그의 연구는 실제 구술전승(세르비니아와 크로아티아 지역에 전승되는 이슬람 노래)이나, 한때 생생한 구술전승이었으나 이제는 전적으로 텍스트 유물이 된 것(호메로스의 『일리아스』나 고대 영어 서사시 『베오울프』)을 모두 다룬다. 하지만 실제 구술전승을 분석할 때조차 기록된 텍스트에서 구술 공연의 모든 특징이 나타나는 방식을 탐색하고 설명해야 했다. 구술 텍스트 속 단어의 의미가 어조, 제스처, 속도, 몸짓과 같은 비언어적 요소에 의존할 때, 구술 텍스트를 어떻게 기록된 텍스트로 옮겨 쓸 수 있을까? 또는 한때 구술전승이었던 것이 기록된 텍스트적 잔재로만 남아 있는 경우, 비언어적 전달이 텍스트의 의미에 미치는 영향을 어떻게 설명할 수 있을까? 이와 같은 질문 때문에, 폴리는 "가능한 한, 텍스트가 된 사건 모두가 의미를 획득하는 더 큰 전승적 맥락에 대한 감각을 가지고, 텍스트에 주로 기반해야 하는(심지어 이것이 애초에 주어진 상태다) 분석을 보완하기 위해"(Foley 1991:xi, 각주 2) 노력한다. "텍스트가-된-사건"이라는 폴리의 표현에 주목하라. 우리는 항상 기록된 텍스트에 암시된 구술 공연적 **사건**을 유추해 내려고 노력한다. 신약학은 늘 기록된 **텍스트**에 대한 해석을 할 수밖에 없다.

이 책의 구성

이 책은 네 개의 장으로 구성되어 있다. 제1부에서는 **성서 매체비평**을 소개한다. 먼저, 이 분야의 많은 논의가 매우 전문적이고 추상적이기 때문에, 제2장에서는 급성장하는 "구술전승과 신약학"이라는 분야를 접할 때 자주 맞닥뜨릴 만한 전문 용어들의 정의를 제시한다. 독자들이 접할 만한 가장 자주 쓰이는 용어에 대한 간단하고 대략적인 정의를 포함한, 전문 용어에 대한 용어집을 제공한다. 제3장에서는 20세기 양식비평 이후 구술전승에 관한 문제에 대한 인식과 관심이 높아진 과정을 간략하게 설명한다. 양식비평가들의 영향력이 절정에 달했을 때, 고독한 예언자적 목소리로 양식비평가들에게 도전했던 비르예르 예르핫숀(Birger Gerhardsson)을 시작으로 "구술전승과 신약" 연구의 주요 인물과 그들의 중요한 공헌을 설명할 것이다.

제2부는 **성서 매체비평이 무엇인지를 보여줄 것이다.** 제4장에서는 신약 매체비평에 대한 두 가지 접근법을 조명한다. 앞서 언

급했듯이, 이 중 한 가지 접근법은 작성(composition)과 자료의 문제를 강조한다(제4장에서 설명할 텐데, 이 접근법은 텍스트의 형태적[morphological] 특징에 초점을 맞춘다). 내가 선호하는 두 번째 접근법은 생생한 구술전승이라는 배경 맥락에서 기록된 텍스트가 어떻게 지어지고 표현되고 수용되고 전달됐는지를 분석하는 데 초점을 둔다. 제5장에서는 구술전승 연구가 기록된 텍스트를 해석하는 데 어떤 기여를 할 수 있는지를 보여 주는 네 가지의 간략한 주제별 사례를 제공한다. 이 장에서는 성서학의 목표가 주해에 있음을 강조한다. 구술전승이 최근 학계에서 주목받는 것이 온당함을 보여 주기 위해서는 구술전승에 관한 문제가 주해에 실제 영향력을 미쳐야 한다. 이 간략한 사례들은 구술전승 연구에 능숙해지기 위해 쏟는 노력이 실제로 성서 주해에 보상을 준다는 점을 보여 준다.

제1부

성서 매체비평 입문

제2장
구술전승과 신약성서—무엇을 연구하는가?

매체비평은 익숙하지 않은 용어와 복잡한 개념을 많이 사용하기 때문에, 매체비평이라는 연구 영역에 처음 발을 내디딘 사람은 마치 이집트 "왕가의 계곡"(Valley of the Kings)에 있는 그림이 그려진 벽을 해독하고 있는 듯한 느낌이 든다. 매체비평 연구물 중에서 거의 무작위로 골라 인용해 본다.

우리가 진행한 연구에 대한 이야기들은 내러티브의 자족성을 온전히 보여 준다. 최근의 문학비평 접근 방식은 작은 단위의 본문이 전체 구성에 있어서 필수적인 부분임을 알 수 있도록 해주었으므로, 우리는 이 내러티브적 자족성에 다시금 관심을 기울인다. 복음서 내러티브를 문학적으로 이해하는 것은 대단히 중요하지만, 복음서 내러티브의 많은 구성 요소들이 본래 구술적 성격

(oral integrity)을 나타낸다는 사실을 놓쳐서는 안 된다. 우리가 예
배와 교육에서 복음서 내러티브의 많은 구성 요소들을 사용한다
는 사실은 그것들이 독립적인 구두 의사소통 단위로 기능할 수
있었음을 충분히 보여 준다(Kelber 1983:79).

위의 인용문을 읽는 학생은 켈버(Kelber)가 마가복음에 대한 주장
을 논증하고 있는지, 아니면 기화기 청소 방법을 설명하고 있는지
알 수 없을 정도로 혼란을 느낄 것이다. 사실 켈버는 "구전 해석
학"과 기록된 마가복음을 해석하는 자신의 방법의 핵심을 다루고
있는 중이고, 그래서 위에 인용한 본문은 매우 중요하다. 그러나
켈버의 글은 학생들을 위해 쓴 것이 아니기 때문에, 학생들은 켈
버가 말하려는 요지를 아예 파악하지 못할 정도는 아니더라도 제
대로 이해하지는 못할 것이다.

　하지만, 이해할 수 없는 상태로 있을 수밖에 없는 것은 아니다.
이 책의 목적은 매체비평의 복잡한 논의를 피하는 것이 아니라,
독자들이 보다 매체비평을 편하게 접할 수 있도록 매체비평의 논
의를 좀 더 구체적이고 실용적으로 소개하는 것이다. 따라서 본서
제1부의 목적은 제2부에서 다룰 매체비평 논의를 수월하게 하기
위한 토대를 마련하는 데에 있다. 이 장에서는 독자들이 매체비평
적 신약 연구에서 흔히 접하게 될 몇 가지 전문 용어를 설명하는
용어집을 제공한다. 어떤 단어를 포함하고 어떤 단어를 제외할지
에 대한 결정은 임의적인 면이 있지만, 나는 이 용어 목록이 대부

분의 매체비평적 개념과 분석을 이해하는 데 도움이 되기를 바란다. 나는 이러한 용어에 대해 광범위하게 받아들여질 만한 정의를 제시하려고 노력했지만, 전문가들은 일부 용어에 대해 이의를 제기하거나, 수정하거나, 정의를 확장해야 한다고 할 수도 있다. 그럼에도 이 장에서는 주요 용어와 개념에 대해 대략적이지만 정확하고 유용한 정의를 제공하고자 한다.

이 목록에 있는 용어 중 일부는 대다수 독자에게 생소하고 익숙하지 않을 것이다(예를 들어, 손으로 쓴 문서[chirograph] 또는 정신역동[psychodynamics]). 대부분의 독자들에게 익숙하지만 용어들 중에 매체비평가들이 다른 뜻으로 혹은 특별한 의미로 사용하는 것들도 있다. 따라서 매체비평적 연구물에서 이러한 용어가 전달할 수 있는 [특별한] 뉘앙스를 설명하기 위해 이미 익숙한 단어(예를 들어 청중[audience] 또는 문해력[literacy])도 일부 포함했다.

제2부로 넘어가기 전에 이 장을 먼저 읽는 것이 도움이 되는 독자도 있겠고, 어떤 독자들은 보다 전문적인 논의를 먼저 읽다가 낯선 용어나 개념을 접할 때 이 장을 다시 참조하기를 원할 것이다. 이 책의 형식이 두 가지 유형의 독자에게 모두 유용하기를 바란다.

용어 설명(ABC 순)

청중(AUDIENCE)

다양한 방식의 의사소통, 즉 구술, 기록, 기념 행사적 의사소통 등에서 수신자를 지칭하는 광범위한 용어(청중[聽衆]은 한국어 언중에게는 들을 "청[聽]"이란 한자를 포함하기 때문에 보통 "듣기 위하여 모인 사람들"이라는 뜻을 지니는데, 매체비평적 의미에 적합한 단어가 우리말에 없어서 독자, 관중, 청자 등을 포괄하는 의미로 청중이라는 용어로 번역했다—역주). 매체비평적 접근을 하는 연구자들(media critics)은 "구술 공연"(oral performance)이라는 '텍스트' 또는 "구술에서 유래한 텍스트"(oral-derived text)라는 '텍스트'가 만들어지고 해석되는 데 있어 청중의 역할을 강조한다. 청중이 공연이라는 '텍스트'에 정확히 어떤 식으로 영향을 미치는지는 매체마다 다르지만, 모든 매체에서 청중은 소통의 최종 형태에 영향을 준다. 예를 들어, 구술 공연에서 공연자는 이야기를 들려주면서 청중의 피드백에 반응하여 오해가 있는 부분을 설명하거나 청중의 공감을 불러일으키는 주제를 강조할 수 있다. 기록된 원고(이 경우 비교적 문구는 고정되어 있다)를 사람들 앞에서 낭독하는 경우, 청중은 낭독자의 읽는 속도, 어조, 제스처 및 기타 공연의 운율적 역동성에 영향을 미칠 수 있다.

청각성(AURALITY)

귀 및/또는 듣기와 관련이 있으며, 특히 듣는 청중에게 표현을 전달하기 위한 의도로 기록된 텍스트의 특징과 관련 있음.

삶의 권역(BIOSPHERE)

1. 은유적 표현으로서, 1995년에 베르너 켈버가 추상적 전승과 그 전승을 표현하는 구체적인 구술 공연이나 "구술에서 유래한 텍스트" 사이의 관계를 지칭하기 위해 사용했다. "이 포괄적인 의미에서 전승은 화자와 청자가 살고 있는 주변을 휘감고 있는 배경 또는 '살아가는 공간'이다. 여기에는 텍스트를 통해 전달되거나 텍스트로부터 파생된 경험과 텍스트가 포함된다. 그러나 '살아가는 공간'이란 상호텍스트성(intertextuality)으로 축소될 수 있는 것이 전혀 아니다. 이처럼 가장 넓은 의미에서 전승은 대체로 사람들이 생계를 유지하고, 그 안에서 살아가며, 그와 관련하여 자신의 삶을 이해하는 참조 사항이자 정체성의 보이지 않는 집합체(nexus)이다. 이 보이지 않는 '삶의 권역'은 전승이 지닌 가장 모호하지만 근본적인 특징이다"(Kelber 1995:159; Foley 1995b:171을 보라). 은유로서 "삶의 권역"이라는 용어는 이전의 전승 공연이 나중의 구술 공연 혹은 해당 전승이 기록된 것을 청중이 수용하고 해석하는 데 있어 보이지 않지만 항상 존재하는 배경 맥락을 제공하는 방식을 강조한다. **참조**, 주변을 휘감고 있는 배경 맥락; 경제성; 내재성; 내재적 예술; 환유.

2. 톰 대처(Tom Thatcher)는 켈버의 은유를 "구술적 융합"(oral synthesis)이라는 켈버의 개념과 동의어로 사용한다(Thatcher 2008:4를 보라).

그러나 켈버는 "삶의 권역"을 이런 식으로 사용하지 않는다. **참조,** 구술적 융합.

손으로 쓴 문서(CHIROGRAPH)

손으로 쓴 것(manuscript)을 말한다. 그리스어 '케이르'(*cheir*, "손"; 라틴 어로는 '마누스'[*manus*]) + '그라페'(*graphē*, "글"; 라틴어로는 '스크립투스' [*scriptus*]). 매체비평가는 이 생소한 용어를 사용하여 손으로 쓴 (chiro + graph) 것과 다른 매체(특히 구두 연설이나 인쇄된 텍스트) 사이의 차이점을 강조한다.

주변을 휘감고 있는 배경 맥락(CIRCUMAMBIENT)

모든 것을 포괄하고 항상 존재한다. 이 용어는 일반적으로 기록된 텍스트, 구술 공연 또는 기타 개별적인 전승의 표현에 의미를 부여 하는 배경 맥락으로서의 전승의 존재를 뜻한다. **참조,** 삶의 권역.

공연-중에-지음(COMPOSITION-IN-PERFORMANCE)

구술 공연 중 구술 텍스트를 즉흥적으로 작성하는 것. 공연 중에 작성되는 텍스트는 독창적이거나 혁신적이지 않고, 전승적이다. 그러나 이 텍스트는 이전의 구술 텍스트를 그대로 복사한 것도 아 니며, 그 자체로 자율적이고 고유한 텍스트이다. 앨버트 로드 (Albert Lord)는 이 현상을 다음과 같이 설명했다. "가수가 만들어내 는 방식은 빠른 속도의 공연 요청에 따라 결정되며, 가수는 되풀

이하는 습관과 소리, 단어, 문구, 가사의 연상에 의존한다. 그는 습관적인 것에서 벗어나지 않는다. 암기를 위해 정형화된 것을 필요로 하지도 않는다. 특이한 것 자체를 추구하지도 않는다. 가수가 자주 사용하는 문구와 가사는 선명도가 떨어지지만, 그중 많은 부분이 그것들이 유래한 희미한 과거의 배음(overtone)으로 되울려 퍼질 수밖에 없다"(1960:65). **참조**, 경제성; 정형 문구; 구술-정형 문구 이론.

경제성(ECONOMY)

밀먼 패리(Milman Parry)와 앨버트 로드가 고안한 개념이며, "절약"(thrift)으로 부르기도 한다. 이 개념은 구술 공연자들이 어떻게 구조화된 음악 체계와 및 운율 체계 안에서 복잡하고 긴 서사시(10,000행이 넘는)를 공연 중에 즉흥적으로 만들어낼 수 있는지를 설명하기 위해 사용된다. 경제성은 "어떤 [정형화된 유형이나 체계에] 동일한 운율을 가지며 동일한 생각을 표현하면서 상호교환적으로 사용할 수 있는 문구에서 얼마나 자유로운지를 나타내는 정도(degree)"를 가리킨다(Foley 1988:24-5). 다시 말해, "경제성"의 원리란, 일반적으로 동일한 조건에서 동일한 생각을 전달할 수 있는 다양한 방법이 없었기 때문에, 구전 시인들이 동일하게 사용 가능한 등가어를 선택하는 데 어려움이 없었음을 의미한다. **참조**, 공연-중에-지음; 정형 문구; 구술-정형 문구 이론.

소통의 경제 원리(ECONOMY, COMMUNICATIVE)

구술전승 공연이나 구술에서 유래한 텍스트와 같이 전승적 맥락/배경에서, 단어나 문구가 추가적인 정보(= 내포적 의미)를 전달하는 능력. 적절한 사회적, 수사적, 공연적 상황에서 어떤 단어나 문구는 "텍스트화할 수 없는 거대한 전승의 연상으로 이루어진 연결망(network)의 지시점, 즉 연결망의 교점(node)으로 기능할 수 있다. 어떤 접속점이 활성화되면 아무리 재능이 뛰어나고 숙련된 공연자라도 다른 방법으로는 전달할 수 없는 거대한 의미의 원천이 작동한다"(Foley 1995a:54). 어떤 단어가 독자적 용어(register)로나 적실한 공연 마당(performance arena)에서 사용될 때 그 단어는 추가적 의미를 획득한다. 이것이 바로 "소통의 경제 원리"이다. 독자들은 이 개념을 존 마일스 폴리(John Miles Foley)의 개념인 내재적 예술(Immanent Art)의 성장이나 패리-로드(Parry-Lord)의 개념인 "경제성" 또는 "절약" 원리와 혼동하지 않도록 주의해야 한다. **참조**, 내재성; 내재적 예술; 환유; 공연 마당; 독자적 용어.

텍스트-고정화(ENTEXTUALIZATION)

전승의 어법과 언어를 고정시키는 과정. 이러한 과정은 대개 (그리고 거의 필연적으로) "삶의 권역"(biosphere), 즉 "전승의 연상으로 이루어진 텍스트화될 수 없는 커다란 연결망"으로부터 텍스트가 분리되는 결과를 낳는다(Foley 1995a:54). 텍스트-고정화가 진행됨에 따라 주변을 휘감고 있는 전승과 어느 정도 단절된 고정된 텍스트(종종 "원문"[the original text]이라고 불리는 것으로, 구전일 수도 있고 기록일 수도 있음)가 탄생한다. 전승을 표현하는 데 사용되는 용어들이 점점 더 고정됨에 따라, 그 용어들의 의미가 더욱 구체화되고 "소통의 경제 원리"를 잃는다. **참조**, 삶의 권역; 소통의 경제 원리.

동등한 원천성(EQUIPRIMORDIALITY)

어떤 말이 다양하게 표현되더라도 그 다양한 표현이 모두 동일하게 "오리지널/원본"임을 표현하는 용어. 각 표현은 "하나의 원본이자 사실상 **유일한 원본**이다"(an original version, and in fact *the original version*)(Kelber 1995:151, 강조는 원문의 것). 동등한 원천성은 구체적이고 개별적인 "원본"을 찾으려는 노력이 가망 없다는 점을 나타낸다. 모든 표현이 원본이고 자율적이며 진정한 것이기 때문이다. **참조**, 다형성(multiformity); 다원성.

민속-시학(ETHNOPOETICS)

"구술 공연을 번역하거나 옮겨 쓸 때 언어 예술의 예술적 가치를 잃지 않고 유지하는 방법을 다루는" 학문 분야(Maxey 2009:16). 민족-시학은 구전의 수용, 해석, 전달 및 사회적 중요성에 영향을 미치는 비언어적 특징과 준언어적(paralinguistic) 특징을 설명하기 위해서, 단순히 구전의 언어적 내용이 아니라 그 이상의 요소를 "옮겨 쓰는" 문제를 해결하려고 시도한다(Bauman 1992a을 보라).

사건(EVENT)

청중이 구전의 구술 공연이나 구전에서 유래한 텍스트를 공개적으로 낭독하는 데 참여하면서 느끼는 사회적 경험. 매체비평가들 중 특히 켈버의 영향을 받은 이들은 "구술에 쓰이는 말은 인쇄된 말과는 달리 공간 속에 존재하는 사물이 아니라 시간 속에서 일어나는 사건"(Thatcher 2011:39)임을 강조한다. **참조**, 구술적 융합.

정형 문구(FORMULA)

전적으로 구술적인 서사시 노래를 빠른 속도로 공연 중에 지을 수 있게 하는, 규칙적으로 반복되는 문구("진부할 정도로 널리 사용되는 표현"[stock phrase]). 이 문구는 고정된 운율을 지녔다. 앨버트 로드의 『이야기하는 노래꾼』(*The Singer of Tales*, 1960)이 출간된 후, 학자들은 텍스트에 정형화된 문구가 존재한다는 것을 구술전승을 나타내는, 그리고 공연 중에 지어졌음을 나타내는 표시로 해석했다. 이러한 가정은 이제는 대개 받아들여지지 않는다. 특히 예수 전승과 복음서 연구에서는 받아들여지지 않는다(Rodríguez 2010:23-4를 보라). **참조**, 공연-중에-지음; 경제성; 구술-정형 문구 이론.

거대 구분(GREAT DIVIDE, THE)

구술 매체와 기록 매체가 서로 근본적으로 다르고 구별된 것이라고 가정하는, 지금은 거의 받아들여지지 않는 접근법. 거의 모든 매체비평가가 소통 매체의 "거대 구분" 이론을 받아들이지 않으나,[1] 이 이론의 영향력은 최근 학계에서도 여전히 볼 수 있다(예를 들어, Davis 2008; Kelber and Thatcher 2008:29-30; Loubser 2007:10-11을 보라).

항상성(HOMEOSTASIS)

구술 문화에서 특히 일어나는 현상으로, 사회적으로나 문화적으로 현재 필요에 즉각 부합하지 않는 과거의 측면에 대해서는 잊거나 보전하지 않는 것. "[과거의 기억] 중 현재와 관련성이 없어진 부분은 망각의 과정을 통해 제거될 가능성이 높아진다. … 사회적으로 계속 가치가 있는 과거의 측면은 기억에 저장되고 나머지는 일반적으로 잊혀진다"(Goody and Watt 1968:6). 구술 문화의 항상성을 주장하는 사람들은 구술 문화가 과거를 현재와 구별되는 시기로 인식하는 경우가 거의 없다고 본다. 예를 들어, "구술 사회는 거의 전적으로 현재를 살고 있다. 즉, 더 이상 현재와 적절한 관련성이 없는 기억을 제거함으로써 평형 또는 항상성을 유지하는 현재에 살고 있다"(Ong 1982:46).

내재성(IMMANENCE)

공연자와 청중이 구두 공연 또는 구술에서 유래한 텍스트 속의 단

1　하지만 Joanna Dewey는 예외다. Dewey는 기록된 마가복음을 명확하게 "(거대한) 구분에서 구술 쪽에 있는 것"으로 본다. 또는 이렇게 말한다. "공연 중에 불러주는 대로 작성됐든, 혹은 작문으로 작성됐든, 마가복음은 구술적으로 작성됐고 구술적으로 공연됐다. **마가복음은 구술/기록 사이의 구분에서 근본적으로 구술 쪽에 위치한다**"(2008:86, 강조는 추가).

어, 몸짓, 그리고 여타 특징을 해석하는 맥락을 제공하는, 항상 존재하는 확장된 의미, 즉 "추가 정보". 구술 공연 또는 구술에서 유래한 텍스트는 텍스트 내용의 전승적 특성을 전달하는 단서—이미 널리 알려지고 받아들여진 단서—를 통해 그 구술 공연이나 구술에서 유래한 텍스트와 이 "추가 정보"와의 연관성을 알려준다. 폴리는 내재성을 "전승에 따른 구두 공연 중에, 또는 그러한 구두 공연의 권위에 기반한 전용 관용구 또는 독자적 용어(register)를 통해 규격화되어 전달되고 수용되는 환유적, 연상적 의미의 집합"으로 정의한다(1995a:7). **참조**, 독자적 용어; 소통의 경제 원리.

내재적 예술(IMMANENT ART)

존 마일스 폴리가 구술 작성에 대한 패리-로드의 이론(Parry-Lord theory)을 응용한 개념으로, 전승의 정형적 언어를 분석 대상으로 삼는 것을 넘어서 전승의 정형적 언어가 의미를 생성하는 방식을 특히 구술 텍스트나 구술에서 유래한 텍스트를 주변을 휘감고 있는(= 텍스트 외적) 전승과 연결하여 고찰한다(Foley 1991; 1995a:2-7을 보라). 내재적 예술이란 다음과 같은 슬로건으로 요약할 수 있다. "전승은 [공연을] 가능하게 하는 대상이고, 공연은 [전승을] 가능하게 하는 사건이다"(1995a:xiii). **참조**, 삶의 권역; 소통의 경제 원리; 내재성; 구술-정형 문구 이론; 환유; 전승의 지시성.

낭독자(LECTOR)

읽어 주는 사람. 특히 전례나 의례 같은 상황에서 읽어 주는 사람. 고대에는 손으로 쓴 기록(chirograph)에 대개 단락 구분, 구두점, 심지어 띄어쓰기가 없어서 보고 읽기에 까다로웠을 것임을 고려할 때, 종종 매체비평가들은 낭독자가 자신이 읽는 텍스트를 어느 정도 암기하고 있었을 것이라고 주장한다. 이러한 이유로 많은 매체비평가들은 낭독자를 현대적 의미의 **독자**라기보다는 전승의 **공연자**로 묘사한다. (그러나 Johnson 2010:17-22은 고대 자료를 보면 텍스트를 읽는 행위의 어려움을 말하는 내용이 없다는 점을 지적하고 그 이유를 설명한다.) 피터 보타(Pieter Botha)는 낭독자가 했던 일에 관해 유용한 묘사를 들려준다. "고대의 읽기 행위는 조용히 훑어 읽는 행위, 즉 정신적 활동이 아니었다. 공연적이고 목소리를 사용하는 구두-청각적 행위였다. 독자는 낭송이라는 단어의 뜻 그대로 낭송했다. 즉 대개 미리 외운 텍스트를 목소리와 몸짓을 써서 낭송했다"(2005:622).

문해력(LITERACY)

1. 기록된 텍스트를 읽는 능력.
2. 기록된 텍스트를 쓰는 능력.

기술자 수준의 문해력(LITERACY, CRAFTSMAN)

"숙련된 기술자(남자)의 대다수가 문해력을 지녔던 반면 여성과 비숙련 노동자와 소농은 대다수가 그렇지 않은 상태였다"(Harris

1989:8). 기술자는 자신의 사업 수행에 필요한 정도만큼 텍스트를 사용하고 해독할 수 있었지만, 사회적으로 더 중요한 텍스트인 경전과 문학을 이해할 정도는 아니었다(Keith 2011a:112-14도 보라). **참조**, 서기관 수준의 문해력.

서기관 수준의 문해력(LITERACY, SCRIBAL)

종교 텍스트(경전) 및 문학 텍스트를 포함한 중요한 기록된 텍스트를 읽고, 해석하고, 설명하는 능력. 서기관 수준의 문해력을 지닌 사람은 어느 정도의 사회적 명성과 권력을 누렸고, 문화, 전통, 사회적 정체성에 대한 권위 있는 수호자 역할을 했다(Keith 2011a:110-12을 보라). 1세기 유대 문화(초기 그리스도인 포함)에서 문해력이 어떠했는지에 대한 질문은 일반적으로 서기관 수준의 문해력에 관한 것이다. 이는 특히 역사학적 신약 연구가와 주석가들이 (사업 영수증, 결혼 계약서 등이 아닌) 신성한 텍스트를 읽는 데 연구의 초점을 맞추기 때문이다. **참조**, 기술자 수준의 문해력.

상인 수준의 문해력(LITERACY, TRADESMAN)

참조, 기술자 수준의 문해력.

필사 원고(MANUSCRIPT)

대개 파피루스나 양피지에 손으로 쓴 텍스트. 컴퓨터 모니터에 보이는 출판하기 전의 텍스트를 은유적으로 원고(manuscript)라고 부르는 관습 때문에 손으로 쓴 텍스트와 인쇄된 텍스트의 차이를 잊는 경우가 있는데 그래서는 안 된다. 필사 원고는 여타 기록된 텍스트(동일한 텍스트의 다른 사본 포함)와는 전적으로 다른 관계에 있으며, 인쇄된 텍스트와는 전혀 다른 사회적 가치와 기능을 지닌다(Johnson 2010을 보라). **참조**, 손으로 쓴 문서.

매체비평(MEDIA CRITICISM)

다양한 소통 매체(말하기, 글쓰기, 의례 등)의 기능과 역학 관계에 대한 분석. 특히 한 매체에서 다른 매체로 넘어가는 것(예를 들어, 구두 표현에서 기록으로)의 의미에 대한 분석.

매체 혼합(MEDIA MIX)

사회 내 다양한 소통 매체 사이의 상호 관계와 분포. "매체 혼합"이라는 용어는 매체비평가들이 여러 소통 매체들이 동시에 존재한다는 점을 기억하고 설명하는 데에, 그리고 여러 매체들이 동시에 존재하는 상황을 상호 배타적인 현상으로 취급하는 것을 피하는 데에 도움을 준다. **참조**, 거대 구분.

매체(MEDIUM)

의사소통의 방법이나 양식(a mode of communication). 말, 의례 행위, 기록된 텍스트, 새겨진 것 등을 포함한다. 켈버는 [이 용어로] "언어의 양식적 속성(modality)"을 가리키며 "구술, 손으로 쓴 것, 활자,

전자매체"(1983:21)를 열거하는데, 인간 문화에는 이 네 가지보다 더 많은 매체가 있다.

기억(MEMORY)

인식하고 있는 과거에 대한 회상, 표현(재현), 해석. 기억에 관한 신약학자들의 논의를 유용하게 개괄하는 글로는 Kirk and Thatcher 2005; Allison 2010:1-17; Rodríguez 2010:41-80을 보라.

암기(MEMORIZATION)

이야기나 텍스트(그리고 특히 이야기나 텍스트 속의 **단어들**)가 기억 속에 고정되는 것. 그 결과 여러 공연에서도 정확히 같은 방식으로 이야기가 다시 전해진다. 많은 구술전승은 정확히 문자 그대로를 전한다(안정성)고 주장하지만, 면밀한 조사를 통해 보면 같은 전승을 여러 번 이야기할 때 상당한 변동성이 있음을 알 수 있다(즉, 이야기가 완전히 동일하기보다는 알아차릴 수 있을 정도로 유사함). 그럼에도 불구하고 일부 전승은 문자 그대로 암기된다. 그 결과 학자들은 암기와 기억을 구분하는 것이 도움이 된다는 사실을 알게 됐다.

환유(METONYMY)

"부분으로 전체를 나타내는 의미 전달 방법"(Foley 1991:7) 또는 "'파르스 프로 토토'(*pars pro toto*: "부분이 전체를"이라는 뜻이다—역주)적인 의미 전달"(Foley 1995a:48). 전승적 작품의 개별 단어, 문구, 심지어 주제는 엄밀한 문자적, 지시적 의미보다 더 큰 의미와 연상을 활용한다. 전승적 표현(traditional register)에서 단어들은 "추가 정보"를 전달한다. 전승적 표현 내에서 단어들은 이전 공연의 그 추가 정보와 연관됐기 때문이다. **참조**, 소통의 경제 원리; '파르스 프로 토토'; 독자적 용어; 전승의 지시성.

기억사(MNEMOHISTORY)

실제로 무슨 일이 일어났는지에 대한 질문보다는 사람과 사회가 과거를 어떻게 기억하는지에 초점을 맞춘 역사 연구 분야. '기억사'라는 용어를 만든 독일의 이집트 학자 얀 아스만(Jan Assmann)은 "기억사는 일반적 역사학과는 달리 과거 그 자체에 관심을 두는 것이 아니라 기억되는 과거에만 관심을 둔다. … 기억사는 역사에 적용된 수용 이론이다"(1997:8-9)라고 말한다.

양식적 속성(MODALITY)

참조, 매체.

'무방스'(MOUVANCE)

'무방스'(*mouvance*)는 프랑스의 중세학자 폴 줌또어(Paul Zumthor)가 고안한 개념으로 필사 원고/손으로 쓴 문서의 가변성과 불안정성을 가리킨다. 매체비평가들이 주장하기를, '무방스'는 마치 '원본'이 전달(= 필사) 과정에서 변질되거나 손상되는 것처럼 텍스트를 변질시키는 영향이 아니다. 그보다 '무방스'는 손으로 쓴 매체로 표현되는 전승의 핵심 특징을 말한다. 필사 전통은 확실하게 근본적으로 동등한 원천성(equiprimordial)을 지니며, 다형적(multiform)이고 다원적이다(Kirk 2008:225-34을 보라). '무방스'를 설명하는 한 가지 유용한 방법은 어떤 사본 전통을 그 전통을 구체화한 실제 구체적인 텍스트와 구별하는 것이다(예, 마태복음의 한 필사 전통을 개별적으로 현존하는 마태복음 사본들과 구분함).[2] **참조**, 손으로 쓴 문서; 동등한 원천성; 필사 원고; 다형성; 다원성; 전승.

다형성(多形性, MULTIFORMITY)

하나의 전승이 동시에 여러 형태로 존재한다는 개념. 따라서 한 가지 형태의 전승이 그 전승의 더 "진정한" 또는 "본래의" 형태를 표현하는 것이라고 볼 수 없다. **참조**, 동등한 원천성; '무방스'; 다원성.

구술에서 유래한 텍스트(ORAL-DERIVED TEXT)

"구술전승에서 직접 유래하거나 뿌리를 둔"(Foley 1991:xi) 광범위한 스펙트럼의 기록 텍스트. 폴리는 구술공연, 소리로 낸 텍스트, 과거의 목소리, 그리고 기록된 구술 시에 이르기까지 구술에서 유래

---

2 '무방스'를 설명하는 유용한 다이어그램과 논의가 있는 Wessex Parallel WebTexts 웹사이트를 보라. www.southampton.ac.uk/~wpwt/mouvance/mouvance (2013년 2월 11일 자 검색).

한 텍스트의 네 가지 유형을 제시한다(제4장을 보라).

구술-정형 문구 이론(ORAL-FORMULAIC THEORY)

구술 서사시뿐만 아니라 공연 중에 지어진 것으로 추정되는 전승 텍스트의 언어와 구조에 대한 접근 방식. 호메로스 학자인 밀먼 패리와 앨버트 로드에 의해 만들어진 구술-정형 문구 이론은 정형화된 문구를 구술 서사시를 구성하는 필수 요소로 본다. 패리와 로드는 20세기 초에 그들이 기록한(녹음한?) 남부 슬라브 지역의 구술 서사시와 호메로스의 『일리아스』 및 『오뒷세이아』 사이에 상당한 유사점이 있음을 확인했다. 패리와 로드는 남부 슬라브의 구술 서사시가 공연 중에 지어지는 것을 목격했고, 구술 서사시의 언어가 『일리아스』와 『오뒷세이아』의 언어와 유사했기 때문에 호메로스의 서사시도 유사한 조건(즉, 구술)에서 지어졌을 것임이 분명하다는 결론을 내렸다. **참조**, 공연-중에-지음; 경제성; 정형 문구.

구술의 잔재(ORAL RESIDUE)

문자 문화에 미치는 구술적 정신역동의 끈질긴 영향력(Ong 1982:36, 37, 기타 곳곳을 보라). **참조**, 잔재적 구술성; 정신역동.

구술적 융합(ORAL SYNTHESIS)

베르너 켈버(1983)가 만든 개념으로, 구술 공연 중에 일어나는 화자, 메시지(또는 텍스트), 청중 사이의 융합을 부각시킨다. 구술적 융

24-25

합 이론은 지식과 그 지식을 구현하거나 전달하는 사람 사이의 연결을 강조한다. "구술 문화에서는 지식과 그 지식을 아는 사람을 분리하기가 상당히 어렵다"(Kelber 1983:147, Ong 1978:109에서 인용).

구술적 텍스트(ORAL TEXT)

1. 구술 공연의 구두적 내용. 특히 기록된 텍스트나 원고와 관련이 없는 것. **참조**, 공연.

2. "구술/청각적 특징"을 보이는 기록된 텍스트(Graham 1987:36). "구술적 텍스트"의 이러한 의미는 구술성이 쓰기의 정신역동과 구별되는 안정된 특징을 보인다고 전제한다. **참조**, 항상성; 구술성; 정신역동.

구술성(ORALITY)

구술이 가진 특성(기록된 것의 특성인 **텍스트성**[*textuality*]과 반대). "구술성"이라는 용어는 가치 판단이 섞여 있는 용어인 "문맹"(illiteracy: 문해력[literacy]의 반대말)을 대체하기 위해 만들어졌다. 하지만 "구술성"은 "구술적인 것"이라는 의미 외에도 여러 다른 의미를 가지게 됐다. 연구자들은 "구술성"이란 단어를 다양한 방식으로 사용하는데, 이는 문체적 특징(예, 반복, 교차대구 등)이나 문화적 특징(예, 글쓰기와 기록된 문서의 결여, 평등한 권력 구조 등), 심지어 가치 판단(예, 현대 자본주의 서구 사회와 비교되는 산업 사회 이전의 미덕) 등을 가리킨다. 영국의 저명한 문화인류학자 루스 피네건(Ruth Finnegan)은 다음과 같이 결론을 내린다. "어떤 의미에서 '구술성'은 아무것도 **아니다**. 또는 적어도 이 용어가 암시하는 듯한, '겉보기에 단일화된 의미'에서는 아무것도 **아니다**"(Finnegan 1990:146; Rodríguez 2009 참조). 이러한 "겉보기에 단일화된 의미"의 예로 피테르 부에타(Pieter Botha)는 "구두-청각적 사고방식(mindset)"(1993b:421)을 언급하지만, 그의 글 어디에도 이러한 사고방식을 명확하고 구체적으로 정의한 곳은 없다.

일차적 구술성(ORALITY, PRIMARY)

주어진 문화 속에서 문해력을 습득하기 전의 구술성. 월터 옹(Walter Ong)은 "글쓰기에 전혀 익숙하지 않은 사람들의" 구술성과 개인을 넘어 "글쓰기나 인쇄에 대한 지식이 전혀 없는 문화의" 구술성을 지칭한다(1982:6, 10). **참조**, 구술성.

잔재적 구술성(ORALITY, RESIDUAL)

문자 문화적 정신역동이 부상하는 동안에도 구술적 정신역동이 지속하는 것. 월터 옹은 "문자 문화 이전의 상황이나 관행으로 거슬러 올라가는 사고 습관과 표현, 또는 특정 문화에서 구술이 매체로서 우세한 데서 비롯된 사고 습관과 표현, 또는 기록 매체와 말을 분리하는 것을 꺼리거나 분리할 수 없음을 나타내는 사고 습관과 표현"을 지칭한다(1971:25-6). **참조**, 구술성; 정신역동.

이차적 구술성(ORALITY, SECONDARY)

1. 주어진 문화 안에서 문해력을 습득한 이후의 구술성. 월터 옹은 이러한 구술성을 "일차적 구술성 즉 쓰기와 인쇄 이전의 구술성이 아니라, 쓰기와 인쇄의 결과이자 그에 의존하는 구술성"이라고 말한다(1982:167). 이러한 의미의 이차적 구술성은 쓰기매체와 인쇄매체라는 존재와 그 영향력에 의존한다. 이러한 종류의 이차적 구술성의 예로는 전자매체, 디지털 레코딩 등이 있다.

2. 성서학자들은 종종 "이차적 구술성"이란 용어를 "구술전승을 통해 텍스트에 간접적으로 친숙해지는 것"(Goodacre 2012:137), 다시 말해 기록전승을 "다시 구술화하는 것"(re-oralization)을 지칭할 때 사용한다(Kelber 1983:217-18을 보라). 하지만 "이차적 구술성"을 이런 의미로 사용하는 것은 부정확할 뿐만 아니라 유용하지 않다(Young 2011:104, 각주 123을 보라).

파라탁시스(PARATAXIS)

간단한 문장들을 연결 접속사(그리고, 그러나, 왜냐하면 등)로 나란히 연결하는 것(그리스어, *para*[나란히] + *tassein*[정렬하다]). 종속절을 이끄는 접속사(~ 후에, ~이므로, ~하기 위해 등)로 연결하는 것이 아님.

'파르스 프로 토토'(PARS PRO TOTO)

"부분으로 전체를 나타냄." **참조**, 소통의 경제 원리; 내재성; 내재적 예술; 환유.

공연(PERFORMANCE)

공연하는 사람이 기억한 것을 구두로 말하거나 기록된 텍스트를 읽음으로써 전승을 상연하고, 청중이 그 전승을 경험하는 사회적 사건(또는 경험). 매체비평가들은 ⑴ 우리가 분석하는 전승이 2차원적 텍스트를 통해서가 아니라 다양한 감각으로 경험된 사건이라는 점을 강조하기 위해, 그리고 ⑵ 여타 다른 경험의 양식이 전승의 의미와 영향력에 어떻게 영향을 미치는지 탐구하기 위해 공연을 집중적으로 조명한다(Rhoads 2006a:2-3을 보라). 리처드 바우만(Richard Bauman)은 공연을 "특별한 방식으로 구성되고 청중에게 보여 주는, 미학적으로 두드러지고 강화된 소통 전달 방식"(1992b:41, Maxey 2009:85에서 인용)으로 정의한다. **참조**, 내재적 예술.

공연 마당(PERFORMANCE ARENA)

1. 구술 공연이 행해지는 장소. "말이 특별한 힘을 얻는 장소. … 특정한 활동에 특화된 반복적으로 열리는 포럼. 반복적이고 단지 연대기적인 연작(series)으로 전이되지 않고도 계속해서 상연할 수 있도록 정의되고 규정된 장소"(Foley 1995a:47; 47-9을 보라). 실제 구술 공연의 경우 공연 마당은 물리적 장소, 즉 사건이 일어나는 현장을 의미하며, 특히 장소의 제의적 측면을 포함한다.

2. 독자 또는 청중이 구술에서 유래한 텍스트를 읽거나 경험할 때 자신이 있는 곳으로 상상하는 '장소'. 구술에서 유래한 텍스트의 실제 구술전승을 경험한 청중은 구술에서 유래한 텍스트를 수용

할 때 공연 마당이라는 실제 공간에 대한 기억을 떠올릴 수 있다. 그러나 경험이 없는 청중은 구술에서 유래한 텍스트가 주는 수사학적 신호를 통해 공연 마당을 떠올린다. "독자가 작품을 경험하는 '장소', 즉 재창조되는 사건은 텍스트가 주는 신호에 의해서만 불러일으켜진다"(Foley 1995a:80; 79-82을 보라). 텍스트와 청중이 텍스트의 구술전승에서 멀어질수록, 텍스트 수용을 위한 공연 마당의 존재와 중요성은 점점 더 의미를 잃는다. **참조**, 내재적 예술.

공연 이론(PERFORMANCE THEORY)

신약 텍스트와 전승을 분석하기 위한 비평적 접근으로, "의사소통 과정의 사회적, 문화적, 미학적 차원을 강조한다"(Bauman 1992b:41, Maxey 2009:85에서 인용). 공연 이론은 신약이라는 기록된 텍스트를 하나의 사건(event)으로 바꾸는 것을 포함한다. 이상적으로는 새로 재구성된 사건이 초기 그리스도인들의 신약 전승 공연과 어느 정도 관련이 있지만, 정말 그러했는지 우리는 결코 제대로 알 수 없다. 그러나 공연비평은 원래 구술로, 그리고 공동체적으로 경험됐던 텍스트와 전승을 개인적으로 조용히 읽는 우리의 경험이 지닌 인위성을 날카롭게 부각시킨다.

다원성(PLURALITY)

하나의 발언, 이야기 또는 전승의 여러 판(versions)이 다 진정한 것이며 독립적이며 고유하다는 원리. "모든 구술 공연은 특유한 삶의 권역(고유한 사회적 배경 맥락과 순간)에서 그 의미와 에너지를 끌어내기 때문에, 한 전승 어록에 대한 유사한 세 가지 표현은 완전히 자율적인 세 개의 텍스트로 간주되어 한다"(Thatcher 2008:5. 대처 [Thatcher]는 "삶의 권역"이라는 용어를 위에 정의한 두 가지 의미 중에 2번째 의미로 사용한다). **참조**, 삶의 권역; 동등한 원천성; 다형성.

운율 체계(PROSODY)

강세, 리듬, 억양, 속도 등 구술 전달이 지닌 준언어학적 특징들. 구두로 말하는 것이 지닌 운율적 특징은 언어적 메시지의 수용과 해석에 극적인 영향, 심지어 결정적인 영향을 미친다. 일상적인 예로, "감사합니다"라는 메시지는 추가적인 언어적 정보 없이도 감사 또는 감사하지 않는 마음을 전달할 수 있다. 어조, 자세, 몸짓(예를 들어, 눈동자 굴리기), 음량 등의 차이를 통해 "감사합니다"가 "신세졌습니다"인지, "전혀 쓸모가 없었어요"인지 쉽게 알 수 있다.

정신역동(PSYCHODYNAMICS)

월터 옹(그리고 그의 영향을 받은 사람들)은 사고와 표현이 지닌 특성을 지칭하기 위해 "정신역동"이라는 용어를 사용한다. 옹, 에릭 해블락(Eric Havelock), 잭 구디(Jack Goody)와 같은 이론가들은 소통 매체마다 각기 구별되는 사고의 특징적인 패턴이 있다고 주장한다. 따라서 옹은 "구술에 기반한 사고와 표현을 손으로 쓴 것 및 인쇄된 글자에 기반한 사고와 표현과 구분"하는 특성을 가리킨다(1982:36;

28-29

36-57을 보라). 이 용어를 사용하는 매체비평가들은 구술 문화와 문자 문화가 서로 다른 독특한 인지적, 사회적, 문화적 특성을 가지고 있다고 넌지시 말하기(또는 명시적으로 주장하기) 때문에, 매체비평가들 사이에서 이 용어가 사용되면 소통 매체에 관한 "거대 구분" 이론을 전제하는 것으로 쉽게 옮겨갈 수 있다. **참조**, 거대 구분.

독자적 용어(REGISTER)

구술이든 기록된 것이든 상관없이, 특정 주제나 주제의 유형을 표현하는 데 전용적으로 사용되는 "특별한 언어." 구술전승과 신약의 문제와 관련하여 "독자적 용어"라는 용어는 예수 전승을 표현하고, 문자를 통해 먼 거리를 가로질러 전달하는 데 적합하다고 여겨지는 언어적 특징을 의미한다. 그러나 독특한 전승적인 "독자적 용어"가 지닌 두드러진 핵심 특징은 독특한 단어나 문구나 표현이 아니라, 그러한 단어나 문구나 표현을 통해 전달되는 "규정된 의미"(institutionalized meaning)다(Foley 1995a:49-53을 보라). **참조**, 내재성; 내재적 예술.

반복(REPETITION)

"많은 구술전승의 독자적 용어들이 단지 전형적인 면만 아니라 구성을 이루는 면이 있음을 증명하는" 단어와 문구와 주제가 반복적으로 나오는 것(Foley 1995a:90). "비전승적" 텍스트에서 반복은 종종 지루하고 창의적이지 않은 것처럼 느껴진다. 그러나 전승적 텍스트에서 언어적 반복 및 내러티브의 반복은 "제한된 자원에서 재활용된 항목이 아니라 일관되고 규칙에 따라 진행되는 과정의 불가피한 산물을 나타낸다"(Foley 2002:137).

필사성(SCRIBALITY)

손으로 쓴 텍스트의 매체로, 그 매체와 관련된 사회적, 문화적, 이데올로기적 측면을 포함한다(예, 손으로 쓴 텍스트의 사회적 기능 및/또는 문화적 중요성이나 손으로 쓴 텍스트의 생산, 소유, 배포에 대한 정치적 통제).

대본(SCRIPT)

구술 공연 전에 존재하는 기록된 텍스트로서 그 공연을 할 수 있게 하는 것. **참조**, 필기록.

텍스트-고정(TEXT-FIXATION)

참조, 텍스트-고정화.

텍스트성(TEXTUALITY)

1. 기록된 것으로서 지니는 특성(**구술성**, 즉 구술적인 것으로서 지니는 특성과 대조되는 것).

2. 수사적, 정치적 또는 사회적 목적을 위해 '기록된 텍스트'를 사용하는 것으로, 엄밀히 말하면 누군가가 실제로 텍스트를 읽는지 여부와 무관하다. 역사학자 브라이언 스톡(Brian Stock)은 "문해

력"(이는 기록된 텍스트를 읽을 수 있는 능력을 필요로 한다)과 "텍스트성"을 구분한다. 이 구분은 "문맹인들도 텍스트 전승에 비교적 견실하게 접근할 수 있고, 이를 활용하여 자신의 업무를 수행하고 자신의 이익을 추구할 수 있다"는 점을 이해할 수 있게 도와준다(Rodríguez 2009:164, Stock 1983:7을 보라). 예수가 히브리 경전을 가르치고 해석하며, 서기관, 바리새인, 사두개인과 로마 시대 유대아 및 갈릴리의 여타 유대인들과 논쟁했다는 수많은 언급은 텍스트성이라는 개념에 대한 유용한 예시를 제공한다. 왜냐하면, 누가복음 4:16-21을 제외하고는 예수가 실제로 글을 읽는 모습이 나오지 않기 때문이다(Rodríguez 2010:152-65; Keith 2011a을 보라).[3]

절약(THRIFT)

참조, 경제성.

전승 전달자(TRADENT)

구두로든 기록으로든 전승을 이야기하는 사람.

---

3   3세기 또는 4세기의 외경 문서인 『아리마대 요셉의 이야기』에는 예수가 "낙원 동산"을 지키는 그룹들(cherubim)이 보낸 편지를 소리 내어 읽는 모습이 등장한다(4.3; Keith 2009:244에서 인용). 내가 아는 한, 이는 눅 4:16-21 외에 예수를 글을 읽는 분으로 명시적으로 제시하는 최초의 본문이다. 물론 다른 문서들에서는 예수를 쓰는 일과 기록된 편지의 스승으로 제시하기도 한다(예, 『도마의 유아기 복음』).

전승(TRADITION)

말, 행동, 사고, 사회 조직 등의 확립되고 계승된 패턴의 덩어리(body). 존 마일스 폴리는 "전승"을 "역동적이고 다의적인 **의미의 덩어리**"(1995a:xii, 강조는 추가)로 정의하고, 전승을 "기능할 수 있게 해 주는 지시 대상"(enabling referent: 말이나 기호 같은 상징이 나타내는 대상이 기능할 수 있도록 하는 것—역주)이라고 반복해서 지칭하는데, 이는 구술 텍스트 또는 "구술에서 유래한 텍스트"가 공연자(또는 읽어 주는 사람)와 청중 간의 소통을 촉진시키도록 도와주는 것을 뜻한다. 그는 이어서 전승을 "시간과 공간에 걸쳐 다양한 수용의 통합을 경험하고 (그리고 부분적으로 그것을 구성하는) 공시적 및 통시적 측면을 지닌, 살아 있고 활력 있는 실체"(1995a:xii)로 규정한다. **참조**, 내재적 예술.

전승의 지시성(TRADITIONAL REFERENTIALITY)

전승에 들어 있는 단어나 문구의 의미(또는 참조)가 여러 차례의 공연이나 여러 명의 공연자가 있음에도 불구하고 비교적 안정적으로 유지된다는 개념. 전승의 지시성은, 전승에 들어 있는 언어의 환유적 의미를 파악하고 알아차리기 위해 공연자와 청중(구술 공연의 경우) 또는 저자와 독자(구술에서 유래한 텍스트의 경우)가 텍스트와 배경 맥락에 능숙하게 참여하는 것을 필요로 한다(Foley 1991:6-8을 보라). **참조**, 소통의 경제 원리; 내재성; 내재적 예술; 환유.

필기록(TRANSCRIPT)

구술 공연 후에 존재하는 기록된 텍스트로서 그 공연의 표현을 문서화한 것. **참조**, 대본.

단어(WORD)

"발화의 단위, 공연의 환원 불가능한 원자, 화행(speech-act)"(Foley 2002:13). 폴리는 계속해서 단어를 "소리의 전달 단위, **표현에 있어서 명료하고 온전한 단위**"(2002:14, 강조는 추가)로 기술한다. 이러한 확장된 "단어"의 정의는 기록된 텍스트의 개별 어휘의 사전적 단위(일반적인 의미의 "단어")에만 좁고 배타적으로 초점을 맞추는 것을 경계하고, 단어, 문구, 주제, 이야기 등 전체적이고 통합적인 소통 전달 단위의 관점에서 사고할 수 있게 해 준다.

단어의 힘(WORD POWER)

전승에 나오는 단어, 문구, 주제가 텍스트적 의미와 지시적 의미를 뛰어넘어 맥락을 형성하는 전승을 효율적이고 효과적으로 끌어올 수 있는 힘(Foley 1995a을 보라).

제3장
구술전승과 신약성서를 연구한 학자들

복음서들의 바탕에 구전 자료가 있을 것이라고 진지하게 제안한 최초의 비평가로는 18세기 독일 철학자 요한 고트프리트 헤르더(Johann Gottfried Herder, 1744-1803년)가 널리 인정된다. 그러나 복음서 이전의 구술전승을 설명하고 그 구술전승을 재건하려는 집중적인 노력은 20세기 초에야 본격적으로 시작됐다(Mournet 2005:3-7을 보라). 1919년 마르틴 디벨리우스(Martin Dibelius)는 『전승에서 복음서로』(*From Tradition to Gospel*)를[1] 출간했고, 2년 후 루돌프 불트만(Rudolf Bultmann)은 그의 중요한 저작인 『공관복음서 전승사』(*The History of the Synoptic Tradition*) 초판을 출간했다.[2] 디벨리우스와 불트만은 카를

---

1   Dibelius 1935. 본래 *Die Formgeschichte des Evangeliums* (Tübingen: Mohr Siebeck, 1919)로 출간됐음.

2   Bultmann 1963. 본래 *Die Geschichte der synoptischen Tradition* (Göttingen: Vandenhoeck & Ruprecht, 1921) [= 『공관복음서 전승사』, 대한기독교서회,

슈미트(Karl Schmidt)와[3] 더불어 일반적으로 "양식비평"으로 번역되는 '전승사'(*Formgeschichte*)를 창안했다(Tucker 2010을 보라). 양식비평가들은 특히 복음서 이전 구술전승의 **기원**과 **발전**에 초점을 맞추었다. 그 결과, 그들은 구전으로 전해진 예수 전승의 출처와 기록된 복음서의 구전 자료를 동시에 탐구하면서 본질적으로 자료비평적인 연구를 진행했다(예, Dibelius 1935:v).

현대의 성서 매체비평은 많은 경우 양식비평가들에 대한 논의부터 시작하는데, 이는 당연한 일이다.[4] 그러나 이 장과 다음 장에서 논하겠지만, 양식비평가들은 우리를 잘못된 발걸음으로 시작하게 만들었다. 우리는 단순히 디벨리우스와 불트만의 독창적인 공헌을 **넘어서** 진보한 것이 아니다. 우리는 양식비평가들을 사로잡은 관심사와 **근본적으로 다른 질문들**을 던지기 시작했다. 현대 매체비평은 여러 면에서 20세기 양식비평에 대한 반작용이라고 할 수 있다. 하지만 현대의 매체비평은 양식비평에 비판적인 반응

2000]로 출간됐음.

3　Schmidt의 저서 *Der Rahmen der Geschichte Jesu* (Berlin: Trowitzsch & Sohn, 1919)는 영어로 번역되지 않았다. 그의 이름은 늘 Dibelius와 Bultmann과 함께 언급되지만, Dibelius와 Bultmann의 중요성 때문에 영향력이 크게 상실됐다. 특히 영어권에서 그러하다.

4　Birger Gerhardsson은 출간한 그의 박사논문의 제일 첫 문장에서 Dibelius와 Bultmann을 언급한다(1961:9). Werner Kelber는 그의 영향력 있는 책『구술복음과 기록된 복음』(*The Oral and the Written Gospel*)의 다섯 번째 문장에서 Bultmann을 언급한다(1983:1). 게다가, 구전 연구의 통찰에 주의를 기울인 역사학자들도 구전 예수 전승 연구에 있어서 양식비평의 획기적 의의를 집중적으로 조명한다(예, Dunn 2003b:73-8).

에 그치지 않고, 그리스도교의 기원과 신약 본문 해석에 건설적인 비전을 제시한다. 본서는 건설적인 비전에 초점을 맞추기에 구술전승과 신약성서에 관한 양식비평적 연구 이후의 연구사를 역사적으로 개관하면서 시작할 것이다. (구술전승에 대한 양식비평가들의 견해, 특히 불트만과 디벨리우스의 견해에 대한 개괄을 보려면, Mournet 2005:55-63.)

비르예르 예르핫숀(Birger Gerhardsson)

논리적으로 볼 때, 현대 매체비평의 역사는 스웨덴 학자 비르예르 예르핫숀에서 시작해야 한다. 그의 논문 『기억과 필사』(*Memory and Manuscript*, 1961)는 양식비평의 영향력이 정점에 달했을 때 출판되는 바람에, 당시 학계는 양식비평에 대한 예르핫숀의 비판적 도전을 진지하게 받아들일 준비가 되어 있지 않았다.[5] 예르핫숀의 연구는 최소 20년 이상, 아니 거의 40년 가까이 적절한 평가를 받지 못했다. 아마도 가장 유명하고도 악명 높은 평가는 모튼 스미스(Morton Smith)의 서평일 것이다. 영향력 있는 그의 서평은 예르핫숀의 논지를 무시하며, 예르핫숀의 논지 전체[의 타당성]을 "상상하

---

5   십 년 뒤에 Morna Hooker는 역사적 탐구를 위한 양식비평의 적절성에 대해 비슷한 수준의 혹독한 비판을 가했다(Hooker 1970, 1972을 보라). Hooker의 비판은 30년 이상 거의 인정받지 못하다가 이제야 비로소 제대로 된 평가를 받기 시작했다(예를 들어, Keith and Le Donne 2012에 실린 글들을 보라).

는 것조차 불가능하다"(1963:176)고 평가했다. 이십 년이 지나서 베르너 켈버(Kelber 1983)는 예르핫숀을 진지하게 받아들였고, 그로부터 15년 후인 1998년, 예르핫숀의 이 책은 그 논지를 이어나간 소논문인『초기 그리스도교에서 전승과 전달』(*Tradition and Transmission in Early Christianity*, 1964)과 더불어, 저명한 랍비 학자이자 모튼 스미스의 이전 학생인 제이콥 뉴스너(Jacob Neusner)가 참회하는 마음으로 쓴 서문과 함께 재출간된다. 마지막으로, 2009년에는 여러 학문 분야를 아우른 학자들의 소논문을 모은 책이 출간되어 예르핫숀의 업적이 지닌 독창적 중요성을 재평가했다(Kelber and Byrskog 2009). 오늘날 예르핫숀은 초기 그리스도교 구술전승 연구사에서 중요한 인물로 널리 인정받고 있으며, 말 그대로 시대를 수십 년 앞선 인물로 평가된다.

예르핫숀이 학자로서 활동하면서 발표한 연구물들은 일관되게 구술전승의 **전달**(transmission)에 초점을 맞추었다. 양식비평가들과 예르핫숀은 전승의 전달에 관하여 주된 의견 차이를 보였다(1961:14). 예르핫숀은 초기 그리스도인들 사이의 구전의 전달에 대한 양식비평가들의 연구에 "명확성이 부족"하다는 비판으로 시작해서, "초대 교회가 복음서 및 여타 자료를 **전할 때**(transmit) 어떤 기술적 절차를 따랐는지 판별하는"(14-15, 강조는 원문의 것) 작업에 착수한다. 이를 위해 예르핫숀은 랍비 유대교에서 기록된 토라와 구전된 토라가 어떻게 전달됐는지를 면밀히 분석한다(각각 33-70, 71-189). 제이콥 뉴스너는, 예르핫숀의 비교 의도를 지나치게 호의적으로 해석하여, 예르핫손이 "그의 저서에서 기원후 70년 이전에 유대교의 구술전승이 어떻게 형성되고 전달됐는지 알 수 있다고 주장하지 않았다"고 말한다(1998:xxv). 사실 예르핫손은 기원전 1세기, 20-30년대에 활동한 예수에 대한 주장을 정당화하기 위해 "탄나임과 아모라임 랍비 시대"(대략 기원후 200년경 미쉬나가 편집되기 이전의 랍비를 탄나임, 이후 시기의 랍비를 아모라임이라고 한다—역주)의 예, 즉 기원전 1-5세기의 예를 근거로 든다(1961:56). 즉, 예수는 "제자들에게 어떤 말을 외워서 익히게 하셨을 것이며, 가르칠 때에는 제자들에게 암송을 요구하셨을 것이 틀림없다. 이러한 나의 주장은 독단적 판단이나 변증하려는 의도에서 나온 것이 아니라 [예수와] **동시대 상황과의 비교**에 근거한 숙고의 산물이다"(56, 328, 강조는 추가).[6] 예르핫손은 랍비 유대교와의 유비를 계속 사용하여, 랍비 교육과의 유비가 예수가 어떤 종류의 선생이었고 제자들이 어떤 식으로 배웠는지 둘 다 설명하는 데 도움이 된다고 주장한다(305-6; 2005:9).

---

6   위에 인용된 단락(1961:328, 각주 4를 보라) 바로 뒤에 Gerhardsson은 랍비 초등 교육(1961:56-66)과 구전 토라의 랍비 전승(1961:71-189)에 대한 그의 논의를 다시 언급한다. Gerhardsson의 이 책 곳곳에는 비슷한 문구가 자주 나온다. 예를 들어, 행 15장에서 "누가는 한편으로는 이전에 바리새파(아마도 샴마이파)의 일원이었던 많은 예루살렘의 그리스도인들과 안디옥 교회의 선생 바울(바리새파 출신이었고 심지어 힐렐 학파의 제자였다) 및 바나바 사이의 교리적 갈등을 묘사하고 있다. **따라서 우리는 이 갈등의 과정을 바리새파 유대교라고 불리는 초기 단계의 랍비 유대교 또는 더 정확하게는 성전이 존재했던 시대의 유대교 교리 논쟁에 대한 랍비 전승과 비교할 충분한 근거가 있다**"(1961:249[강조를 추가함; 원문의 강조는 삭제하고 내가 강조를 추가했다]).

양식비평가들은 복음서들과 복음서 이전의 구술전승이 실제 예수의 삶 및 사역과 아무런 역사적 관련이 없다고 지나치게 상정했다. 이와 대조적으로 예르핫숀은 제대로 인지했다. 초창기 그리스도인들이 예수의 실제 가르침과 그의 실제 삶에 대한 이야기를 전달하고 있다고 생각했다는 점을 말이다. 예르핫숀에 따르면, 예수의 제자들은 기억에 의존해 예수의 가르침을 보존했고, 이를 기억된 형태로 전달했다(1961:329). 이 점을 깨달은 것 자체가 신약학계가 양식비평의 유산으로부터 벗어나 의미심장한 진전을 이루었음을 나타낸다(마찬가지로, Bauckham 2006을 보라). 하지만, 예르핫숀이 사도행전과 바울서신을 근거로 제자들, 특히 열두 제자들이 '콜레기움'(*collegium*), 즉 권위 있는 '신학교'를 형성했고, 그 학파가 예수 전승의 형성, 보전, 전달을 책임졌다는 주장은 과한 것이었다(1961: 244, 245-61).[7]

> 본 연구를 통해 우리는 예루살렘 교회의 선도하는 '신학교'(*collegium*)가 주의 말씀('호 로고스 투 퀴리우'[*ho logos tou kyriou*], 즉 성서 및 그리스도에게서 나온 전승과 그리스도에 대한 전승)에 대해 직접적 작업을 수행했다는 결론에 이르렀다. 어떤 측면에서 보면, 이러한 작업은 랍비 유대교에서 야훼의 말씀('다바르 야훼'[*dabar YHWH*]: 구약과 구전 토라)를 두고 한 작업 및 쿰란 공동체가 '다바르 야훼'(성서 및

---

7 초기 그리스도교 전승을 헬레니즘 학파의 관점에서 논의한 연구로는 Alexander 2009를 보라.

쿰란 종파 자체 내의 전승—일부는 구술전승, 일부는 기록전승)를 두고 한 작업과 유사하다. 따라서 "하나님의 말씀"에 대한 사도들의 이러한 작업은 '헤 디다케 톤 아포스톨론'(*hē didachē tōn apostolōn*, 행 2:42)과 '헤 디아코니아 투 로구'(*hē diakonia tou logou*, 행 6:4)라는 포괄적 개념에 있어서 가장 중요한 요소였다. (331)

이 '콜레기움'—그리고 일반적으로 "초대 교회"(the young Church) (1961: 여러 쪽)—은 예수의 가르침을 담은 고정된 전승을 자라게 하고 전수했으며, 이 전승을 "부분적으로 암기하고 부분적으로 기록장이나 사적으로 소유한 두루마리에 기록했다"(335).

이 모든 주장은 몇몇 본문, 특히 사도행전 15장 본문(249-61을 보라)에 대한 대단히 사변적인 해석에 근거를 두었다. 예를 들어, 예르핫숀은 사도행전 15장을 "**정기적으로 모인** 초기 그리스도교 총회를 묘사한 것"(251, 강조는 추가)이라고 말하지만, 사도행전 15장(또는 다른 곳)의 **그 어떤 구절에도** 그것이 정기적이거나 반복되는 종류의 회의를 묘사하고 있다는 암시는 **없다**. 그보다는, 사도행전 15장은 초기 그리스도인들 가운데 전례 없이 중요하고 지속적으로 발생한 문제를 해결하기 위해 예루살렘 교회가 임시로 특별히 모인 것을 묘사한 것으로 보인다. 게다가 바울서신은 **예루살렘이 아니라** 바울 자신이 청중을 향해 권위 있는 교리적, 실용적 표명을 한 것이다. 이 사실만으로도 가장 초창기의 그리스도인들에게 권위라는 것이 예루살렘에 있던 소수의 집단에 집중되어 있지 않았음을 알 수 있다. 하지만 예르핫숀의 논지에서 이보다 더 큰 문제는, 그가 예수의 가르침과 활동에 관한 전승들이 "독립적"(isolated)으로 존재했다는 관찰을 근거로 다음과 같이 신중하지 못한 추정(assumption)에 이르렀다는 점이다. 즉, 독립적으로 존재한 예수 전승들이 "암기"되거나 자구적인 수준까지 고정됐다는 가정 말이다. 예수의 가르침에 관한 전승이 [다른 전승들과 연결되어 있지 않고] "독립적으로 존재했다"(isolated)는 예르핫숀의 표현은, 가장 이른 시기의 그리스도인들이 지속적으로 예수의 **가르침** 자체를 자신들이 그 가르침을 특정 **목적**(function)으로 사용한 것과 분리해 생각했음을 뜻한다(334-5을 보라; 2001:59-63).

예르핫숀은 예수에 대한 구술전승을 지나치게 고정되어 있고 유연성이 없는 것으로 생각했다. 특히 기록된 예수 전승보다도 더 안정되고 변하지 않는, 고정된 구술전승을 상정한 것은 지나쳤다.[8] 예르핫숀이 가장 이른 시기의 그리스도교에서 고정된 예수 전승이 변경되기도 하고 창조적으로 응용되기도 했다는 여지를 남겨 둔 것은 분명하다. 그래도 예수 전승이 너무나 안정적이고 고정된 상태로 기억됐다는 예르핫숀의 주장은 비합리적이며 비현실적이다.

---

8   최근 Gerhardsson은 "많은 단락에서 단어 수와 음절 수까지 세었다"(2005: 18)고 제안할 정도로 과한 주장을 했다! 네 복음서 대조서를 몇 분만 살펴보아도 복음서 저자 중 누구도 예수 전승을 정확한 단어와 음절을 세어서 이야기한 것으로 생각하며 작업했다고 보기 어렵다. 예수의 중요한 가르침(가령, 주기도문이나 가장 큰 계명)조차도 문자화된 표현은 물론이고 분명 구전 표현에서도 단어와 음절 모두에서 상당한 차이를 보인다.

베르너 H. 켈버(Werner H. Kelber)

비르예르 예르핫숀은 구전 예수 전승의 전달에 관해 역사학적으로 탄탄한 모델을 제시함으로써 양식비평을 뛰어넘어 진정으로 학계의 논의를 진전시켰다. 그로부터 이십여 년이 흘러 베르너 켈버는 다시 한번 학계의 논의를 진전시켰는데, 이때 켈버는 소통 매체, 문화, 전승 등에 관하여 성서학 외의 분야 학문들의 연구물을 끌어왔다. 그의 연구는 특히 두 학자, 즉 문화사 학자 월터 옹(Walter Ong)과 구술전승 전문가 알버트 로드(Albert Lord)의 영향을 받았다. 켈버는 소통 매체(구술, 기록, 인쇄, 전자기기)가 메시지나 텍스트의 생산과 수용에 영향을 준다는 개념을 중요한 것으로 받아들였다. 그의 책이 1997년에 재출간될 때, 켈버는 자신의 접근법을 "구술성과 텍스트성이라는 양극성"이라는 표현으로 설명했다(xxi). 다시 말해, 켈버는 양식비평가들의 가정, 즉 구전된 예수 전승은 점진적 과정을 통해 우리가 아는 형태인 기록된 복음서로 발전했다는 가정을 받아들이지 않았다. 오히려 켈버는 기록된 마가복음서가 복음서 이전의 구술전승을 사실상 파괴하고 다른 것으로 변형시켰다고 주장한다.

　　마가가 기획한 글쓰기는 대담한 행위였고 커다란 결과를 초래했다. 복음이 구술된 목소리에 의존하는 한, 그것[마가복음]은 그 목소리를 잃게 만들었다. 한때 구전으로 전해지던 말들의 성문(聲門,

voiceprint)이 음소거됐다. 이것은 엄청난 일이다. … 텍스트는 지배적인 구술 전통과 활동에서 벗어났다고 천명하면서 구술적인 삶(oral life)을 텍스트라는 정적인 삶으로 동결시켰다. (1983:91)

켈버 자신은 전승의 구술적 표현과 텍스트적 표현 사이의 관계를 기술할 때 "거대 구분"(Great Divide)이라는 문구를 사용한 적이 없다고 항변하지만(예, Kelber and Thatcher 2008:29-30), 학자들은 켈버의 연구물에서 바로 이러한 관점이 있음을 발견했고, 그렇게 생각할 이유도 충분했다.[9]

켈버는 그의 저서 『구술 복음과 기록된 복음』에서 다음의 두 가지 논지를 주장했다. 첫째, 초기 그리스도인들이 예수의 이야기들을 전했던 배경인 구술 문화는 기록된 문서(마가복음, 바울서신 등)의 생산, 내용, 구조, 기능에 영향을 미쳤다. 켈버는 "마가복음서 저자가 구술적 삶의 방식과 비문해적 의식(nonliterate consciousness)에 빚을 졌다"라고 말한다. 그는 "구술적 요소가 [기록된] 복음에 도입됐을 것"이라고 추정하며, "구술 형식과 관습이 기록된 문서에

9　Pieter Botha처럼 Kelber의 주장에 동조하는 학자도 "켈버는 예수 전승에 대한 그의 다채로운 접근 방식에서 구술성과 문자 문화를 **대조되는 것**으로 보는 경향이 있다"(1990:44, 강조는 원문의 것)고 제대로 지적한다. 더욱이 Kelber는 "거대 구분"(1983:203)이라는 용어를 **실제로 사용하여**, Q의 구전성과 마가복음의 텍스트성, 그리고 서신서의 구술적 해석학과 복음서의 텍스트적 해석학 사이에 "큰 간격 같은 것"이 있음(1983:203, Tödt 1965:232 인용)을 분명히 전제하는 방식으로 말한다. (이 언급들을 내게 알려준 Chris Keith[근간]에게 감사를 표한다.)

들어갔을 것이다"라고 생각하는 게 합리적이라고 본다(1983:44). 켈버는 한 장(chapter) 전체를 "마가의 구술적 유산"을 탐구하는 데 할애하고(44-89), 마침내 다음과 같은 결론을 내린다. 마가복음서는 복음서 형성 이전의 "조직화되지 않은 구비 설화"(79)의 증거를 개별적 부분들에서 보존하지만 전체적인 내러티브 형태로 보존한 것은 아니다.[10]

켈버의 두 번째 논지는, 기록된 마가복음서와 복음서 형성 이전의 구술전승 사이의 차이를 강조하는 것이다. 여기서 켈버는 "마가복음서와 구술 세계와의 분열"이라는 표현을 쓰며, 복음서 이전의 구전 이야기들을 하나의 내러티브로 바꾸어 기록한 행위를 "혁신적 통일"(91)이라고 주장했다. 마가복음의 개별 단락이 구전으로 전달된 예수 전승의 흔적을 보존하고 있다고 치더라도, 그럼에도 불구하고 마가복음서 저자는 **"구전 메시지를 재요약하는**

10　Kelber가 양식비평가들과 정확히 같은 결론에 도달했다는 점에 주목하라. 즉, 그는 기록된 복음서를 개별 단락으로 해체하고 문학적 구조를 무시함으로써 복음서 이전의 구술전승을 재건해낼 수 있다고 본다. "우리가 지금까지 연구한 이야기들은 완전히 자기충족적인 내러티브임을 보여 준다. … 복음서 내러티브의 문학적 이해만큼이나 중요한 것은, 복음서 내러티브의 구성 요소 중 많은 부분이 본래부터 구전적인 형태를 나타낸다는 사실을 놓치지 말아야 한다는 것이다. 우리가 예배와 교육에서 이 이야기들을 사용한다는 사실은 이 이야기들이 독립된 자기충족적인 소통의 구전 단위로서 기능할 수 있었음을 충분히 보여 준다. 이 이야기들이 복음서를 이루는 구성 요소가 됐다는 점을 결코 당연한 것으로 받아들여서는 안 된다. 왜냐하면 그것들은 하나로 통합될 필요가 있는 단편적인 조각들에 지나지 않기 때문이다. … 모두 자율적으로 기능하는 이야기이며, 이 중 어떤 것도 마가복음과 같은 규모의 프로젝트를 구축하기 위해 고안된 것은 아니다"(Kelber 1983:79).

것이 아니라 구전 메시지를 변형하기 위해 기록 매체를 택했다"
(139, 강조는 추가). 이 두 가지 주장에서 한 발짝 물러나 생각해보면,
다음과 같은 두 개의 일반적 관찰을 할 수 있다. 첫째, 켈버는 복음
서의 개별적 이야기 단락(치유, 축귀 이야기, 비유, 논쟁 이야기 등)으로부
터 복음서 이전의 구술전승을 생각한다는 면에서 양식비평가들과
같은 입장이다. 둘째, 켈버는 양식비평가들이 기록된 복음서를 구
술 예수 전승이 논리적으로 자연스럽게 확장된 것으로 보는 입장
을 받아들이지 않는다. 다시 말해, 켈버는 **구술** 예수 전승에 대해
몇 가지 중요한 점에서 양식비평가들에 동의하지만, **기록된** 예수
전승에 관하여는 양식비평가들에 동의하지 않는다.

하지만 이는 지나치게 단순한 설명이다. 켈버는 그의 최근 연
구물을 통해 양식비평의 구술 예수 전승에 대한 개념적 이해를 넘
어서는 진정한 발전을 이루어 냈다. 본서에서는 켈버의 소논문
"예수와 전승: 시간 속에서의 말씀들, 공간 속에서의 말씀들"(Jesus
and Tradition: Words in Time, Words in Space [1995])에서 그가 이룬 두 가
지 진보에 초점을 맞출 것이다. 첫째, 구술 예수 전승이 지닌 다형
성(multiformity)이라는 개념을 더욱 발전시켰다. 그는 (초기 그리스도
인들만이 아니라) 예수 자신이 같은 말씀이나 같은 비유를 다양한 계
기에 맞추어 여러 방식으로 말하고 가르쳤을 것이라는 점을 알아
차렸다. 예수의 가르침 자체가 "'다양한 형태로 말해졌다'는 것은
'다양한 원형'(multioriginality)이 있다는 말과 다르지 않다. 세 차례
이야기된 비유는 하나의 핵심 구조와 그에 따른 세 가지 변수라는

관점에서 이해할 수 있는 것이 아니라, 동일한 이야기가 애초부터 세 가지 다른 표현으로 말해졌다는 측면에서만 이해할 수 있다. 각각의 표현은 일종의 원본이라고 할 수 있으며, 실제로 [그 각각이 모두] 유일한 **원본**이다"(151, 강조는 원문의 것). 켈버는 이 주장에서 지나칠 정도로 더 나아가(즉, 과할 정도로 세게 말한다) 다음과 같이 주장한다. **모든** 구두 발화는 원형/원본(originality)이라고 말이다. 다시 말해, 다양한 구술전승을 모두 **동일한 수준의** '원본'으로 보는 것은 지나치다. 하지만 켈버 덕분에 우리는 특정한 어록이나 전승에 (단수의) **유일한** 원본이 있다는 사고에서 벗어나 더 넓은 시야를 가지게 됐다. 켈버가 강조한 동등한 원천성(equiprimordiality) 개념은 한 개의 어록 혹은 어록의 모음이 복수성을 지닌다는 점, 즉 "말을 하는 가운데 다양한 원본(multioriginality)이 구두로 실현되는 것"을 인정할 수밖에 없게 만든다(162).

둘째, 켈버는 "삶의 권역"(biosphere)이라는 기발한(약간 어색할 수도 있는) 은유를 제시한다. 이는 어떤 식으로 표현된 전승이든 그에 대한 전체적인 맥락을 제공한다.

> 기록 문화에 익숙한 우리가 느끼는 정도보다 전승을 덜 구체적인 실체로 생각하고 더 포괄적인 것으로 생각하면, 청중의 역할을 고려할 수밖에 없다. … 청중의 참여(단지 반응만이 아니라!)가 지닌 의미를 온전히 파악하려면, 결국 우리 안에 깃든 기록 문화 중심적 사고에서 벗어나 **문서 기록에 포함되지 않는 실체**를 받아들여

야 할 것이다. 이는 우리가 **전승의 상당 부분을 텍스트 외적인 현상으로** 생각하는 법을 배워야 함을 의미한다. … 이러한 포괄적인 의미에서 전승은 화자와 청자가 살고 있는 주위를 둘러싼 맥락성(contexuality), 즉 삶의 권역이다. 삶의 권역에는 텍스트를 통해 전달되거나 텍스트로부터 파생된 텍스트 및 경험이 포함된다. 하지만 삶의 권역은 상호텍스트성으로 환원될 수 있는 것이 결코 아니다. 가장 넓은 의미의 전승은 대체로 사람들이 생계를 유지하고, 그 안에서 생활하며, 그와 관련지어 자신의 삶을 이해하는 **준거점들과 정체성들의 결합체다. 이 보이지 않는 삶의 권역은 전승에서 가장 파악하기 어려운 것임과 동시에 전승의 근본적인 특징이다.** (159, 강조는 추가)

켈버는 삶의 권역이라는 은유를 사용해서 양식비평의 구술전승 이해를 넘어서고, 구술전승을 단지 의사소통의 **매개체**(medium)가 아니라 의사소통의 **배경 맥락**(context)으로 바라보기 시작했다. 켈버는 분석을 위한 개념으로서의 **구술전승**이 현존하는 복음서들 배후에 존재하는 Q나 원-마가복음(Ur-Markus) 같은 또 다른 자료보다 더 큰 개념임을 깨달았다. 이것이야말로 켈버가 이룩한 주된 혁신이었다.[11] 1983년 이래 매체비평 연구의 영향이 폭발적으로 증가한 것을 보면, 신약학계에서 이 혁신을 "켈버 혁명"(Kelber

---

11   내가 보기에 바로 이 점이 Kelber의 연구가 지닌 최대 강점인 것 같다. 비록 다른 측면에서는 심각한 결함이 있지만 말이다.

Revolution)이라고 불러도 과장은 아닐 것이다.[12]

조애나 듀이(Joanna Dewey)

조애나 듀이는 학자로서 활동을 시작할 때부터 마가복음의 구조에 지속적으로 초점을 맞춰 연구했다(Dewey 1973, 1980을 보라). 1989년에 듀이는 마가복음의 구조를 연구하며 구술로 지음(oral composition)과 구술 수용이라는 측면에 초점을 맞추기 시작했다. 마가복음이 "텍스트로 음성과 소리를 퇴색"시킨 것과 방불하다는 주장(Kelber 1983:91)에 대한 직접적인 응답으로, 듀이는 "마가복음이 단지 개별 에피소드만이 아니라 **전체적으로** 구술성의 흔적을 보여줄 뿐만 아니라, 마가복음을 작성한 기법이 주로 구술 기법임은

---

12 다시 말해, Kelber의 연구는 "패러다임의 위기"(Weeden 1979:156)를 불러왔고, 많은 학자가 이러한 위기를 계기로 성서학 자체를 재고해야 한다는 도전에 나섰다. 다음과 같은 몇 가지 예를 들 수 있다. (1) Semeia 시리즈에 실린 두 권의 책(Silberman 1987; Dewey 1995)을 포함하여, SBL 분과인 "고대 및 현대 미디어 속의 성서(Bible in Ancient and Modern Media, BAMM)"에서 낸 연구물들과 (2) 역사적 예수 연구가들 사이에서 기억과 구술전승에 대한 재평가가 일어난 점(예, Dunn 2003b; Bauckham 2006; Allison 2010)을 보라. 또한 Kelber의 작업을 기리는 두 권의 책(Horsley 외 2006; Thatcher 2008)이 있으며, Kelber 자신도 다른 매체비평가들의 작업을 기리는 데 중요한 목소리를 냈다(예, Birger Gerhardsson[Kelber 2009]과 Antoinette Clark Wire[Kelber 2010]에 대한 Kelber의 글을 보라). 구약학자와 유대교 학자들 사이에서도 비슷한 연구가 활발하게 이루어지고 있다. Kelber의 유산에 대한 이와 같은 기술은 Iverson 2009:77을 보라.

확실하다"고 주장했다(1989:33, 강조는 원문의 것). 다시 말해, 듀이는 마가복음 전체를 구술 예수 전승과 거의 동일시했다.

듀이는 구술전승과 기록전승 사이의 거대 구분(Great Divide)이 있다는 전제 아래 연구를 진행했다(Dewey 2008:86 참조). 듀이의 분석에 따르면, 구술전승과 기록전승은 서로 별개의 것으로, 둘 사이를 구별할 수 있다. 구술전승과 기록전승은 어떤 문화적 환경 안에서는 나란히 공존할 수도 있지만, 둘은 서로 물과 기름의 관계다. 듀이는 마가복음이 기록되고 마가복음을 읽은 문화적 배경을 가리켜 "구술성의 짙은 흔적을 가진 필사 문화", 즉 "구술성과 텍스트성 사이에 상당한 겹침 현상"이 보였던 문화라고 불렀다(1989:33). 기록된 문서로서의 마가복음은 이러한 문화에서 새로 발생하기 시작한 "텍스트성"(textuality)을 보이면서도, 지음(compo-sition)과 수용에 있어서 모두 그 문화에서 지속적 영향력을 행사한 "구술성"의 영향을 받았다. 따라서 듀이는 다음과 같은 결론을 내린다. 기록된 문서의 어떤 특징들은 마가복음이 "독자가 아니라 듣는 청중을 대상으로 지어진 것"임을 보여 준다. 담화보다 사건을 강조하는 모습이나 병렬 구조 및 여타 구전 특성들까지 포함해서 말이다. 마가복음이 구술적으로 지어졌고 구술적 특성을 내포하고 있으므로, "우리는 마가복음 해석 및 초기 교회 역사를 재구성하는 작업을 할 때 구술성이 작동하는 원리를 더욱 진지하게 받아들여야 한다"(34-42을 보라).

이 책의 독자 중에는 이 지점에서 강한 순환 논법을 감지하는 사람이 있을 것이다. 듀이는 특정 요소들(반복, 파라탁시스[parataxis] 등)을 "구술적"(oral)이라고 기술한 다음 이러한 요소들을 기록 문서에서 찾는다(다른 연구자는 이러한 요소들이 반드시 구술적이라고 볼 이유는 전혀 없다고 비판할 수 있다). 그러고는 듀이는 마가복음을 읽는 사람들이 자신이 마가복음 텍스트에서 발견한 "구술성"에 더욱 주의를 기울일 필요가 있다고 결론을 짓는다. 하지만 이러한 요소들이 실제로 구술성의 특징이라는 점을 보증해 주는 것은 듀이의 주장(그리고 듀이가 인용하는 월터 옹과 에릭 해블락[Eric Havelock])밖에 없다. 마가복음 텍스트에 이러한 요소들이 존재한다는 것은 텍스트라는 소통 매체(즉, 마가복음의 텍스트성)에 이질적이라는 주장 또한 마찬가지다.[13] 이러한 순환 논증 때문에 듀이는 거의 20년 뒤에, 마가복음은 **기록된 문서임에도 불구하고** "구술과 기록 사이의 구분에서 근본적으로 구술 쪽에 속했다"고 해명의 말을 덧붙여야 했던 것 같다(2008:86).

　　1991년에 듀이는 마가복음의 내러티브 구조를 매체비평적으로 분석한 연구를 출간했다. 듀이는 마가복음이 단 하나의 주제를 선형적이고(linear) 논리적으로 발전시키는 구조를 따르지 않는다고 주장한다. 당연한 말이지만, 선형적이고 논리적인 내러티브 구조는 마가복음 같은 구술적 텍스트의 특징이라기보다는 기록된 문서의 특징이다. 마가복음은 선형적인 내러티브라기보다는 "다

13　비슷한 비판으로는 내가 Davis(2008)를 비판한 글을 보라(Rodríguez 2009: 152-4).

중적으로 겹치는 구조들과 연속되는 장면들, 앞으로 나올 이야기에 대한 예측과 이미 말해진 내용의 되울림으로 구성된 짜여진 태피스트리(tapestry) 또는 푸가(fugue)이다"(1991:224). "이러한 비선형적인 재귀적 구성 방식은 청각적 내러티브의 특징"(즉, **읽히기**보다는 **들려지기** 위해 지어진 내러티브; 224)인데, 이 구조는 마가의 소통 매체(즉, 기록된 문서로서의 마가복음—역주)에는 이질적인 것이다. 그런 다음 듀이는 마가가 "태피스트리 또는 푸가"를 엮어낸 다양한 방식을 식별한다.

> [단락 간의] 상호 연결, 즉 반복, 기대, 예상은 듣는 사람에게 내러티브의 다른 부분을 상기시킨다. 개별 에피소드끼리 또는 일련의 에피소드들끼리 상호 연결될 수 있는 다양한 방법으로는 주제, 명시적 내용, 배경, 지리 또는 인물과 같은 내용의 특정한 측면, 양식비평적 유형, 열쇠 말(키워드)과 상호 맞물려 연결되며 반복되는 단어(hook words), 인클루지오(inclusio), 샌드위치같이 둘러싼 틀과 삽입된 단락으로 이루어진 구조, 병렬 및 교차 배열의 반복과 같은 수사적 장치 등이 있다. (225)

이러한 "상호 연결" 중 그 어떤 것도 구조를 드러내는 표시로서 의미를 갖기 위해 구두 매체를 필요로 하지 않는다.[14] 당연하다. 우

---

14 Pieter Botha(1991:316)는 옳게도 마가복음의 '구술성에 대한 검사'라는 작업을 하지 않는다. 그 대신, 그는 "마가복음의 구술성"이 철저하게 텍스트만 분

리는 늘 기록된 텍스트를 분석했고, 이러한 상호 연결 방법은 기록 매체 내에서만 완전히 자연스럽게 기능한다. 구조와 매체를 연결하는 유일한 연결고리는 듀이가 "내러티브를 전개하는 구술적 방법"(234)이라고 칭하는 것과 같은 연결고리에 대한 지속적 언급밖에 없다. 그는 보통 옹이나 해블락의 연구를 가까이 두고 언급할 때가 많다.

　　1995년, 듀이는 그의 소통 매체 이론에 권력 관계의 문제를 도입했다. "구술 문화에서 텍스트성"(Textuality in an Oral Culture)이라는 글에서 듀이는 "그리스도교는 전반적인 구술 문화 가운데 구술 현상으로 시작됐는데, 그리스도교의 지배 엘리트들은 글을 읽을 수 있는 사람들로서 헤게모니와 통제권을 유지하기 위해 글을 광범위하게 사용했다"고 주장한다(1995:38). 다시 말해, 듀이는 첫 번째 거대 구분(구술 대 문자) 위에 두 번째 '거대 구분'(일반 대중 대 지배 엘리트)을 그려낸다. 또한 그는 구술 문화가 지배적인 일반 민중 사이의 평등한 사회적 조화를 글을 아는 지배 엘리트의 횡포적 권력 행사와 극명하게 대비했다.[15] 문해력, 기록된 문서, 권위, 권력 행사 사이의 관계에 대해 문제를 제기한 다른 학자들도 있는데, 특히 리처드 호슬리(Richard Horsley)가 대표적이다(이하를 참조하라). 그러나 이러한 분석 중 많은 경우는 글을 읽지 못하는 집단이라고 해서 자동적으로 평등한 공동체는 아니며, 심지어 대개의 경우 평등한

석하는 것이 아니라 역사적 근거에 따라 논증되어야 한다고 말한다.
15　Dewey(1995)에 대한 나의 비판을 보라(Rodríguez 2009:166-70).

공동체가 아니라는 점을 파악하지 못했다. 사람들은 문자를 사용하지 않고도 어떻게든 불평등한 권력 관계를 형성하고 행사할 수 있는데, 듀이는 이 사실을 충분히 고려하지 않았다. 게다가 문맹 인구는 문자를 읽지 못함에도 **불구하고** 텍스트의 영향을 강력하게 받으며 세상을 살아가는 경우가 많다. 이는 분명 신약성서의 사회적 세계에도 적용된다. 따라서 이어지는 두 장에서는 권력, 문해력, 그리고 이 둘 사이의 상호작용을 어떻게 생각해야 하는지에 대해 보다 섬세하고 정교한 설명을 제시할 것이다.

폴 악트마이어(Paul J. Achtemeier)

조애나 듀이가 매체비평과 마가복음에 대한 연구를 개시한 지 1년 뒤에 폴 악트마이어는 로마 시대의 '소리 내어 읽기'에 관한 중요한 소논문을 발표한다. "옴네 베르붐 소나트"(*Omne Verbum Sonat*, "모든 단어는 소리를 낸다")라는 글에서 악트마이어는 "작가나 청자가 수사학 교육을 받지 못했더라도 기록된 문서를 구두로 공연하는 것을 이해할 수 있도록 돕는 표시"(1990:9)에 초점을 맞췄다. 켈버와 마찬가지로 악트마이어는 월터 옹, 특히 "다른 어떤 발명품보다 글쓰기가 인간의 의식을 변화시켰다"는 옹의 생각에 상당한 영향을 받았다(Ong 1982:79; Achtemeier 1990:4에서 인용). 따라서 악트마이어는 서양 고대 후기에 "기록보다 구술을 선호하는 문화적 편향”(9-10)이 있었음을 입증하는 것으로 글을 시작한다. 이러한 편향은 부분적으로는 “고전 시기의 고대 사회에서 기록된 문서가 갖는 물리적 특성 자체”(10-11)에 의해 촉진됐다. 글쓰기에 사용된 다양한 재료와 기록의 다양한 기능에도 불구하고, 서양 고대 후기 사회는 “글이 작성되는 방식과 그 글이 읽히는 방식에서 모두 본질적으로 구술성”을 유지했다. “글을 쓰고 읽는 방식은 주로, 아니 사실상 전적으로 구술적”이었다(12). 즉, 글은 불러주는 말을 받아 적는 행위를 통해 작성됐고[16] 낭독의 방식으로 읽혔다(12-17을 보라).[17]

악트마이어는 자신의 논지를 과하게 주장한 것 같다. 그래서 우리는 그가 신약 매체비평에 끼친 영향 일부를 이제는 받아들이지 말아야 할 것이다. 1990년 이후 수많은 연구는 글을 읽을 때 늘 소리를 크게 냈다는 견해에 심각한 문제가 있음을 지적했다.[18] 그

16　Achtemeier는 자기 주장을 강하게 표현한다. “그러나 우리의 논의에 있어 중요한 점은 구술 환경이 너무나 널리 퍼져 있어서 소리로 발성되지 않는 글은 **없었다**는 사실이다. 이는 받아 적는 경우에는 당연하지만, 작가가 자기 손으로 직접 쓰는 경우에도 마찬가지였다. … 마지막 분석에 따르면, 받아 적기는 유일한 글쓰기 수단이었으며, 다른 사람에게 받아 적게 하느냐 아니면 자신이 [말한 것을] 직접 받아쓰느냐는 문제만 있었다”(1990:15, 강조는 원문의 것).

17　여기에서도 Achtemeier는 자기 주장을 강하게 표현한다. “따라서 읽기는 어떤 상황에서도 **언제나** 구두 공연이었다. 고대 후기에는 ‘혼자 조용하게 읽는 독자’라는 개념이 없었다”(1990:17, 강조는 원문의 것).

18　Gilliard 1993; Burnyeat 1997; Gavrilov 1997을 보라. Fusi(2003:56)는 학계에서 널리 합의된 입장과 그 입장의 약점을 꼼꼼하게 기술했나. David Cartlidge의 주장은 그를 인용한 Joanna Dewey처럼 완전히 틀렸다. “사적이

럼에도 [유감스럽게도] 악트마이어의 소논문은 두 가지 이유에서 여전히 중요한 연구로 남아 있다. 첫째, 그의 주요 논지는 더 이상 지지를 받지 못하지만, 학자들은 고대의 글 읽기는 크게 낭독하는 것이었다는 주장을 견고하게 제시한 결정적 권위로 악트마이어를 계속해서 인용한다. 신약학계는 악트마이어가 완전히 틀렸다는 사실을 깨닫고 인정해야 한다.[19]

둘째로 더 중요한 것은 악트마이어의 소논문이 문화적 활동 중 하나로서 읽기 행위가 문화마다 다르다는 사실을 제대로 파악하고 있다는 점이다. 무척 다양한 요인이 사람들의 기록된 텍스트를 읽는 방식에 영향을 미치고, 읽는 행위에 광범위한 사회적, 문화적 의미를 부여하는 방식에 영향을 미친다. 따라서 다음과 같은 질문이 제기된다. 어떤 종류의 정보가 기록되는가? 어떤 상황(종교, 정치, 경제, 교육 등)에서 기록된 문서를 읽는가? 누가 텍스트를 낭독하도록 승인되는가? 낭독자는 어떤 의식적 절차를 따라야 했는가? 사람들은 기록된 문서의 내용에 어떤 종류의 권위를 부여하는가? 사람들은 기록된 문서 자체에 어떤 종류의 권위를 부여하는가? 사람들은 낭독이라는 행위에 대해 어떤 기대치를 가지고

고 조용한 읽기와 쓰기가 그 시대에 존재하지 않았다는 주장을 반박하는 증거는 사실상 없다"(Cartlidge 1990:406, 각주 37; Dewey 1992:46에서 인용). (1) 이러한 주장이 "고대인들이 소리 내어 읽었는가?(또는 소리 내어 읽을 수 있었는가?)"라는 질문에 대한 틀린 대답이라는 점과, (2) 이러한 질문이 애초에 잘못된 질문인 이유에 대한 논증은 Johnson 2010:4-16을 참조하라.

19　Johnson 2010:7, 각주 12을 보라. Johnson은 Achtemeier의 소논문을 "논증을 세련되지 못하게 요약한 것"이라고 부른다.

있는가? 낭독자가 그러한 기대를 충족시키지 못할 경우 어떤 결과가 초래될까? 한 문화에서 문화적 필요를 충족시키기 위해 기록된 문서를 어떤 형태로 만드는가? 등등. 악트마이어의 소논문은 이러한 질문을 제기하거나 해결책을 제시하지 않지만, 문화권별로 특정한 읽기의 역학 관계가 존재할 거라 예상하고 그것을 찾을 수 있도록 준비시켜 준다.

피테르 J. J. 부에타(Pieter J. J. Botha)

남아프리카 공화국의 신약학자 피테르 부에타는 1990년에 "음이 소거된 문서: 고대의 의사소통 관습에서 주목받지 못한 측면에 대한 분석"(Mute Manuscripts: Analysing a Neglected Aspect of Ancient Communication)이라는 소논문을 발표한 이후 지속적으로 문화적으로 특정한 글쓰기와 읽기 관행에 관심을 기울여 왔다. 부에타는 "의사소통에 사용되는 매체는 문화를 **반영**할 뿐만 아니라 근본적인 측면에서 문화에 **영향을 미친다**"는 사실을 정확히 인식한다. "글쓰기는 사회적으로 결정지어지는 현상이다"(1990:35, 강조는 원문의 것). 다시 말해, 쓰기와 읽기의 기술은 모든 문화에서 동일하거나 유사한 방식으로 나타나는, 초문화적 상수가 아니다. "음이 소거된 문서"에서 부에타는 이러한 생각에 명백하게 반대한다. "이 소논문의 논지는, 대부분의 주석적 작업의 기저에는 미처 깨닫지 못한 가정이 있다는 것, 즉 글쓰기가 의사소통에서 **변함없는** 역할과 기능을 의미한다는 것이다"(39, 강조는 원문의 것).

　　이 점을 보여 주기 위해 부에타는 구술성, 문해력, 필기 문화(scribal culture)에 대한 간략한 논의를 제공한다(39-42). 아주 흥미로운 점은, 그가 "문해력"과 "필기 문화"에 대해서는 기본적인 정의를 제공하지만,[20] 그의 글에서 "구술성"에 대한 정의는 찾기가 쉽지 않다는 것이다. 물론 설명하는 부분은 여러 곳 있다. "발화된 담화는 아직 구술성이라 할 수 없다. … 상황으로서의 구술성은 현대의 미디어 프로세스와 기술에 의존하지 않는 의사소통 덕분에 존재한다. 구술성은, 부정적으로 말하자면, 기술이 부족해서 형성되는 것이고, 긍정적으로 말하자면 특정 형태의 교육과 문화 활동에 의해 만들어지는 것이다"(40). 그러나 이러한 언급 중 어느 것도 독자에게 **구술성이 무엇인지** 알려주지 않는다. [구술성에 대한] 정의에 가장 근접한 것은 몇 문장 뒤에 나온다. "구술성이란 소리의 숲속에서 단어들(과 말)을 경험하는 것을 지칭한다"(40). 하지만 독자들은 좀 더 구체적인 정의를 듣기 원할 것이다.[21] 나는 이에 동

20　"문해력은 맥락 안에서만 정의할 수 있다. 문해력은 읽기와 쓰기에 익숙함 그 이상을 의미하는 것으로 문화 체계의 일부인 사회 활동—이데올로기적인 사회 활동—에 관한 것이다"(Botha 1990:41). "광범위하게 말해서 필기 문화란, 글쓰기에 익숙하면서도 본질적으로는 여전히 상당히 혹은 지배적으로 구술적인 문화를 말한다. 필기 문화에서 읽기는 대부분 소리 내어 읽는 행위이며 문맹은 예외적인 경우가 아니라 기본값이라고 할 수 있다"(42).

21　3년이 지났어도 문제는 그대로다. Botha는 이렇게 썼다. "문화인류학적 의미에서 구술성이란 구술 기반 소통 기술 특유의 인지적, 사회적 효과와 가치를

감하면서도 다음과 같은 비판을 제시한다. 부에타는 구술성이란 개념에 실제적 내용과 구체성이 부족하다는 점을 인식하지 못한 채 다른 사람들(특히 월터 옹과 에릭 해블락, 잭 구디[Jack Goody])에게서 구술성 개념을 그대로 받아 사용했다.

결과적으로 부에타는 "구술성"(그것이 무엇을 가리키든)과 고대 세계의 실제 문서 사이의 연관성을 느슨하게 설명하는 데 그친다. 그럼에도 그는 적어도 몇몇 경우에는 우리가 당연하게 여기는 개념들을 주의 깊게 검증할 필요가 있음을 제대로 알고 있다. 예를 들어, 나는 "저자"에 대한 부에타의 설명을 정경 속의 네 복음서에 적용해야 한다고 생각한다. "[저자들은] 자신들이 속한 공동체를 위한 교육적 기능을 추구하고 수행했으며, **구술전승과 문화 체험의 주요 실행자이자 도구**로서 필수적인 역할을 수행했다"(42-3, 강조는 추가). 기록된 복음서들의 텍스트는 복음서 기자들의 창조적 천재성을 나타내기보다는 예수 전승을 구체화하고(embody) 표현한다. 이 말은 복음서들이 개별 저자의 작품이라기보다는 공동체의 산물이라는 양식비평적 개념과 다르다.[22] 매체비평가들은 전승을 공

포괄적으로 나타낸다"(1993b:415). 그러나 Botha는 그가 언급한 효과와 가치가 무엇인지 정의를 내리지 않고 설명하지도 않는다. Botha 2004도 보라. 이렇게 미흡한 점을 보이는 사람은 Botha만이 아니다. "구술 문화란 용어로 우리는 무엇을 의미하는가?"라는 긴 섹션에서 James Dunn은 "구술 문화"에 대한 정의를 내리지 않는다(Dunn 2005:89-101). 전승(구술 또는 기록)에 대한 몇 가지 유용한 특성을 제공하지만 말이다.

22 Botha는 1991년 발표한 소논문에서 양식비평가늘에 대해 명백한 반대 입장을 취한다. "로드가 제시한 방법론에서 기본적인 내용은 구술전승 자료가 고

연하는 사람들 중 어떤 이들이 다른 이들보다 더 뛰어난 공연을 한다는 점을 인정한다. 어떤 전승 공연은 다른 공연보다 전승이 지닌 잠재력을 더 효과적으로 끌어낸다. 복음서가 그리스도교 정경에 포함된 것에서 볼 수 있듯이 초기 그리스도인들 사이에서 복음서들이 분명히 긍정적으로 받아들여졌다는 점에서 볼 때, 매체 비평은 초기 예수 전승의 삶의 권역 내에서 복음서가 차지하는 위치를 인식할 수 있게 해줄 뿐만 아니라, 복음서 저자들이 저자로서 기대한 성취, 아니 더 정확하게는 공연의 성취가 무엇인지를 알아볼 수 있게 해준다. 부에타가 일관되게 시도하는 작업은 1세기 지중해 문화를 보다 적절하게 재구성하고 그 배경 안에 신약의 저자들(특히 복음서 기자들과 바울)을 놓고 이해하려는 것이다.

이듬해 부에타는 전승의 전달과 마가복음의 작성에 관한 소논문을 발표한다(Botha 1991). 부에타는 마가복음을 "전승적"(traditional)이라고 부르는데, 이는 "구술-정형 문구 이론(oral formulaic theory)으로 설명되는 작성 **기법**(technique)"(307, 강조는 원문의 것)을 뜻한다. 즉, 부에타는 마가복음이 청중 앞에서 즉흥적으로 빠르게 말해야 하는 제약 아래 공연하면서 지어진 것이라고 주장한다(308을 보라).[23] 예수의 삶과 가르침에 대한 마가복음의 이야기는 암기되지

정된 이야기를 암기하는 방식으로 전달되지 않는다는 것이다. 전승은 이름 없는 전승 전달자가 아니라 구체적이고 재능 있는 개인에 의해 역동적이고 생생하며 고유한 내러티브를 통해 다시 이야기로 전달된다. 이는 양식비평의 주장과는 정반대이다"(307).

23 Albert Lord도 비슷한 주장을 했다. 그는 복음서를 "동일한 내러티브와 비내

않았다. 그 이야기는 "다양한 공연을 거치며 약간의 변형이 가미되어" 기억된 것에서 말로 발화됐고, "**지금 현존하는** [마가복음] **본문**은 그러한 전승 **과정**(traditional *process*) 중에 있었던 공연의 한 사례이자 그런 과정을 반영한 것에 불과하다"(307, 강조는 원문의 것). 부에타는 구술-정형 문구 이론의 주요 구성 요소와 그에 대한 몇 가지 예상되는 반론을 요약하는 데 이 소논문의 상당 부분을 할애한다(307-317을 보라). 그런 다음 마가복음의 "정형화된 표현 양식"(317-19)과 "주제에 따른 작성"(319-22)에 대해 간략하게 설명하는데, 부에타가 보기에 이 두 가지 요소는 모두 마가복음이 구술전승적인 문서임을 확증해 준다. "따라서 마가복음은 구두로 공연되던 것을 우연히 전사한 문서일 가능성이 크다"(322). 다시 말해, 예수의 삶과 가르침에 대한 마가의 전승은 청중 앞에서 구술 공연으로 반복하여 전달됐으며, 마가복음 문서는 어느 한 공연을 담은 구술 텍스트가 아니라 이러한 구술전승을 통으로 반영하고 있다.

　부에타는 그의 관심을 복음서들에 국한시키지 않는다. "바울의 구술성과 텍스트성"(orality and textuality in Paul, 1983:140-83)에 한 장 전체를 할애한 베르너 켈버처럼, 부에타도 바울서신을 매체비평적 관점에서 바라본다(1992, 1993b). 그는 본서의 시작과 거의 같은 방식으로, 즉 고대에는 글을 읽을 줄 아는 사람이 상대적으로 희소했다는 점과 1세기 그리스-로마 문화 및 헬레니즘-유대 문화

러티브 자료의 세 가지 구술전승직 변형"으로 묘사하고 그 안에서 "구술전승으로 지어진 작품의 특징"을 발견한다(Lord 1978 참조; 90에서 인용).

모두 문맹률이 높았다는 사실을 적는 것으로 글을 시작한다. 바울 및/또는 그의 '아마누엔시스'(amanuensis: 말을 받아 적는 사람—역주)들이 분명 글을 읽을 수 있었음에도 불구하고, [그들을 제외한] 대다수 인구가 '문맹'이었다는 사실은 바울의 (글로 쓴) 편지의 사회적 기능에 영향을 미쳤다. "대다수가 글을 읽지 못하는 문화권에서도 글을 읽을 줄 아는 사람들이 있었음을 명심해야 한다. (문화인류학적 의미에서) 구술성과 문맹의 사회적 영향은 그들의 '글을 통한' 의사소통에도 스며들어 있다"(1992:19-21; 20-1에서 인용).[24]

그래서 자연스럽게 부에타는 바울서신의 작성과 전달 모두에서 구술-공연적 성격을 강조한다. 그는 주석가들이 자주 언급하면서도 거의 설명하지 않는 문제, 즉 바울의 저작으로 간주되는 거의 모든 서신에 공저자가 언급되어 있다는 점을 자세히 논의한다. 결과적으로, 부에타는 바울서신에서 저자의 문제와 편지 전달 및 낭독에 관해 더욱 복잡한 상황을 상정한다. "우리는 상황이 훨씬 더 복잡했음을 인식해야 한다. 즉, 어떤 사람들은 편지를 숙고하고

---

24 Goodacre 2012: 140-2과 대비된다. Goodacre는 신약 저자들의 문해력에만 좁게 초점을 맞추고, 문화에 만연한 문맹의 영향이나 중요성은 거의 고려하지 않는다. "초기 그리스도교에는 가난한 문맹자가 많았지만 문해력을 지닌 엘리트가 전승 자료에 대한 통제권을 가졌다. **따라서 초기 그리스도인들이 살았던 세계를 '구술 문화'로 묘사하거나 그들의 사고방식을 '구술적 사고방식'으로 묘사하는 것은 유용하지 않다**"(2012:141, 강조는 추가). Goodacre는 "구술적 사고방식"과 "구술 문화"라는 개념이 유용한 개념이 아니라는 나의 판단을 인용하지만(Rodríguez 2009:157, Goodacre 2012:141, 각주 46에서 인용), 그는 읽기 및 쓰기 능력을 현대의 문해력 개념과 쉽고 자연스럽게 동일시할 수 있다고 너무 성급히 가정한다.

'공연'하기 위해 힘을 합쳤고, 편지의 작성과 전달에 관여한 사람이 있었으며, 마지막으로 다른 사람들에게 공유되기 위한 '메시지'를 발표/공연하면서 '재창조'한 사람이 있었다"(22). 사실 우리는 하나의 (단일한) "더 복잡한 일"을 떠올리지 말아야 한다. 작성, 전달, 공연이라는 세 가지 구별되는 순간은 서로 다른 세 가지의 "더 복잡한 사건들"을 나타낸다. 갈라디아서 본문을 다루기 전에 부에타는 이 세 가지 사건에 대해 간략한 논의를 제시한다(1992:22-7; 1993b:415-19도 보라).

부에타가 바울서신의 작성, 전달, 공연의 구전적 맥락과 구체적 맥락에 철저하게 관심을 기울인 것과 거의 동시에, 그는 "그리스-로마 세계에서" 널리 퍼진 "글쓰기에 대한 거부감"(1993a)에 대해서도 조사했다. 그는 페니키아 알파벳의 발명과 그것이 그리스로 도입된 사실부터 시작해서 그리스와 로마 문화권에서의 문해력의 상승을 빠르게 훑는다. 이러한 문해력 상승의 맥락에서 "증거가 보여 주는 사회는 문해력에 대한 (현대적 개념과 비교했을 때) 매우 두드러진 태도를 보이는, 여전히 대체로 구전이 지배적인 사회이다. 헬레니즘 문화는 사고 및 의사소통에서 구술과 문자 방식 사이의 복잡한 관계가 동시에 발전하면서 번성했다"(745). 이 "복잡한 관계"에서 읽기와 쓰기는 모두 권력, 교육, 부와 반드시 연결되지는 않는 기술, 심지어 직업과 관련된 기술의 모음이었다. 가령 폼페이우스 시대의 어떤 사업가는 한 달에 10만 세스테르티우스(sesterces: 로마의 화폐 단위로 ¼ 데나리온에 해당—역주)의 이자가 걸린 거래를 한 번 이상 했는데, 이 사업가는 문맹이어서 간단한 사업 영수증도 쓸 수 없었다(747을 보라). 이로부터 2세기 반 후, 이집트의 한 마을의 교회의 성구 낭독자(!)는 "문자를 몰라서" 서기관을 통해 진술서를 보증했다(748을 보라)![25] 구술성과 기록의 복잡한 관계를 바탕으로 부에타는 파피아스와 알렉산드리아의 클레멘스의 구절을 참조하여 "초기 그리스도교 내부의 긴장 관계"(756)를 구술과 문자 소통 매체 사이의 갈등으로 상정한다.

최근 연구물에서 피테르 부에타는 구체적인 문화적 관점에서 텍스트 읽기(2005)와 쓰기(2009a)의 관행 및 기록된 텍스트 자체(2009b)에 보다 집중적인 관심을 돌렸다. 앞서 살펴본 바와 같이, 이러한 문제는 이미 부에타의 초기 연구, 특히 바울에 관한 소논문(1992; 1993b)에서 제기된 바 있다. 읽기에 대하여, 부에타는 독자로서의 우리와 신약 문서 사이의 관계와 1세기 그리스도인들이 독자이자 청중으로서 바로 그 문서에 대해 갖는 관계에는 차이가 있음에 주목한다. "텍스트가 우리에게 변하지 않은 채 전달됐다고 해도 … 그 텍스트와 우리의 관계는 과거의 독자와 텍스트 사이의 관계와 동일할 수 없다. 읽기에는 역사가 있기 **때문이다**"(2005: 622). 저자 문제(authorship)에 대해서도 부에타는 정확히 같은 논지를 주장한다. "'저작/저자'에는 역사가 있다는 것을 이해해야 한다. … 초기에는 저작(저자)이 후견인 체제의 일부로서 그와 밀접한

---

25   *P.Oxy.* 33.2673. 이 파피루스에 대한 논의와 "글자를 모르는" 낭독자라는 놀라운 현상에 대해서는 Choat and Yuen-Collingridge 2009를 보라.

관련이 있었지만, 우리 시대에는 인쇄, 문학적 재산권, 검열, 경제적 수입에 의해 결정되는 것이 됐다"(2009a:496). 20년에 걸쳐 출간한 연구물을 통해 부에타는 초기 그리스도교 텍스트, 그리고 저작(저자의 문제)과 읽기 관행을 역사적 관점에 놓고 이해하려는 노력을 일관되게 시도해 왔다.

케네스 베일리(Kenneth E. Bailey)

조애나 듀이, 폴 악트마이어, 피테르 부에타가 매체비평적 연구물들을 발표하기 시작할 무렵인 1991년, 케네스 베일리는 비교적 잘 알려지지 않은 학술지인 *Asian Journal of Theology*에 "비공식적이며 통제된 구술전승과 공관복음서"(Informal Controlled Oral Tradition and the Synoptic Gospels)라는 비교적 짧은 소논문을 발표했다. (학술지 *Themelios*는 4년 후 베일리의 소논문을 재인쇄하여 유럽과 미국 독자들에게 더 널리 알렸다; Bailey 1995b도 보라) 중동에서 30년 넘게 살았던 베일리는 예수와 같은 지역(비록 거의 2천 년이 지났지만)에서 지낸 경험을 바탕으로 구술전승의 전달에 관한 모델을 제시했다.[26] "전통적 중동 마을에서 산 경험에서 나는 마을 내에서 [전승 전달에] 기능하는 특정하고 뚜렷한 방법론을 발견했다"(1995a:4).

26　앞에서 논의한 Gerhardsson이 구술 예수 전승 **전달**을 지속적으로 강조한 것을 기억하라(예, Gerhardsson 2005).

베일리는 자신의 "비공식적이며 통제된 전승" 모델을 두 가지 대안과 대조하며 논의를 시작한다. 먼저, 베일리는 구술전승의 전달에 대한 불트만의 양식비평 모델을 "비공식적이며 통제되지 않은" 전달 모델이라고 부른다. 다시 말해, 전승의 전달을 용이하게 하기 위해 명확하게 정해진 교사, 학생, 사회 구조 및 의사소통 구조가 없다는 의미에서 전승은 "비공식적"이다. "새로운 추가와 새로운 형태에 열려있다"는 의미에서 전승은 "통제되지 않은" 것이다(1995a:5). 초기 그리스도인들은 예수의 가르침과 그의 생애에 대한 이야기를 보존하는 데 관심이 없었다. 그들은 새로운 가르침과 이야기를 만들어 냈고 그 새로운 "전승"을 지속적으로 예수 전승에 귀속시키는 데에 어려움을 느끼지 않았다. 베일리는 오늘날 중동에서 비공식적으로 통제되지 않는 전승이 있다는 사실을 인정하지만, 이를 "루머 전달"과 유사한 것으로 간주한다(5).

둘째, 베일리는 예르핫숀이 제시한 예수 전승의 전달에 대한 비교 모델을 설명하며 이를 "공식적이며 통제된" 전달 모델이라고 부른다. 즉, 선생과 학생의 역할이 명확하게 정해졌고, 가르침을 표현하고 전달하는 과정이 엄격히 구조화되어 있다는 의미에서 이 전승은 "공식적"이다. "통제됐다"라는 말은 [예수] 전승이 교리적으로 권위 있는 사람들의 가르침과는 별개로 암기되고, 고정되고, 있는 그대로 보존된다는 의미다(5). 베일리는 현대의 꾸란 암송과 같이 오늘날 중동에서 공식적이며 통제된 전승이 행해진다는 점을 인정한다(5).

불트만과 예르핫숀에 반대하면서, 베일리는 중동에서 경험한 일화들을 바탕으로 구술전승에 대한 "비공식적이며 통제된" 전승 모델을 제안한다. 베일리의 평가에 따르면 "비공식적이며 통제된" 전승 모델은 "고대의 [전승] 방법이 지닌 모든 특징을 가지고 있다"(6). 베일리는 '하플라트 사마르'(*haflat samar*)라고 불리는 문화 전통을 언급하는데, 이는 "한 공동체가 전승의 저장고(store of tradi-tion)를 **보전하는**"(6, 강조는 원문의 것) 저녁 모임이다. 이러한 모임은 명확하게 정해진 선생(또는 연사)이나 학생(또는 청중)이 개입하지 않는다는 점에서 "비공식적"이다. 그러나 공동체(특히 연로자들)가 전달되는 전승에 대해 어느 정도 통제권을 행사한다. 전승을 표현하는 데 유연성이 허용되기는 하지만 전승의 필수 요소가 변경, 누락 또는 틀린 경우 공동체가 개입한다. 베일리에 따르면 '하플라트 사마르'에는 속담, 이야기 형태의 수수께끼, 시, 비유, 지역에서 중요한 인물에 대한 역사적 기록(6-7) 등의 자료가 포함될 수 있다. 그러고는 베일리는 공동체가 전승에 대해 행사할 수 있는 세 가지 수준의 통제, 즉 유연성이 없는 경우(속담과 시의 경우), 약간의 유연성이 있는 경우(비유와 역사적 설명의 경우), 그리고 완전한 유연성(7-8)에 대해 논의한다.[27]

---

27 Bailey는 "농담, 그날의 일상적인 소식 보고, 인근 마을의 비극적 이야기 전달, (공동체 내에서 일어난 폭력의 경우) 극악무도한 이야기"를 전적으로 유연성이 있는 자료라고 기술한다(1995:8). 앞서 Bailey는 위에서 언급한 전통 유형 중 하나가 전적으로 유연성이 있는 자료 범주에 속하며, 유연성이 아예 없거나 일부 유연성이 있는 범주에 속하지 않은 유일한 유형은 "수수께끼 이

베일리가 제시한 비공식적이며 통제된 구술전승 모델은 예르핫숀의 랍비 교육 모델과 마찬가지로 공동체의 구술적 의사소통에 관한 구체적인 데이터를 바탕으로 구축됐다. 바로 이 점이 베일리가 제시한 모델의 첫 번째 장점이자 아마도 가장 큰 강점일 것이다.[28] 또한 베일리의 모델은 전승의 구술 표현이 여러 번의 공연에 걸쳐도 안정적으로 유지되는 **동시에** 주변 세부 사항이나 스타일 또는 도덕적 교훈은 달라질 수도 있게 하는 특정한 사회적 작용("통제")에 주목한다. 유감스러운 점은, 베일리가 비공식적이며 통제된 구술전승의 안정성을 언급할 때 "진정성"(authenticity)이라는 단어를 사용한다는 것이다.[29] 특히 "진정성"이라는 단어는 역사적 예수 연구자들 사이에서 "안정성"(stability)이 아니라 "실제 발생했음"(actuality)을 뜻한다. 예수 역사가가 요한이 기록한 예수의 요단강 세례 기록을 "진정성 있다"고 말할 때, 그것은 예수가 실제로 세례를 받았다는 뜻이지, 그 사건 이후 수십 년 동안 예수의 세례

야기"(7)라고 말했다. 그런데 '수수께끼 이야기'는 농담, 가벼운 소식, 비극적/극악무도한 행위에 대한 설명과 동일하거나 유사한 유형이 아니던가?

28 반면, Theodore Weeden(2009)은 Bailey의 모델에 대해 가차 없는 비판을 상세히 가했다. Weeden의 비판 중 일부는 타당하지만, 그의 비판 상당수는 Bailey의 일화적 증거를 거의 문자 그대로 읽는 데서 기인한다. 그러나 Weeden의 소논문은 전체적으로 추상적인 이론적 논증을 선호하고, 구체적인 경험적 증거에 대한 이상할 정도의(민족 중심주의적? 엘리트주의적?) 경멸을 드러낸다. 마찬가지로 Dunn 2009:48을 보라.

29 Bailey 1995a에서 "진정한" 혹은 "진정성"이 사용된 총 8번 중 7번이 "안정성"이라는 의미로 사용됐다. 게다가 Bailey는 "실제 발생했음"(actuality)이란 의미로 "진성성"이란 단어를 사용한 적이 **전혀 없다!**

에 대한 이야기가 안정적으로 유지됐다는 뜻은 아니다. 그래서 시어도어 위든(Theodore Weeden)은 "한 공동체의 구술전승에서 진정성 있고 변질되지 않은 역사적 핵심"과 "아주 오래된 원래의 역사적 사실을 변질되지 않게 보존하는 것"과 같은 표현을 쓴 것은 베일리의 소논문을 근본적으로 오독했음을 보여 준다(Weeden 2009:33; 35-7도 보라). 베일리가 적절하지 못한 용어를 사용했기에, 베일리의 글을 오독한 위든을 이해할 만한 여지가 있지만 이 중요한 지점에 있어서 위든이 베일리의 글을 근본적으로 오독했다는 사실에는 변함이 없다.

예수 전승의 구술 전달 모델에 있어서 개인 일화에 바탕을 둔 베일리의 접근 방식은 신약학계에 깊은 영향을 미쳤다. 특히 제임스 던(James Dunn)의 놀랄 만큼 절제된 언급을 빌리자면 베일리의 연구는 "그다지 저명하지 않은 학술지에 실렸"는데, 이 점을 고려하면 베일리가 신약학계에 끼친 영향력이 어떠한지 더 제대로 가늠할 수 있다(Dunn 2009:44). 신약성서와 역사적 예수 연구의 두 거물인 N. T. 라이트(N. T. Wright)와 제임스 던은 베일리의 모델이 복음서 이전의 구술적 예수 전승에 대한 이해와 예수에 관한 복음서 이야기들의 유사점과 차이점을 설명하는 데 유용하다는 점을 인식했다.[30] 나는 이보다 더 강하게 주장하고 싶다. 라이트와 특히 던 덕분에, 베일리의 연구가 신약학계 전반에 미친 **영향**이 켈버의 연

30　다음을 보라. Wright 1996:133-6; Dunn 2003b:205-10, 및 곳곳; 2005:45-6, 79-125.

구에 필적하게 됐다고 말이다(물론 베일리의 연구는 그 양이나 정교함에서
켈버의 연구와 비교할 수 없지만).[31]

리처드 호슬리(Richard Horsley)

우리는 이미 1990년대 중반에 성서학에서 매체비평에 대한 관심
이 고조되고 있었음을 보았다. 리처드 호슬리는 신약 본문에 대한
명시적인 문학비평의 부상에 대한 관심의 일환으로 소통 매체의
문제에 관심을 기울이기 시작했다(Horsley 1994:1, 135를 보라).[32] 매체
비평에 대한 호슬리의 본격적인 관심은 2000년대에 접어들면서
발표한 두 개의 연구에 분명히 나타나는데, 하나는 Q(Horsley, with
Draper 1999)에 초점을 맞춘 것이고 다른 하나는 마가복음(2001)에
초점을 맞춘 것이었다. 위에서 소개한 듀이와 마찬가지로 호슬리
도 매체비평과 권력의 사회적 분배가 상호 교차하는 지점에 관심
을 집중한다(가령 Horsley, Draper 1999:128-32). 그는 갈등의 사회학과

31　예를 들어, Mournet 2005:187-91, 192-3을 보라. 그는 Dunn을 따라서 Bailey
　　의 비공식적이며 통제된 전승 모델을 복음서 연구에 적용한다.

32　Horsley는 Achtemeier, Dewey, Kelber에 대한 언급과 함께 당시에 막 생겨
　　나기 시작한 매체비평에 대해 한 단락만 언급했다. 그러나 향후 연구의 잠재
　　적 방향성을 예측할 때(1994:1144-5), Horsley는 매체비평 (또는 구술성) 연
　　구를 명시적으로 언급하지 않았다. 그는 신약 텍스트의 (매체가 아닌) **정치
　　적** 맥락에만 초점을 맞추었고, 그가 Kelber에 대해 언급(1994:1149)한 내용
　　은 매체 이슈와는 관련이 없다.

주변부로 밀려난 문화 및 억압받는 문화에 대한 인류학 연구(특히 제임스 C. 스콧[James C. Scott]의 연구)에 크게 의존한다. 그래서 권력과 권력의 행사에 대한 그의 사고는 듀이만큼 단순하거나 부정확하지 않다.

호슬리의 매체 이론은 월터 옹과 에릭 해블락보다 존 마일스 폴리(John Miles Foley)의 영향을 더 많이 받았다.[33] 결과적으로 호슬리는 신약 문서가 어떻게 **작성**됐는지를 이해하는 데에 너무 많은 에너지를 쓰지 않고(Kelber 1983; Dewey 1989, 1991, 2008을 보라), 대신 Q를 포함한 신약 문서가 기록될 당시의 구체적 사회문화 환경 내에서 어떻게 **기능**했는지에 집중한다(Horsley with Draper 1999:132-49; Horsley 2001:61-78). 호슬리는 고대에 두루마리를 만드는 비용과 복잡한 제작 과정을 근거로 "제2성전 시대 후기에 많은 유대아의 회당이나 갈릴리 마을의 회당들('쉬나고가이'[*synagogai*]: '쉬나고게'의 복수형이다—역주)이 토라 두루마리를 소유하고 있었는지 의심스럽다. … 두루마리 제작에는 비용이 많이 들었고, 많은 마을 회당이 그것을 감당할 수 있었을지 회의적이다"(1999:136, 137)라고 주장한다. 일부 유대 공동체가 성서 두루마리를 가지고 있었다는 사실을 인정하면서도, 호슬리는 갈릴리와 유대의 시골 마을에 기록된 문서가 있었을 가능성을 낮게 본다. 하지만, 심지어 기록된 문서가 없더라도 사람들은 종종 문서가 있는 것처럼 행동했다. 예를 들어,

---

33　다음 장에서 Ong/Havelock의 "구술성"에 대한 접근법과 Foley의 "내재적 예술"에 대한 접근법 사이의 차이점을 논의할 것이니 참조하라.

예수가 초막절에 성전에서 가르쳤다는 요한복음의 서술에는 예수가 실제로 두루마리를 읽는 모습이 어디에도 없다. 그럼에도 "유대인들"은 교육을 받지 못한 것이 분명한 예수가 "문자를 아는" (즉, 성서 본문을 읽고 공부한) 사람으로 보였다는 사실에 놀라움을 금치 못한다(요 7:15).[34] 호슬리의 분석은 기록전승뿐만 아니라 기록된 **문서**의 사회적 기능과 문화적 통용의 잠재력을 더 많이 고려하여, "실제로 존재한 문서를 잉여적으로 만들고자"(Stock 1983:7) 했다.

* * *

우리는 신약에 대한 매체비평적 연구에서 영향력 있는 학자들을 살펴보았는데, 유감스럽게도 여기에 포함시킨 학자보다 다루지 않은 학자가 더 많다.[35] 문제를 더 복잡하게 만든 것은, 일부 학자는 포함시키고 다른 학자는 제외시키는 선택으로 인해 신약에 대한 매체비평이라는 넓은 분야를 좁게 그려내는 결과를 낳았다. 예를 들어, 앤투워넷 와이어(Antoinette Wire)나 할리 히론(Holly Hearon)의 연구를 살펴보았다면 스토리텔링에 대해 그리고 그러한 연구가 신약을 이해하는 데 기여한 공헌에 더 많은 관심을 기울였을

---

34 이 단락에 관한 논의와 예수의 문해력 여부에 관한 주장들에 대해서는 다음을 보라. Keith 2010.

35 신약학계에서 "구술전승의 문제"를 보다 전문적이고 체계적으로 개괄한 글로는 Mournet 2005:54-99을 보라. James Dunn(2003b:192-210)도 유용한 논의를 제공한다.

것이다. 또는 탐 부머샤인(Tom Boomershine)이나 데이비드 로즈(David Rhoads)에 주목했다면, 공연비평(performance criticism)에 대해 그리고 실제 공연이 현대적 맥락에서 텍스트를 해석, 이해, 적용하는 데 미치는 영향에 더 많은 관심을 기울였을 것이다. (조애나 듀이도 공연비평의 중요한 연구자다.) 이러한 예는 더 나열할 수 있다. 이 장에서 우리는 몇 가지 중요한 결정을 내렸고, 그 결정에는 마땅한 결과가 따르기 마련이다.

그렇더라도 이 장의 목적인 신약성서와 구술전승 연구사에 대한 기본적인 소개와 그 논의에서 흔히 인용되는 몇몇 중요한 학자의 연구 소개를 달성하기 위해서 내가 포함시킨 내용으로도 충분하길 희망한다. 이 장과 이전 장에서는 신약 매체비평 분야에 대한 기본적인 소개를 했다. 이 책의 제2부를 구성하는 다음 두 장에서는 신약 매체비평이 어떤 것인지 설명할 것이다. 다음 장에서는 구술전승과 신약성서의 문제에 대해 널리 사용되는 두 가지 접근 방식을 살펴볼 것이다. 이 두 가지 접근법을 크게 두 가지로 설명할 수 있다. 첫 번째 접근법은 내가 구술전승과 신약에 대한 **형태론적 접근**(morphological approach)이라고 부르는 것으로, 기록된 문서에서 구술전승의 잔재, 흔적, 잔여물을 찾으려는 시도이다. 두 번째 접근법은 내가 구술전승과 신약에 대한 **배경 맥락적 접근**(con-textual approach)이라고 부르는 것으로, 구술전승을 구전에서 유래한 (기록) 텍스트가 의미 있는 의사소통 수단이 되는 맥락으로 파악하는 것이다. 이 두 가지 접근 방식은 서로 정반대되는 것은 아니지만, 나는 이 중 하나만이 기록된 신약 텍스트에 대한 우리의 해석을 향상시킬 잠재력을 가지고 있다고 주장할 것이다.

제2부

매체비평적 성서 해석의 실례

제4장
구술전승과 신약학
—어떻게 하는 것인가?

우리는 이미 구술전승과 신약의 문제에 대한 두 가지 광범위한 접근 방식의 윤곽을 엿보았다. 하지만 유감스럽게도 많은 사람이 그 두 접근법 사이의 차이점을 알아차리지 못했다(혹은 적어도 차이점을 언급하지 않았다). 가장 눈에 띄는 접근법은, 켈버(Kelber)의 초기 연구(1983년) 및 듀이(Dewey)와 부에타(Botha)의 분석 등에서 우리가 이미 접한 바 있는 것으로, 구체적으로 식별 가능한 구술성의 특징을 상정한 연구이다. 어떤 텍스트에서 이러한 특징들을 발견하면 이를 기록되기 이전 구술전승의 잔여 흔적이라고 상정한다. 두 번째 접근법은 구술성이 전승에 특정한 스타일이나 형태적 영향을 미친다는 생각을 거부하고(또는 적어도 강조하지 않고), 기록된 문서를 전적으로 텍스트적 유물(또는 현상)로 접근한다. 이 두 번째 접근법에서 구술전승은 텍스트적 유물이 특정한 문화적 맥락이나 구체적인 사회적 환경 속에서 지어지고, 공연되고, 수용되고, 전달된 **방법**에 관한 질문을 부각시킨다. 이 장에서는 두 가지 접근법을 간략히 살펴보고 평가하며, 최종 분석에서는 첫 번째 접근법의 문제점을 지적하고 두 번째 접근법을 옹호할 것이다.

구술전승과 신약에 대한 형태론적 접근

형태(론)(morphology)는 무엇보다도 사물의 양식, 모양 또는 구조를 뜻한다. 내가 구술전승과 신약에 대한 첫 번째 접근법을 "형태론적 접근법"이라고 부르는 이유는, 이러한 주장을 하는 학자들이 구술성의 **모양**(또는 그 양식)을 기록된 문서 안에서 찾기 때문이다. 성서학자들만 구술전승에 대한 이러한 접근 방식을 취하는 것은 아니다.

앨버트 로드(Albert Lord)의 매우 영향력 있는 저서인 『이야기하는 노래꾼』(1960)은 새로운 학문적 분야를 개척했다. 그 책의 영향력으로 인해 연구자들이 전 세계와 역사를 가로질러 구술성이 전승 텍스트에 미친 가시적 효과, 즉 명백한 형태론적 표시를 찾기 시작했다. 로드의 정형 문구적 언어에 대한 분석은 다음과 같은 사실을 보여 준다.

[정형 문구적 언어는] 어떤 텍스트가 구술적인지 또는 "문자 문

화적"(literary)인지를 나타낸다. **구술** 텍스트에는 주로 명확할 정도로 정형 문구가 많고, 나머지도 상당 부분 "정형 문구적" 표현에 가까우며, 비정형화된 표현은 소수만 들어있다. **문자 문화적** (literary) 텍스트에는 비정형화된 표현이 많고, 일부 정형화된 표현에 가까운 것들이 들어있으며, 명확한 정형 문구는 별로 없다. (1960:130, 강조는 원문의 것)

로드는 "정형 문구"(formula)라는 단어를 "어떤 중요한 생각을 표현하기 위해 동일한 운율 조건 안에서 규칙적으로 사용되는 단어의 뭉치"(30)라는 매우 구체적이고 전문적인 의미로 사용한다. 또한 로드는 "정형 문구"의 개념을 확장하여 의회 회의나 군대의 집결처럼 청중들에게 익숙한 장면(type-scene) 또는 주제를 포함시킨다. "주제는 비록 언어적이지만 단어의 고정된 집합이 아니라 생각의 뭉치(grouping of ideas)"(69)이다. 즉, 생각의 뭉치는 공연할 때마다 그 생각을 표현하는 단어가 다를 수 있음에도 불구하고 전통적 또는 정형화된 것이 되며 규칙적이고 예측 가능한 특성의 모음을 포함한다.

구술-정형 문구 이론(Oral-Formulaic Theory)을 신약 텍스트, 특히 정경 복음서들에 적용하는 작업은 다음과 같이 뻔한 이유로 일부 학자들에게 비판을 받아왔다. 즉, 신약 텍스트는 시도 아니고 그 안에 운율이 있지도 않다는 등의 이유 말이다(예, Hurtado 1997).[1] 앨

---

[1]   구술-정형 문구 이론을 마가복음 연구에 적용할 것을 주장한 Pieter Botha

버트 로드와 그의 스승 밀먼 패리(Milman Parry)가 기록하고 분석한 슬라브 시는 10음절의 행들로 이루어진, 운율을 가진 것이었다. 마찬가지로 패리와 로드는 호메로스의 시도 분석했는데, 『일리아스』와 『오뒷세이아』는 운율을 지닌 시다. 반면에 복음서와 사도행전은 산문 서사이며, 바울서신(그리고 "공동서신"은 각기 정도는 다르지만)은 서간체 문헌이다. 결과적으로 슬라브 서사시 또는 호메로스 서사시의 정형화된 표현은 신약의 언어와 상당히 다르다.

그러나 구술전승된 서사시의 정형화된 표현은 로드가 제시한 이론의 한 측면일 뿐이다. 그는 구술전승된 서사시의 공연 중에 지어진(composition-in-performance) **주제**(*theme*)의 기능에 마찬가지로 많은 연구를 수행했다(Lord 1960:68-98을 보라). 로드는 **주제**를 "전승된 노래를 정형화된 방식으로 이야기하는 데 규칙적으로 사용되는 생각의 뭉치들"(68)이라고 정의한다. 양식비평가들도 이와 유사하게 복음서에서 "정형화된 형태"를 찾아냈다. 다시 말해, 양식비평 연구가들은 복음서가 몇 가지 유형의 이야기 형태들로 구성되어 있다는 것을 알아냈다. 그래서 양식비평가들은 복음서 안에 있는 양식들(= 주제)을 포괄하는 목록을 작성하기 시작했다.[2] 그들

(1991)는 이러한 문제를 알고 있었고, 정경 복음서들과 Lord(와 그의 스승 Milman Parry)가 연구한 텍스트들 사이의 일반적, 역사적 차이점을 인지했다.

2   Craig Blomberg는 양식비평가들이 일반적으로 제시하는 여섯 가지 양식의 목록을 다음과 같이 열거한다. (1) 개별 로기아(*logia*) 즉 말씀(sayings), (2) 선언 이야기, (3) 비유, (4) 연설, (5) 기적 이야기, (6) 기타 역사적 서사("Form Criticism," *DJG* 243-4). Strauss 2007:56에 있는 그림 2.10("양식비평의 카

은 또한 이러한 양식이 구술전승의 발전 법칙에 따라 시간이 지나면서 발전해 나갔다고 가정했다(가령, 이야기가 점점 길어지거나 더 자세해지거나 셈어적 표현이 줄어드는 경향 등).[3] 구전의 양식이 특정한 방식으로 진화한다는 양식비평의 전제는, 구술 문화가 어떤 일반적인 경향이나 특성을 나타낸다고 보는 구술성 연구와 상응한다.

신약 매체비평 연구자들은 구술 표현의 어떤 특징을 염두에 두고 있는지 명확하게 언급하지 않은 채 구술성의 특징, 규칙, 또는 패턴을 언급하는 경우가 잦다. 매체비평가들이 구체적인 특징들을 식별할 때는 보통 월터 옹(Walter Ong)의 아홉 가지 "구술 문화에 기반한 사고와 표현의 특징들"(1982:36-56) 목록을 참고한다.[4] 옹은 이러한 특징을 "구술 문화에 기반한 사고와 표현을 (손으로 쓰는) 기록 문화나 인쇄 문화에 기반한 사고와 표현과 구분하는" 패턴, 즉 "글쓰기 문화와 인쇄 문화에서 자란 사람들에게 가장 놀라움을 줄 특징"(1983:36)이라고 기술한다. 옹의 목록을 제시하기 전에, 우리는 그가 구두 **의사소통**의 특징을 설명하려는 것이 아니라 구술

테고리들")도 보라.

3 E. P. Sanders는 출간한 자신의 박사 논문(1969)에서 양식비평적 신약 연구의 이 기둥과 같은 전제를 무너뜨리는 비판을 가했다(또한 다음을 보라. Mournet 2005; Goodacre 2012:148-50). 복음서 이전의 구술전승이 전승 전달의 "법칙"에 따른다는 설명은 Taylor 1933:26-7; Dibelius 1935:7-8을 보라. Sanders의 신랄한 비판에도 불구하고, 전승이 법칙에 따른 발전한다는 관점은 특히 전승의 역사를 재구성하려는 일부 학자들의 시도에서 여전히 살아 숨 쉬고 있다.

4 예를 들어, Davis 2008; Young 2011:81-97을 보라.

적 **사고**라는 보다 추상적인 현상을 기술하고 있다는 점을 분명히 지적할 필요가 있다.[5] 형태론적 접근을 지지하는 사람들이 "구술전승"에 대해 말할 때, 그들은 종종 (늘 그런 것은 아니지만) 핵심 형용사인 **"구술"**(*oral*)이 지시하는 대상을 바꾸어 더 이상 구술로 **표현된** 전승에 관심을 두지 않고, 구술로 **착상된**(*conceived*) 전승에 초점을 맞추고 있다는 사실을 알아야 한다. "그런데 '구술로 착상된 전승'이란 무엇인가?"라는 질문을 할 사람이 있을 것이다. 옹이 제시한 구술성의 아홉 가지 정신역동(psychodynamics: 사고와 표현의 특징을 나타내는 전문용어—역주) 목록은 이 질문에 대한 일차적인 답을 제공한다. 옹은 자신의 목록을 다음과 같이 소개한다. "주로 구술 문화인 곳에서 사고와 표현은 다음과 같은 종류의 경향성을 보인다"(1982:37).

1. **종속 접속사보다는 부가적 접속사로 연결됨**(Ong 1982:37-8)

    옹은 이 특성을 정의하기보다는 히브리어 접속사 '바브'(*w-*, "그리고")를 9번 사용하는 창세기 1:1-5의 예를 드는 데 그친다. 기본적으로 옹은 본서 제2장에서 다룬 파라탁시스(parataxis, "병렬"), 즉 "종속적 문장을 이끄는 접속사(그 후에, ~ 때문에, ~하기 위해 등)가 아닌 등위 접속사(그리고, 그러나, ~하니까 등)를 사용하여 간단한 문장을 나란히 배치하는 것"을 언급한다. 영(Young)은 옹보다 더 유용

---

5   이 장 후반부에 있는 "구술의"(oral)라는 형용사에 관한 Egbert Bakker의 "개념적" 의미에 대한 논의를 보라.

한 정의를 제시한다. "기록으로 지어진 작품에서 보이는, 종속절이 있는 복잡한 논리 구조 대신 구술에서 유래한 텍스트에서는 부가적 또는 목적적 접속사(가령 '그러고 나서'[and then], '그리고 다음으로'[and next] 또는 '~를 위해'[for])로 연결되고 함께 묶인 문장들이 나타나는 경향이 있다"(2011:84).

2. **분석적이라기보다는 집합적임**(Ong 1982:38-9)

"구술에 기반한 사고와 표현의 요소는 단순히 개별적 완전체(integer)가 아니라 완전체의 군집의 경향을 띤다. 예를 들어, 병행되는 용어나 구 또는 절, 반대말로 구성된 용어나 구 또는 절, 형용 어구 같은 것들 말이다"(Ong 1982:38). 옹은 여기서 밀먼 패리와 앨버트 로드가 강력히 주장한, 공연 중에 지어진 전승의 정형적 표현이라는 특징을 가리킨다. "따라서 구술적 표현은 많은 형용 어구 및 기타 정형화된 어구의 뭉치를 머금고 있는데, 높은 수준의 문자 문화에 익숙한 사람들은 그런 어구 뭉치의 양이 많아서 이를 번거롭고 지루할 정도로 중복된 것으로 여기고 받아들이지 않는다"(38).

3. **반복적이거나 "풍부함"**(Ong 1982:39-41)

옹의 세 번째 정신역동은 구술 매체와의 인과 관계를 실제로 제시한 최초의 사례다. 기록된 텍스트는 독자가 이미 읽은 내용을 "되새기거나"(backloop) 상기할 수 있는 반면, 구술 담화는 청자가 현재 듣고 있는 내용을 놓칠 위험 없이 자신이 들은 내용을 상기할 수 있을 만큼 충분히 오래 지속되지 않는다. "구두 발화는 발화하자마자 사라지기 때문에 마음 밖에서 되새길 수 있는 것은 아무것도 없다. 그러므로 마음은 더 천천히 진행되어야 한다. … 방금 말한 내용의 중복과 반복은 화자와 청자 모두가 [내용을] 확실히 놓치지 않고 따라가게 만든다"(Ong 1982:39-40). 영은 옹의 중복 개념을 구술 및 구술에서 유래한 언어 작품에 대한 폴리의 접근 방식인 내재적 예술(Immanent Art: 전승으로 내려온 관용 어구와 주제들이 그 전승과 공명하여 의미를 얻는 방식—역주)로 보강하여 확장한다. "자주 반복되는 관용 어구나 패턴은 공연되는 전승에 익숙한 사람에게는 명확히 파악할 수 있는 복잡한 아이디어를 축약적으로 가리키는 것, 즉 '매우 경제적으로 의미의 교환을 가능하게 하는' '전승의 지시성'(traditional referentiality)으로 기능할 수 있다"(Young 2011:85, Foley 1999:11을 인용).

4. 보수적이거나 전통적임(Ong 1982:41-2)

이 네 번째 특징은 바로 앞서 말한 특징에서 곧장 발생하는 것이다. "주로 구술 문화 안에서는 소리 내어 반복되지 않는, 개념화된 지식은 곧 사라지기 때문에, 구술 사회는 오랜 세월 동안 힘들게 배운 것을 반복해서 말하는 데 많은 노력을 기울일 수밖에 없다. 이러한 필요성은 지극히 전통주의적이거나 보수적인 사고방식을 형성하며, 이는 지적인 실험을 억제하는 이유로 작용한다"(1982:41). 옹은 문해적 사고도 혁신적이기보다는 보수적일 수 있으며, "구술 문화 그 자체는 독창성이 부족하지 않다"(41)는 점을 인정한다. 따라서 내가 보기에 옹은 모순적인 말을 하는 것이 아니다. 이 네 번째 정신역동에 대해 그가 수정하고 유보한 것과 주의 사항을 제시한 것이 더 중요하다는 의미다.

5. 인간 생활 세계에 밀착됨(Ong 1982:42-3)

구술 표현과 사고는 지식을 구체적으로 구조화는데, 이 지식을 추상적이고 맥락 없이 표현하는 것이 아니라 행동과 사건의 관점에서 표현한다. "구술적 맥락에서 지식은 친숙하고 일상적인 인간 활동의 평범한 세계와 밀접한 관련이 있는 방식으로 개념화되고 전달된다"(Young 2011:88).

6. 논쟁적 어조(Ong 1982:43-5)

구술 문화는 "인간의 일상 세계에 밀접한" 지식을 구조화하고 전달하기 때문에 지식(또는 데이터)을 사람과 연관시킨다. 문자 문화가 "[글을 읽고] 지식을 습득한 자와 지식을 분리시키는" 반면, 구술 문화에서 지식은 투쟁, 갈등, 논쟁, 언어적 (또는 문자 그대로의) 전투의 맥락 안에 있다. 이와 반대로, "구술 문화 또는 구술 문화가 잔존한 곳에서는 욕하거나 비방하는 것의 다른 측면으로 칭찬이 지나쳐 불쾌한 표현이 있는데, 이는 구술과 관련된 모든 곳에서 발견된다"(1982:45). 구술적 사고는 칭찬뿐만 아니라 비난도 할 수 있으며, 원칙적으로 중립적인 묘사를 제공하지 않는다.

7. **객관적 거리를 두기보다는 공감적이고 참여적임**(Ong 1982:45-6)

   구술에서 습득한 지식이 "인간의 생활 세계에 가깝고" "논쟁적 어조"를 지녔다는 점을 인정한다면, [구술 문화에서] 지식을 배우고 내면화한다는 것은 그 지식과 관련된 사람 혹은 사람들과 자신에 대한 동일시를 포함한다고 할 수 있다. 구술적 사고는 문자 문화적 사고가 주는 거리감, 객관성을 보이지 않는다. 그 결과, 학습자와 청자(즉, 청중)는 구술전승의 내용과 [자신을] 동일시하고 그 전승에 대한 공동체적이고 집단적인 반응을 경험하게 된다.

8. **항상성**(Ong 1982:46-9)

   이 정신역동은 위의 3항과 4항("반복적이거나 '풍부함'", "보수적이거나 전통적임")의 이면에 있다. 반복을 통해서 미래를 위해 현재에 지식을 보존한다. 구술 문화에서는 반복 말고는 지식을 보존하는 방법이 없다. 그 결과 구술 문화에서는 현재의 필요와 어느 정도 관련성이 있는 지식은 규칙적으로 반복되지만, 현재와 관련성이 거의 또는 전혀 없는 지식은 반복되지 않고 이내 잊혀진다.[6]

---

6 Stephen Young은 Ong의 여덟 번째 정신역동(즉, 항상성) 대신 "사회적으로 정체성화된"(2011:91-6)이라는 다른 특징을 제시한다. Young은 Ong의 항상성에 대한 논의를 최근 신약학계에서 부상하는 사회적 기억 연구에 대한 간략한 논의로 채우지만, 그는 이를 항상성에 대한 논의의 출발점에서부터 진행한다. "모든 구술전승이 보존되는 것은 아니다. 사회적으로 관련성이 있고

9. 추상적이기보다는 상황 의존적(Ong 1982:49-57)

이 아홉 번째 정신역동은 다섯 번째 정신역동("인간 생활 세계에 밀착됨")과 매우 유사하다. "구전 문화는 상황 의존적이고 인간이 살아가는 일상 세계에 가깝다는 의미에서 추상적인 것과 거리가 먼 체계에서 작동하는 개념을 사용하는 경향이 있다"(1982:49).

옹은 주로 문자 문화와 비교하여 지배적인 구술 문화가 갖는 두드러진 일반적 특징을 시사하기 위해 이 목록을 제시했는데, 이 특징은 잔존하는 구술 문화의 황혼기에 사라진다고 한다. "이 특성 목록은 [구술 문화에만 있는] 배타적이거나 결정적인 특성을 제시하기 위한 것이 아니라 시사(示唆)적인 의도로 제시됐다"(1983:36). 옹의 목록에 영은 구술성의 다른 두 가지 특성을 덧붙인다. "가변적인 동시에 안정적임"(2011:87),[7] 및 "기억하기 좋은 방식으로 구성

수용 가능한 전승만 보존된다. 사회적으로 쓸모 없어진 전승은 단순히 사라지는 반면, 현재의 현실에 비추어 계속 기능하도록 재해석되는 전승도 있다"(2011:91-2, Ong 1982:46-9 인용). Young은 "전승의 공연에서 기억과 현재의 관련성 사이의 끊임없는 상호작용은 과거와 현재를 모두 포함하는 지속적인 종합을 끊임없이 생성하는데, **어느 하나가 다른 하나를 없애버리지 않는다**"(2011:92, 강조는 추가)라고 제대로 알고 있다. 그러나 그는 그가 어느 정도 길게 논의한 이 통찰(2011:93-6)이 기억의 (또는 구술성의) 항상성 개념과 근본적으로 모순된다는 사실을 인식하지 못하는 것 같다.

7　우리는 아래에서 James Dunn과 Terence Mournet의 연구와 함께 이 특성을 자세히 논의할 것이다. Young은 이런 놀랄 만한 말을 한다. "잠정적으로 말하자면, 안정성이 없으면 '전승'이 아니고, 가변성이 없으면 '구술'이 아니다"(2011:87). 이러한 이해는 유용하지 않다. Young은 즉시 각주에서 이러한 입장에 거리를 둔다. "이러한 진술은 잠정적이기 때문에 … 구술전승의 가변

됨"(89-91)이 그것이다.[8] 세부적으로 약간의 차이가 있을 수 있지만, (신약이나 다른 분야의) 매체비평가들은 구술적 사고와 표현의 특성, 특징 또는 규칙에 대해 말할 때 늘 옹의 아홉 가지 정신역동 목록을 언급한다. 나는 구술성—구두로 표현되는 전승이든 구술적 사고 패턴이든—이 반드시 또는 보편적으로 이 아홉 가지 특성을 모두 포함하는지 의구심이 든다. 더 중요한 것은 이러한 특징들이 의사소통이나 사고의 **구술적** 특성에만 고유한 것이 아니라는 점이다. 문자적 의사소통에서도 얼마든지 발견된다.[9] 이러한 특징들이 본질적으로나 전적으로 **구술적** 특징이 아니라면, 기록된 텍스트에서 구전의 형태나 양식을 식별하는 데에 그다지 유용하지 않은 것 같다.

매체비평으로 신약을 연구하는 사람들은 구술 문화가 특정한 문화적 혹은 인지적 특성을 나타내며, 이러한 특성(또는 정신역동)이 문자 문화 및 인지적 정신역동과는 다르다는 생각을 대체로 받아들였다. 이러한 수용은 이해할 만하다. 이 같은 생각은 구술에만 독특하게 존재하는 정신역동(문화적, 인지적)을 식별하고 기록된 텍스트에서 이러한 특성을 찾겠다는 매우 단순한 연구 의제를 낳았

성은 구술성뿐만 아니라 전승으로서의 정체성과도 관련이 있다. 전승이 계속 살아남거나 관련성을 유지하려면 가변적이어야 한다"(2011:87, 각주 67).

8 "구술적 배경/맥락에서 전승을 온전하게 보존하는 것은 전승 전달자가 전승을 정확하게 회상하는 능력에 달려 있다. 전승을 정확하게 회상하는 능력은 전승 전달자가 준비하는 과정에서 (a) 기억하는 것과 (b) 암기하는 것 사이의 균형을 필요로 한다"(Young 2011:89).

9 Rodríguez 2009에서 내가 논한 것을 보라.

다. 아마도 이 연구 의제를 가장 부지런하게 집중적으로 연구한 학자는 조애나 듀이일 것이다. 듀이는 마가복음에서 구술성의 특징을 파악하고 이러한 특징을 사용하여 마가복음이 어떻게 기록되고 구성됐는지를 설명하기 위해 두드러진 노력을 기울여 왔다. 이전 장에서 살펴본 대로, 듀이의 연구는 교차대구법(chiasm, "원환구조"), 반복, 파라탁시스 같은 특정한 문학적 특징의 구술성에 의존한다. 그러나 이러한 특징이 반드시 본질적으로 구술적인 것이 아니라면, 구술성에 근거한 결론은 무의미해진다.[10]

　그래서 내게는 듀이가 자신의 출간된 박사 학위 논문인 『마가복음에서의 공적 논쟁』(*Markan Public Debate*)에서 이러한 특징 중 많은 부분을 **문학적** (즉, 구전이 아닌 글쓰기) 기법으로 묘사한 것이 특히 흥미로웠다. 듀이는 마가복음을 특징짓는 여섯 가지 문학적 기법과 다섯 가지 수사학적 기법을 추가로 제시한다(1980:31-4). 이러한 기법에는 꼬리를 무는 단어(hook word), 반복, 교차대구법 및 원환구조(ring structure) 등이 있다. 듀이는 이미 "[이러한 문학적 기법] 전부는 아니더라도 많은 부분이 구비문학에 기원을 두고 있다"(29)는 점을 알고 있었으며, 심지어 수미상관법(inclusio)을 "구비문학에서 알려진 기법"(31)으로 묘사하기도 했다.[11] 그럼에도 듀이는 계속해

10　David Carr(2005)는 교차구조(chiasm)를 구술 전달의 특징이라기보다는 기억하기 위한 보조 수단으로 설명한다. 기억 보조 수단이라는 이 설명은 교차구조에 대한 Dewey의 매체비평적 설명보다 훨씬 더 나은 설명으로 보인다.

11　Dewey는 학자 경력 초기에 Charles Lohr의 소논문 "마태복음에 나타난 구술 기법"(Oral Techniques in the Gospel of Matthew, 1961)에 전적으로 의

서 이러한 모든 내러티브적 특징을 "작문에 사용될 수 있는 기법"이라고 말하며, 심지어 "기원전 1세기 대중 문학에서 구술과 문자로 작성하는 것 사이의 명확한 차이"(29)는 없었다고 주장한다. 찰스 탤버트(Charles Talbert)의 저서 『누가-행전의 문학적 패턴, 신학적 주제, 그리고 장르』(*Literary Patterns, Theological Themes and the Genre of Luke-Act*, 1974)를 무척 빈번하게 언급하는 모습을 보면 듀이가 학자 경력 초기에 마가복음이 문학적 기원을 가졌다는 점을 확신했다는 인상을 강하게 받는다. 그런데 듀이는 나중에 **바로 이 특징을 근거로** 마가복음이 구술 내러티브라고 주장한다.

9년 후, 듀이는 마가복음에 대한 첫 번째 매체비평적 논문(1989)을 발표하면서 특정 내러티브 특성들에 대해 이전과는 바뀐 입장을 서술하면서도 그 이유는 설명하지 않았다. 예를 들어, 인클루지오(수미상관법, 한 문학적 단위의 시작과 끝에서 동일한 아이디어가 반복되어 그 단위를 일관된 실체로 확립하는 기법; 〈표 4.1〉을 보라)에 대한 듀이의 초기 설명과 후기의 설명을 비교해 보자.

존한다. Dewey의 글에서 Eric Havelock이나 Albert Lord(특히 Lord 1978)를 읽었다는 흔적은 전혀 보이지 않는다.

<표 4.1 조애나 듀이의 인클루지오에 대한 설명>

Markan Public Debate (1980)	"Oral Methods" (1989)
인클루지오: 같은 단어나 구를 문학적 단위, 즉 한 문장이나 문단, 또는 보다 더 큰 단락의 시작과 끝(혹은 시작과 끝부분에 가까운 곳)에서 반복하는 것. 반복되는 단어의 모습이 반드시 똑같을 필요는 없다. 가령, 동일 어근을 지닌 명사와 동사가 나올 수도 있다. 인클루지오는 정의상 크기와 상관없이 모든 수사적 단위의 구조, 즉 시작과 끝을 나타내는 표시이다. 구전문학에서 사용되는 것으로 인정된 기법이다. 따라서 수사학적 접근을 하는 연구자는, 특정한 반복을 인클루지오로 명명하며, 내러티브 단위가 어디서부터 어디까지인지 판단을 내린다(Dewey 1980:31).	구전 내러티브는 "메아리의 음향 원리에 따라 작동한다." 원환 구조(인클루지오)는 구전 내러티브에서 고유한 것으로, 개별 에피소드와 보다 긴 단락의 경계를 표시한다. 옹은 개별 에피소드와 에피소드들의 군집이 병렬 또는 교차대구적 순서 같은 균형 잡힌 패턴으로 이야기된다고 말한다. 해블락은 우리가 이러한 대응적 일치를 시각적 개념인 "패턴"이라고 부르는 경향이 있는데, 그보다는 소리의 반향으로 생각해야 한다고 말한다(Dewey 1989:38-9, Ong 1982 인용; Havelock 1984).

앞서 말했듯이, 1980년에 듀이는 인클루지오의 "문자성"(litera-ryness)을 마가복음서라는 기록된 내러티브의 특징으로 강조했다.[12] 그녀가 인클루지오를 "구비문학에서 사용되는 것으로 인정된 기법"(31)이라고 수긍한 것은 불과 두 쪽 전(29-30)에 제시한 바, 구술로 지은 것과 기록으로 지은 것 사이의 구분을 모호하게 만들 뿐이다. 1980년에 듀이는 인클루지오를 명백한 구술적 작성 기법으로 생각한다는 어떠한 암시도 내비친 적이 없다.

12　Dewey의 결론에 주목하라. "문학적인 근거로 마가복음 2:1-3:6이 마가적이지 않다고 가정할 이유는 없어 보인다. … 대비를 강조하기 좋아하는 것은 마가의 특징적인 문체와 문학 기법이다. … [수미상관을 이루는] 틀과 그 안에 있는 내용(샌드위치 구조[intercalation] 및 삽입 포함)은 모두 마가적 문학적 장치이기 때문에 편집자는 마가인 것 같다"(1980:184, 185).

거의 10년 후 듀이가 인클루지오를 "구전 내러티브에 고유한 것"(1989:38)이라고 기술하고 "전형적인 **구술** 기법"(40, 강조는 추가)이라고 언급한 것을 볼 때, 그러한 중대한 견해 변화에 대해 설명을 할 것으로 기대하게 된다. 하지만 어떠한 설명도 없었다. 그저 듀이가 에릭 해블락(그리고 월터 옹)을 읽었다는 사실만 알게 됐다. 듀이가 특정 내러티브 기법이 반드시 "구술적"이라고 기술하면서 제시하는 유일한 정당화는, 마가복음과 "구술 내러티브의 구조적 특성—그리스 문화에서 구술 매체로부터 문자 매체로의 전환에 대해 연구한 가장 중요한 학자인 해블락이 설명한 특성" 사이의 비교다(34). 만약 듀이가 마가복음에서 해블락이 플라톤에게서 발견했다고 주장하는 구술적 정신역동을 찾을 수 있다면, "구술적 작법 수단이 더 커다란 복음서 내러티브에 널리 퍼져 있다"(34)는 그녀의 주장이 성립된다. 그러나 독자들은 듀이가 왜 이러한 내러티브의 특징이 반드시 **구술적**이어야 하는지에 대한 질문조차 제기하지 않는다는 점에 주목해야 한다!

해블락의 연구에 대한 듀이의 이해를 보면 문제가 바로 드러난다. "플라톤은 미메시스의 내용을 단순히 '독사'(*doxa*), 즉 억견으로 간주하는데, 억견에는 세 가지 한계점이 있다. 억견은 추상적 사고가 아닌 사건(*gignomena*)으로 구성되어 있고, 사건은 시각적으로 구체성을 지니며(*horata*), 원인과 결과에 따라 구성되어 있지 않고 복수성을 띠며 다원화되어 있다(*polla*)"(34, Havelock 1963:180 인용). (1) 사건으로 구성되고, (2) 시각적으로 구체적이며, (3) 원인과 결과에 따라 구성되지 않은 내러티브는 모두 반드시 구술적 내러티브다. 또한, 이 세 가지 특징이 기록된 내러티브에 보존되어 있다는 것은 해당 내러티브가 원래 구술 방식으로 발전됐음을 나타낸다.

듀이의 추론에는 논증 전개를 약화시키는 심각한 문제점이 있다. 만약 듀이(와 해블락)가 구술적 정신역동의 결과라고 규명한 특징들이 기록된 내러티브에서도 제대로 기능한다면(분명히 그렇다), 반복이나 원환 구조, 파라탁시스 등이 왜 **기록된 내러티브가 아니라** 구술적 내러티브임을 보여 주는 증거인지 설명이 필요할 것이다.[13] 이러한 특징들이 구술적 내러티브뿐만 아니라 기록된 내러티브에서도 완벽하게 기능한다는 사실은 이 특징들을 엄밀한 의미에서 **구술적** 특징이라고 부르는 것이 어불성설임을 보여 준다. 이 특징들 자체는 반드시 구술적인 것도 아니고 반드시 기록된 것의 특징도 아니다. 구술 내러티브와 기록된 내러티브 모두의 특징에 해당된다.

13　1980-1989년 사이에 보였던 Dewey의 인클루지오 접근 방식의 변화와 유사한 예를 그가 파라탁시스와 마가의 구조화 기법 전반을 다루는 데에서도 볼 수 있다. "마가는 분명히 특정한 문학 장치를 좋아한다. 하지만 이러한 장치는 **구술 자료이든 기록 자료이든 모든 내레이터가 일반적으로 사용할 수 있는 여러 기법들 중 하나이다**. 그리고 복음서의 특정 구절에 예수가 직접하신 말 자체(*ipsissima verba*)가 포함되어 있는지 확인하는 것만큼이나 문학 장치의 특정 사례의 기원을 파악하는 것도 어려운 문제가 될 수 있다. 마가가 본문을 적극적으로 편집했다는 지표로서 문체를 근거로 들 때에도 동일한 문제점이 나타난다. 곧, 역사적 현재와 καί 파라탁시스의 사용은 의심할 여지없이 마가의 문체적 특징이지만, 둘 다 구비문학의 특징이기도 하다"(1980:8, 강조는 추가).

현존하는 기록된 초기 그리스도교 텍스트, 특히 복음서에서 구술전승의 문제에 대한 형태론적 접근에 잠재적으로 더 유익한 방식은 텍스트에서 관찰할 수 있는 가변성과 안정성의 패턴에 초점을 맞추는 예에서 볼 수 있다. 구술전승에 대한 이러한 접근 방식은 특히 제임스 던(James Dunn)과 그의 제자인 테렌스 모어넷(Terence Mournet)의 연구에서 잘 볼 수 있다. 예를 들어, 이미 2002년 초에 던은 "전승의 구술 전달에 나타난 주목할 만한 다섯 가지 특징"(93)을 제시했다.[14] 나는 여기에서 던이 제시한 마지막 특징에 초점을 맞추고자 한다. "다섯 번째이자 마지막으로, 구술전승은 **고정성**과 **유연성**, **안정성**과 **다양성**의 결합이라는 특징을 가진다(나는 이것이 구전에만 고유한 특징이라고 주장하는 것은 아니다)"(2005:98, 강조는 원문의 것). 던은 나중에 예수에 대한 거의 동일한 이야기가 세부적인 부분에서는 종종 차이가 나는 공관복음 전승의 바로 그런 특징이 그로 하여금 구술전승에 대한 케네스 베일리(Kenneth Bailey)의 일화적 설명에 관심을 기울이게 했다고 말한다.

---

14 다섯 가지 특징은 다음과 같다. (1) 구술 공연은 글로 된 텍스트를 읽는 것과 같지 않다. (2) 구술전승은 본질적으로 공동체적 특성을 지닌다. (3) 구술적 공동체에는 공동체의 전승을 보존하고 공연하는 데 일차적 책임이 있는 한 명 또는 그 이상의 사람들이 있다. (4) 구술전승은 단일한 "원본"(original version)이라는 개념을 뒤엎는다. (5) 구술전승은 그 특성상 안정성과 가변성을 동시에 지닌다(Dunn 2005:93-9). (1)과 (3)이 엄밀히 말해 구술전승의 특징이 아니라는 점에 주목하라. (2), (4), (5)은 구술전승에 적용되지만 기록전승에도 당연히 적용되는 것들이다(예를 들어, 사본 전통의 본질적 유연성[Dunn의 (5)을 참조]과 본문비평가들 사이에서 문제가 있는 "원본" 개념에 대한 중요한 논의[Dunn의 (4)을 보라]는 Parker 1997을 보라).

공관복음 전승의 특징에 늘 매료되어 있던 나는, 실질적으로 동일하지만 세부 사항과 분류가 다양하고, 동일한 사건에 대한 이야기임이 분명하지만 도입부, 길이, 특정 표현, 결론이 종종 매우 다른 이야기를 이해하는 데에 [베일리의] 일화가 … 이전에 듣지도 보지도 못했던 아주 그럴듯한 설명을 제공한다는 것을 알게 됐다. 내가 [베일리의] 주장에서 가장 매료된 점은 그가 **공관복음 전승의 특징**, 즉 현존하는 공관복음 전승에서 매우 분명하게 드러나는 특징이라 할 수 있는 동일하면서도 다르고, 실질적으로는 고정되어 있으면서도 세부적으로는 다양성이 존재한다는 사실에 대한 **탁월한 설명을 제공했다**는 것이다. (Dunn 2009:45, 강조는 원문의 것)

다시 말해, 복음서, 특히 마태복음, 마가복음, 누가복음 사이에 유사성과 차이점이 현저하게 상호작용한다는 사실은 '비공식적이며 통제된 구술전승'에 대한 베일리의 설명을 떠올리게 한다. 따라서 기록된 복음서들은 베일리가 제시한 것과 같은 구술전승 과정의 결과물임이 분명하다. N. T. 라이트(N. T. Wright)는 좀 더 강한 표현을 써서 "베일리가 그려낸 과정이 역사적으로 불가능하다는 것이 밝혀지기 전까지는 나는 그것을 작업 모델로 삼아야 한다고 주장한다"(1996:136)고 말했다.

　마찬가지로 던의 제자인 테렌스 모어넷은 구전 현상을 논의할 때 문어적 용어("텍스트", "문헌" 등)를 사용하는 것에 반대한다. "구술 공연을 '텍스트'라고 기술하면 고정된 사본 전통과 자주 연관되는 고정성과 안정성의 이미지를 떠올리게 되는데, 사실 대부분의 구술 공연은 고정되지 않고 유연하다"(2005:16).[15] 모어넷이 "구술전승의 특성"(174-90), 특히 "가변성: 구술전승의 유연성과 안정성"(179-90)에 관심을 돌릴 때, 그는 앨버트 로드의 말을 적절하게 인용한다. "구술전승 내러티브의 특징 중 하나는 텍스트의 유동성, 즉 고정된 원본이 없기 때문에 고정되어 정해진 텍스트를 단어 그대로 다시 말해야 한다는 걱정 없이 끊임없이 반복된다는 것이다"(Lord 1978:37, Mournet 2005:180이 인용). 복음서 대조서를 단 5분이라도 읽어본 사람이라면 "구술전승 내러티브"에 대한 이 설명을 마태복음, 마가복음, 누가복음에 적용하는 데 아무런 어려움이 없을 것이다. 그러나 구술전승은 가변적이고 유연하기만 한 것이 아니다. 모어넷은 구술전승이 상당한 안정성을 지니게 된 구조에도 주의를 기울인다(2005:184-7). "약간의 유연성"을 겪는 구술전승에 대한 베일리의 논의(Bailey 1995a:7-8을 보라)는 "노래들과 단 하나의 노래"

---

15 Walter Ong은 자동차에만 익숙한 사람들에게 말(horse)을 설명하려는 노력과 자동차 관련 범주를 사용하여 말이 무엇인지 설명하는 것의 한계에 대해 훌륭하고 유용한 유비를 제시한다(Ong 1982:12-13, Dunn 2005:89-90에서 인용). Ong과 그의 연구를 받아들인 사람들은 "구술 텍스트"라는 용어가 말을 "바퀴 없는 자동차"라고 부르는 것만큼 왜곡된 표현이라며 받아들이기를 거부한다. 그럼에도 이 용어는 인문학 전반의 구술전승 연구자 사이에서 확고하게 자리 잡았으며, 나는 이 용어를 구술 공연의 언어적 메시지를 지칭하는 유용한 방법으로 사용한다.

(songs and the song)에 대한 로드의 논의와 잘 일치한다(Lord 1960:99-123을 보라). 그 결과, 모어넷은 가변성과 안정성의 "종합"을 민속학/민간 전승 연구 분야(전형적인 구술성 연구 학문이다)의 통찰이 신약학에 제공한 가장 중요한 발전 중 하나로 간주한다(Mournet 2005: 189-90을 보라).

던과 모어넷은 공관복음 전승이 보이는 특성에 대한 탁월한(그리고 절실히 필요한!) 논의를 제공했다. 나는 두 사람이 말한 내용을 논박할 의도는 없지만, 제기하고 싶은 의문은 하나 있다. 던과 모어넷이 논하는 가변성, 안정성, 그리고 가변성과 안정성의 종합은 반드시 그리고 본질상 구술적인 것만의 특성은 아니다. 영국의 저명한 본문비평가인 데이비드 파커(David Parker)는 그의 얇지만 유명한 저서인 『복음서들의 살아 있는 본문』(*The Living Text of the Gospels*, 1997)에서 복음서의 **기록된** 사본 전통에 초점을 맞췄다. 파커가 말한 "모든 필사본이 지닌 필연적인 임시적 특성"(204)이란, 필사 행위를 **"공연하는"**(*perform*) 가운데 구술전승의 특징이라 할 수 있는 수정, 변경, 축약, 확장이 사본 텍스트에도 일어난다는 것, 즉 필사본의 철저한 가변성을 가리킨다. 그러나 가변성과 유동성이 사본의 전승에 영향을 미치는 것과 마찬가지로 안정성과 고정성이라는 상반된 힘도 작용한다. 예를 들어, 바티칸 코덱스(B/02), 베자 사본(D/05), 디오니시우스 사본(Ω/045)의 누가복음 6:1-10 본문 사이에 "대단히 큰" 차이가 있음에도 불구하고 이 매우 다른 사본 단락들이 모두 복음서의 동일한 문학적 단위의 이문일 뿐이라는 사실은 분명하다.[16] 미국의 본문비평가인 바트 어만(Bart Ehrman)조차도 신약 사본 전승의 본질적인 안정성을 인정한다.[17]

파커와 어만에 의해 선명하게 초점이 맞추어진 신약 사본 전승의 안정성과 가변성을 동시에 고려할 때, 나는 안정성과 가변성을 구술 매체[의 특성]으로 간주하는 던과 모어넷을 받아들일 수 없다. 던과 모어넷은 구술전승이 기록전승과 **대조적으로** 고정된 것이 아니라 유연하다는 점을 잘 알고 있다(Dunn 2005:98; Mournet 2005:100-1, 각주 2을 보라). 그러나 어떤 이유에서인지 던과 모어넷은 안정성과 가변성, 그리고 특히 둘 사이의 상호작용을 계속해서 "구술전승의 특징"이라고 기술한다. 그들은 공관복음 전승에 나타난 유동성과 고정성의 역학 관계에 대해 유용하고 통찰력 있는 설명을 제공했지만, 이러한 역학 관계는 전승 자체에 속하는 것이지 전승 매체의 영향에 속한 것이 아니다.

신약성서 매체비평가들은 복음서 내러티브에만 관심을 쏟지 않았다. 그들은 구술전승에 대한 형태론적 접근을 구전과 신약의

16　Parker 1997:31-48을 보라. 세 개의 코텍스가 공관복음 표기와 함께 나란히 배열되어 있다.

17　"텍스트를 전달하는 과정 자체는 근본적으로 보수적인 과정이었다. 이 필사가들은 자신들이 전승을 창조하기보다는 보존하고 있다고 이해했다"(Ehrman 1993:58) 마찬가지로, "우리는 '원본' 텍스트에 도달했는지 여부에 관계없이, 가장 이른 시기의 판본으로 돌아가는 것이 우리가 할 수 있는 최선임을 알고 만족해야 한다. 이 가장 오래된 형태의 텍스트는 의심할 여지없이 저자가 원래 쓴 내용과 밀접하게(**매우** 밀접하게) 관련되어 있으므로 그의 가르침에 대한 우리의 해석의 기초가 된다"(Ehrman 2005:62, 강조는 원문의 것). 이 인용문을 내게 알려준 동료 Carl Bridges에게 감사한다.

관계뿐만 아니라 바울서신에도 적용했다. 예를 들어, 케이시 데이비스(Casey Davis)는 빌립보서의 특정 단어, 구, 양식이 구술적 정형 문구 또는 주제라고 주장했다(1999:90-6). 예를 들어, 데이비스는 빌립보서 2:15에 나오는 '아멤프토스'(*amemptos*, "흠 없는")와 '아모모스'(*amōmos*, "순수한", "흠 없는")라는 한 쌍의 표현을 언급한다. 그는 '엔 크리스토'(*en Christō*, "그리스도 안에서")와 '디카이오쉬네 테우'(*dikaiosynē theou*, "하나님의 의") 같은 문구를 바울 언어에 나타난 정형화된 표현의 한 측면이라고 설명한다. 데이비스의 주장에서 더욱 문제가 되는 것은 그가 "구술적 주제"(Oral Theme)라는 제목 아래에서 서신의 특정 요소를 다룬다는 점이다(Davis 1999:95-6). 예를 들어, 그는 바울 특유의 인사말인 "하나님 우리 아버지와 주 예수 그리스도로부터 은혜와 평강이 여러분께"(빌 1:2)와 감사 표현(1:3), 확신을 드러내는 전형적 표현(1:6) 등을 "구술적 주제" 아래 논의한다. 이러한 서신적 요소들이 특히 발신자인 바울과 수신자인 빌립보 회중 사이의 관계적 연결성을 확립한다는 점에 있어서는, 데이비스의 주장 즉 이러한 서신적 요소들이 바울서신을 구술적 의사소통 행위로 기능할 수 있게 한다는 논지에 동의할 수 있다. 그러나 이 요소들은 두드러진 **문어적** 양식, 즉 바울의 (기록된) **편지**의 구술적 기능을 가능하게 요소들이다. 데이비스는 이 요소들을 "구술적 주제"라고 묶으면서 근본적으로 잘못된 표현을 썼다. 이 요소들이 빌립보서(바울은 모인 회중[들] 앞에서 이 편지가 공개적으로 읽히기를 기대했고 의도한 것이 분명하다)에 나타난 다른 요소보다 더욱 "구술적"이라

할 수는 없다.

신약과 구술전승에 대한 형태론적 접근법을 채택한 연구들은 "학자들이 어떻게 기록된 현상을 의미 있게 구술적이라고 부를 수 있을까?"라는 질문을 제기한다. 매체비평가 중에 이 질문을 모르는 이가 거의 없지만, 의외로 많은 연구자가 실제로 이 문제를 다루지는 않았다. 스티븐 영은 예외다. 영은 형태론적 접근에 대해 신중하고 유용한 논의를 제공하는데, 궁극적으로 그의 주장은 설득력이 약하다. 월터 옹의 아홉 가지 "구술의 정신역동" 목록은 영의 논의에서 중요한 역할을 하는데, 그는 옹의 목록을 약간의 변형만 가미하여 제시한다.[18] 그러나 영은 옹의 목록으로 눈을 돌리기 전에 왜 그가 기록된 텍스트의 특정한 특징을 구술 현상으로 취급하는지를 설명하기 위해 호메로스 학자인 에흐베르트 바커(Egbert Bakker)의 연구를 참조한다. 바커는 그의 저서 『과거를 가리키다』(*Pointing at the Past*)에서[19] **구술적**이라는 단어를 "담론의 근간이 되는 **개념**"(2005:39, 강조는 원문의 것)을 지칭하는 데 사용했다. 바커는 이러한 "개념적" 의미로서의 **구술적**이라는 단어를 "의사전달의 매체"라는 일반적인 의미와 명백히 구분한다.

---

18   Ong 1982:36-57을 보라. 이는 Young 2011:81-97에서 논의됐다.

19   Young은 Bakker의 2005년 저작을 인용하지 않는다. 대신 그는 Bakker의 이전 연구들(특히 1997, 1999)에서 일부를 인용한다. 우리가 지금 다루고 있는 질문("구술적"이라는 단어가 언어와 담화를 독특하게 개념화하는 것을 가리키는 것)에 대해 말하자면, Bakker의 이전 연구 내용 대부분이 *Pointing at the Past*에 거의 그대로 나온다.

바커는 구술 문화에서 생겨난 담론과 문자 문화에서 생겨난 담론 사이의 차이를 설명하면서, 충분한 설명 없이 추상적으로만 차이를 명료하지 않게 설명하는 데 그친다. 바커에 따르면,

> 매체로서 "구술"은 담론이 수용되는 순간 일반적으로 동시에 말과 글이 될 수 없다는 점에서, "기록"을 배제한다. 즉, 소리 또는 기록 중 하나여야 한다. 반면에, 개념 차원에서 볼 때 "구술"과 그 반대의 것 사이의 관계는 상당히 다르다. 여기서 "구술된"이라는 용어와 "기록된"이라는 용어는 두 개의 극 또는 연속체의 양극단으로 볼 수 있으며, 그 사이에는 수많은 비율의 차이가 존재한다. 한쪽 극단에서는 담론이 음성 매체의 요건을 최대한 그리고 필수적으로 사용하는 가장 "구술적"인 것이 있고, 다른 극단에는 담론이 해당 문화권에서 기록 매체의 요건에 따라 작성되는 최대한의 "기록적"인 것이 있다. 실제로 대부분의 담론은 구술과 문자의 특징을 다양한 비율로 나타내며, 두 극단 사이의 어느 지점에 위치한다. (39)

[위의 글에서는] 당연히 떠오를 만한 질문들에 대해 답변이 주어지지 않았다(심지어 질문이 제기되지도 않았다). 예를 들어, "음성 매체"에는 구체적으로 어떤 "요건"이 수반된다고 바커는 생각하는가? 둘째, 반대로 "기록 매체"에는 어떤 "요건"이 수반되는가? 셋째, "해당 문화권에서"라는 바커의 제한 조건을 진지하게 받아들인다면, 어

떻게 우리는 어떤 담론이 지닌 구체적 특징이 어느 정도까지 그 담론의 기원("어느 매체에서 유래했는가")에서 비롯한 것인지 정량화할 수 있을까? 그 특징이 어느 정도까지 다른 문화의 요인에서 비롯된 것임을 정량화할 방법이 있는가? 넷째, 어떤 담론이 매체의 측면에서는 전적으로 "기록된 것"이지만 기원상으로는 "구술적인 것"에서 유래한 것일 수 있다면, 애초에 그 담론의 특징에 "구술 문화적" 또는 "문자 문화적"이라는 매체 용어를 적용해야 하는 이유가 있을까?

바커는 한편으로는 구술 매체와 기록 매체, 다른 한편으로는 구술 담론과 글로 기록된 담론 사이의 구분과 상호 연결을 〈표 4.2〉에서 보는 것처럼 세 가지 관련된 연속체로 묘사한다.

그는 담론의 개념이, 구술에서 문자로 이어지는 연속체의 왼쪽에서 오른쪽으로 이동함에 따라 글쓰기의 역학이 전사(transcription: [글을] 짓는 행위 **이전의** 글쓰기)에서 글짓기([글을] 짓는 **행위**로서의 글쓰기)로 이동한다고 주장한다. 마찬가지로, 구술에서 기원한 담론을 읽는 것은 "보이는 기호를 들리는 소리로 다시 코드화하는 것이기 때문에 사람의 목소리를 필요로 한다. 독자의 목소리는 시각적 요소를 소리로 바꾸므로 작가의 손과 마찬가지로 물리적이라 할 수 있다"(Bakker 2005:40). 문자 문화에서는 저자, 텍스트, 독자 모두 의도한 메시지를 말로 전달할 필요가 없기 때문에 글 읽는 사람의 목소리는 은유적 표현이 된다.

<표 4.2 언어, 쓰기, 읽기의 파생>

담론의 파생	구술 ↔ 기록
글쓰기의 파생	전사 ↔ 글짓기
읽기의 파생	사람의 목소리 ↔ 소리 안 내고 읽기

(출처: Bakker 2005:40)[20]

전사와 글짓기 사이의 이동, 그리고 그 사이의 차이점을 인식하는 것은 특히 구술에서 유래한 텍스트와 더 큰 전승적 맥락 사이의 관계를 고려할 때 도움이 된다. 마찬가지로, 소리 내어 읽기("사람의 목소리")와 조용히 읽기 사이의 이동도 특히 구술에서 유래한 텍스트가 청중 앞에서 공연되는 역학 관계를 고려하는 데에 도움이 된다. 그러나 기록 언어는 본질적으로나 필연적으로 종속절로 이어지는 성격을 지니거나 분석적이거나 혁신적이지 않기 때문에 [위의 표에서] 첫 번째 연속체는 아무런 의미가 없다.[21] 오히려 기록 언어가 구술적 언어만큼 부가적 연결의 성격을 지니고 집합적이며 전통주의적일 수도 있다.[22] 그렇지 않다면 매체비평가들은

---

20 Bakker는 원래 첫 두 개의 연속체(1999:31)만으로 그래픽적인 묘사를 제공했다. Young은 Bakker의 이전 연구물만 다루는 바람에 Bakker의 이론적 관점을 온전하지 못한 모습으로 제시한다(Young 2011:71을 보라).

21 나는 "종속절로 이어지는", "분석적", "혁신적"이라는 용어를 Ong이 제시한 구술성과 손으로 쓰는 사고 및 표현 사이의 정신역동적 대조에서 가져왔다(또는 어떤 경우에는 도출했다)(Ong 1982:37, 38, 41을 보라).

22 여기에서도 "부가적 연결의 성격을 지닌", "집합적", "전통주의자" 같은 용어는 Ong이 제시한 구술성의 정신역동 목록에서 가져온 것이다(앞의 각주를 보라).

기록된 텍스트에서 구술적 언어[의 흔적]을 찾을 수 없을 것이고, 그러면 기록된 텍스트에서 구술전승을 찾으려는 형태론적 접근은 찾을 만한 것이 아무것도 없을 것이다. 구술 언어가 기록 언어만큼 종속절적이고 분석적이며 혁신적일 수 있느냐의 문제는 그 반대의 경우보다 다소 논란의 여지가 있다. 하지만 우리의 논의에서 이러한 질문은 별로 중요하지 않다. 매체비평가들이 구술 언어로 간주하는 특징들을 기록 언어가 자연스럽고 유기적으로 보여 준다면, 그 특징들을 구술성으로 간주하는 근거는 사라진다. 그리고 이러한 특징들이 구술성의 산물이 아니라면, 그것들을 뚜렷하고 특이한 "구술적 현상"(또는 "구술의 정신역동")으로 간주할 모든 정당성이 사라진다.[23] 다시 말해, "담론의 근본을 이루는 **개념**"(2005:39)이라는, 바커가 두 번째 의미로 사용한 "구술적"이라는 단어는 실제로 사고와 말하기에서 구술과 기록(또는 "문자 문화")의 패턴 사이에 있는 차이를 기술하지 못한다.

따라서 스티븐 영이 바커의 연구를 사용한 것은 불안정한 근거에 기초를 두었다. 언어의 구술 개념과 문자 개념을 구분한 바커를 설명하면서 영은 "말로 이루어지는 상호작용을 지배하는 규범과 문자로 이루어지는 의사소통을 지배하는 규범"을 언급한다

---

23 나는 Bakker가 제시한 세 개의 연속체 모델을 다시 비판하고자 한다. 첫 번째 연속체(구술 ↔ 기록)와 나머지 두 연속체들 사이에는 반드시 연결 관계가 있는 것이 아니다. 하지만 내가 첫 번째 연속체를 완전히 무시하기로 결정했으므로, 그것이 다른 두 연속체와 반드시 관계가 있는지 여부를 다룰 필요가 없다.

(2011:71). 그러나 솔직히 말해서 그러한 "규범"은 존재하지 않는다. 영이 옹의 구술의 아홉 가지 정신역동(Ong 1982:36-57을 보라)을 거의 그대로 가져온 이러한 규범 목록을 제시할 때, 옹의 목록에 호소할 때마다 보이는 동일한 문제를 발견하게 된다. 문자로 이루어지는 전달은 구두 전달과 마찬가지로 부가적 절로 이어지는 성격을 지니고, 집합적이며 보수적일 수 있다. 실제로 영을 비롯한 성서학자들은 **기록된 텍스트의 특징을 설명하기 위해** 옹의 목록을 사용한다.[24] 게다가 또 다른 문제점이 있다. 구술전승에 대한 이론적 접근에 바커의 영향을 받은 영은, 고대 텍스트와 구술전승 사이의 관계를 다룰 때 고려해야 할 가장 중요한 개념 중 하나인 "구술에서 유래한 텍스트"를 잘못 이해했다.

> 어떤 담론이 구술에서 유래했고 그 뒤에 필기된 것이라면, 그 담론은 구술에서 유래한 문학이라는 범주에 속한다. 구술에서 유래한 문학이 단순히 구어적 음소가 문자적 음소로 대체됐다고 해서 대개 기록 담론과 관련된 특성을 나타내는 것은 아니다.[25] 그와

24　게다가 이전 단락에서 내가 말했듯이 구술적 말투가 매체비평가들이 "문자문화적"(literate) 담론이나 사고에 나타난다고 보는 특징을 보여줄 수 있는지 여부는 다소 논란의 여지가 있지만 본 논의에서는 별로 중요하지 않다.

25　Young은 왜 음성 음소를 문자 서기소(書記素: 한 언어의 철자 체계에서의 최소 단위—역주)로 '대체'하면 자동으로 텍스트의 특성이 변형되는지 설명하지 않는다. 더 나쁜 것은 음성 음소가 문자 서기소로 **대체되는** 이유도 설명하지 않는다는 점이다. 문자와 음성 기호는 의미 전달 수단으로 함께 작동한다.

> 반대로, 필기된 형태에서조차 구술에서 유래한 담론은 구술에서 유래한 것 특유의 특징들을 잃지 않는 반면 다른 특징들은 잃는다. (Young 2011:71)

신약과 구전에 대한 맥락적 접근을 다룰 때 보겠지만, 존 마일스 폴리(John Miles Foley)는 구전에서 유래한 텍스트의 사중 모델을 제시하면서(〈표 4.3〉을 보라) 구성/지음(composition), 공연, 수용이라는 세 가지 역학을 설명한다. 그는 "담론의 파생"이나 어떤 작품의 소위 구술적 특성을 단 한 번도 언급하지 않는다. 구전에서 유래한 텍스트가 반드시 구술적으로 지어진 것은 아니며(그럴 수도 있긴 하다), 반드시 실제 구술 공연의 필사본(transcriptions)일 이유도 없다(그럴 수도 있지만). 대신, 폴리는 구술에서 유래한 텍스트가 어떤 모습을 보이느냐(즉, 구조적 특징이 무엇인지)는 문제 대신 구술에서 유래한 텍스트가 어떻게 의미를 생성하는지에 초점을 맞춘다.

결론적으로 나는 구술전승과 신약성서에 대한 형태론적 접근이 가능하다고 생각하지 않는다.[26] 형태론적 접근은 두 개의 전제에 의존하는데, 그 둘 사이에는 너무나 큰 긴장이 있다. 두 개의 전제가 모두 맞는다면 말이다. 그리고 두 전제 중 하나라도 틀리면 전체적인 기획이 무너진다. 첫째, 이미 살펴본 바와 같이 형태론적 접근 방식은 **기록의** 정신역동이 **아닌** 구술의 정신역동이 언어의

---

26 **구술성**이라는 개념에 대한 유용한 평가(유익한 결과와 도움이 되지 않는 결과 모두를 포함)는 Finnegan 1990을 보라.

문체나 내러티브의 특정한 특징을 만들어낸다고 전제한다. 이 문제를 정면으로 다룬 매체비평가는 거의 없으나 몇 명의 학자는 이 문제를 다루었다. 예를 들어, 데이비드 아우니(David Aune)는 "구술 패턴이 기록 텍스트에 존재한다고 주장하는 모든 사람을 괴롭히는 핵심 문제"를 언급한다. 그는 그 핵심 문제를 다음과 같이 규정한다. "모든 증거가 기록 텍스트 안에 있다"(2009:74). 형태론적 접근을 하는 매체비평가들은 이러한 특징들(반복, 교차대구 등)이 전달되는 **전승**이 아니라 전달 **매체**, 즉 "구술성"에 기인한다고 말한다. 현대에도 실제로 구술전승에서 이러한 특징들이 모두 인상적으로 나타나는데, 설사 인류학자들이 **모든** 구술전승이 병렬적이고 매우 가시적이며 반복적이라는 것을 입증할 수 있다고 하더라도 전승의 전달 매체인 "구술성"과 이러한 특징들 사이에 **인과적** 연관성이 있음을 입증하지는 못할 것이다.[27]

　둘째, 형태론적 접근의 또 다른 전제는 그들이 말하는 전승의 구술적 특징이 구술성에서 글쓰기로 전이되고 나서도 존속한다는 것이다. 게다가 매체비평가들은 이렇게 존속한 구술적 특징을 전

27　위에서 언급한 Dunn의 중요하고 전적으로 적절한 논평에 주목하라. 그는 안정성과 가변성의 상호작용이 구술전승에만 "고유한 특징이 아니"라고 한다. 즉, 구술전승이 안정성과 가변성을 모두 나타낼 수 있지만(Dunn도 잘 알고 있듯이 항상 그런 것은 아니지만 말이다. 2003b:206-7을 보라), 이것이 구술전승과 기록전승을 구별하는 잣대는 아니다. 본문비평 연구를 단 5분만이라도 읽어본 사람이라면 기록전승도 이와 같은 특징을 자주 보인다는 사실을 잘 알 것이다. 그렇다면 왜 그러한 상호작용을 전승의 **매체**에서 기인한 것으로 보아야 하는가?

승의 구술성을 보여 주는 증거로 간주한다. 예를 들어, 구술성이 "다수(*polla*)의 다원적이며 인과 관계로 구성되지 않은 내러티브들을 양산한다면(Dewey 1989:34), 그리고 마가가 기록한 내러티브가 복수성/다원성을 띤 것이라면, 마가복음은 분명히 (지금의) 기록된 텍스트 상태에서도 구술성의 흔적을 간직하고 있어야 한다. 하지만, 매체비평가들은 그들이 주장하는 구술성의 특징이 새로운 매체(기록 매체—역주)에 이질적이고 부자연스러우며, 어떤 식으로든 조화되지 않는 것이라는 그 어떤 증거도 제시하지 못했다.[28]

마가복음의 파라탁시스를 예로 들어 보자. 마가복음이 문장을 연결하기 위해 '카이'(*kai*, "그리고")를 끊임없이 사용하는 것은 마치 미취학 아동이 길고 두서없는 이야기를 하는 것처럼 이상하게 느껴진다. 그러나 (우리가 느끼는) 이 이상한 점은 우리가 구술 매체에 익숙하지 않다는 점 또는 우리가 기록 텍스트를 선호한다는 점과는 아무런 관련이 없다. 결국, 우리가 이상하다고 느끼는 것은 파라탁시스라는 **기록된** 마가복음 내러티브의 특징 때문이다. 구술성 연구자들은 구술전승에 파라탁시스가 있다는 단순한 사실을 제시하는 것만으로는 구술적 유산의 흔적을 증명할 수 없다. 그들은 또한 기록된 텍스트 속의 파라탁시스가 구술적 과거의 잔향이

---

28 Aune가 제시한 정정은 유용하다. "작문 기술이 구술에 가까운 기원을 가지고 있다는 주장을 반증하기는 불가능하지만, 실제로 그렇다는 점을 증명하기도 불가능하다. 그 이유는 구술로 지은 것과 기록으로 지은 것 사이에는 회전문이 있기 때문이다. **원래 구술로 짓는 데 사용됐던 거의 모든 작문 기법이 기록으로 지어진 것의 문체로 매끄럽게 전이됐다**"(2009:74, 강조는 추가).

라는 형태일 수밖에 없다는 점을 입증해야 한다. 파라탁시스를 기록된 내러티브의 특징으로 인정하는 순간, 형태론적 접근이 재건하고자 했던 '기록되기 이전의 구술 내러티브'와의 연관성은 사라진다. 마가복음의 파라탁시스는 기록된 마가복음 내러티브의 특징이다. 마가복음의 구술적 [기록 이전의] 형태의 몇몇 요소가 [기록된 마가복음에] 생뚱맞게 잔존했다는 점을 보여 주는 요소는 하나도 없다. 결국, 이러한 이유 때문에 나는 구전과 신약에 대한 형태론적 접근은 가능하지 않다고 생각한다.[29]

구전과 신약에 대한 배경 맥락적(contextual) 접근

신약성서 **안에서** 구술전승을 찾을 수 없다면, 기록된 텍스트인 신약을 더 잘 이해하는 데 구전 연구가 우리에게 도움을 줄 다른 방법이 있을까? 나는 그럴 수 있다고 믿는다. 그리고 이 "다른 방법"을 구술전승과 신약에 대한 배경 맥락적 접근법이라고 명명한다. 이 접근법은 구술전승의 형태를 기록 텍스트에서 찾으려 하지 않는다(위의 형태론적 접근법을 참조하라). 대신, 배경 맥락적 접근은 전승의 구술적 표현을 다음과 같은 일들이 벌어지는 배경 맥락으로 이해한다. 즉, 기록된 신약 텍스트가 성장하고 저자에 의해 집필되

---

[29] 주의 깊은 독자는 내가 이 결론을 강조하기 위해 아주 문자 문화적이며 인쇄 문화적으로 인클루지오를 사용했다는 점을 알아차렸을 것이다.

고, 낭독자(및/또는 구술 공연자)에 의해 낭송되고, 청중(및/또는 독자)에 의해 수용되는 배경 맥락 말이다. 구전과 신약에 대한 배경 맥락적 접근은 매체비평가들이 던지는 질문 및 그 질문에 대한 답과 관련된 이슈들을 근본적으로 바꾸어 놓는다.

한 작품은 어떻게 의미 있게 되는가

존 마일스 폴리는 구술전승이 특정 문화적 배경에서 어떻게 의미 있는 사회 현상으로 기능하는지를 설명하는 데에 그 누구보다 많은 노력을 기울여 왔다. 폴리는 구술전승이 **무엇을** 의미하느냐는 질문에서 벗어나 구술전승이 실제 사람들에게 **어떻게** 의미 있게 되느냐는 질문을 던진다.

> 구술전승에서 직접 유래했거나 구술전승에 뿌리를 둔 언어 예술 작품을 어떻게 해석해야 할까? … 구술전승 및 구술전승에서 유래한 시를 문자 문화적 가치와 전제로 덮인 렌즈를 통해 보는 대신 … 이러한 시가 어떻게 의미를 전달하는지를 밝힘으로써 훨씬 더 근본적인 수준에서 시작해야 한다. (Foley 1991:xi, xii)

우리는 이미 폴리가 매체(구술과 기록 사이의 대조)에 대한 단순한 질문에서 구술 공연과 기록된 텍스트 등 "언어적 예술 작품"을 고려하는 데로 초점을 넓혔음을 볼 수 있다.[30] 단순히 용어에 변화를 준

30　Mournet은 "언어 예술"(verbal art)이라는 용어가 "구술 공연의 유동적인 특

것이지만 이는 구전에 대한 연구가 종종 비구술적 현상(악보, 민족지학적 현장 보고서, 구술 공연 녹음, 기록 텍스트)에도 잘 적용된다는 사실을 진지하게 받아들인 것이다. "구술성"에 대한 모든 논의는 성서학자들이 오직 문자로 된 텍스트를 연구하고 있다는 자명한 사실을 너무 쉽게 잊게 만든다.

폴리가 "언어 예술 작품"으로 초점을 전환하면서 제공한 두 번째 유용한 결과는 다음과 같다. 즉, 널리 불신받는데도 매체비평가들을 계속 유혹하고 있는, 매력적이지만 시대에 뒤떨어진 "거대 구분"(the Great Divide) 이론의 영향에서 벗어나는 데 도움을 준다. "거대 구분" 이론이 매력적이라는 점은 충분히 이해할 만하다. 루돌프 불트만(Rudolf Bultmann)에서 E. P. 샌더스(E. P. Sanders)까지의 학자들은 구술 전달과 기록 전달의 차이가 아주 작다고 보았다.[31] 현대의 매체비평가들은 이러한 기존 신약학계의 통념을 반박하고, 매체가 기능하는 원리가 '기록된 텍스트'를 해석하고 이해하는 방식에 영향을 미친다는 사실을 다른 신약학자들에게 보여 주기 위해 노력하고 있다. 하지만 쓸모없는 일반화를 다른 일반화로 대체할 수는 없는 일이다. 폴리의 접근법은 "비록 텍스트로만 남

성을 기술하기 위해"(2005:14, Bascom 1955 인용) 이 용어를 제안한 William Bascom에게서 유래했다고 설명한다.

31　Bultmann은 복음서를 "비문학적"이라고 묘사하여 "구술전승과 기록전승 사이의 주요 차이점들 중 하나가 결여되어 있다"(1963:6)고 설명했지만, 그 차이점이 무엇인지 설명하지는 않았다. E. P. Sanders는 "1세기에는 기록전승과 구술전승 사이에 거의 차이가 없었을 것"이라는 가정을 받아들였다 (1969:7).

았을지라도 구술전승에 굳건히 뿌리를 둔 언어 예술의 형태"가 그러한 뿌리가 없는 텍스트와는 다른 역학을 가질 수 있다는 가능성을 인정하고 탐구할 수 있게 해 준다(Foley 1995a:xi).

구술전승적 언어 예술 작품이 청중에게 의미를 전달하는 방식을 이론화하기 위해, 폴리는 두 가지 "쌍을 이루는 긴장", 즉 "전승적(구술 및 구술에서 유래한) 작품을 무수히 많은 점의 연속체 또는 스펙트럼에 위치시키는 데 도움이 되는, 쌍을 이루는 경향성"을 식별한다(1991:xiv).[32] 첫째, 그는 "**부여된**(conferred) 의미와 **본래 갖추어진**(inherent) 의미의 상대적 균형"을 말한다. "현대 문학 작품에서는 … (전승이 아닌) 저자가 자신의 창작물에 의미를 **부여하며**, 자신의 텍스트가 문자 문화 전승에서 의미를 끌어오는 것은 작가의 신중한 '중재'(intercession)가 있어야만 가능하다"(8, 강조는 원문의 것). 다시 말해, 문자 문화적 텍스트의 저자는 텍스트의 의미에 대해 상당한 통제력과 영향력을 행사한다. 저자는 새롭고 독창적이며 전례 없는 무언가를 전달하기 위해 단어와 이미지, 다른 텍스트에 대한 암시를 동원하는 창조적인 천재다. 명백히 문자 문화적인 텍스트에 부여한, 저자가 의도한 "부여된 의미"를 통해 해당 텍스트는

---

32   이 점은 결정적으로 중요하다. 예를 들어, Foley가 "본래 갖추어진" 의미와 "부여된" 의미를 언급할 때, 그는 (구술이든 기록이든) 텍스트를 특정한 범주에 넣을 수 있다고 말하는 것이 아니다. 오히려 모든 언어 예술 작품은 본래 내재된 의미와 부여된 의미의 역학을 따르지만, 이러한 역학의 영향은 텍스트마다 다를 수 있다.

[구술] 전승적인 텍스트보다 더 창조적인 것이 된다.[33]

　　폴리는 비-구두 전승적 언어 예술 작품의 "부여된 의미"를 "명목상의 저자가 물려받은 기법을 배우기 훨씬 전에, 현재의 판본이나 텍스트가 만들어지기 훨씬 전부터 존재했던"(8) 단어, 문구, 자주 나오는 전형적 장면(또는 주제[theme]. 위의 논의를 보라)의 "[구두] 전승적 작품"과 대조한다. "명목상의 저자"는 비-구두 전승 작품의 저자와는 달리 자신의 단어, 이미지 및 다른 작품에 대한 암시를 자기가 직접 만들어 낸 것이 아니다. 따라서 [구술] 전승적 작품의 저자의 경우에 단어, 이미지, 및 암시의 의미는 저자가 말하거나 글을 쓰기 시작하기 전부터 이미 존재했으므로 비교적 독립적이다. [구술] 전승적 작품의 독자(또는 청중)는 이미 그 작품에 등장하는 단어나 문구, 주제에 익숙하므로 그들에게는 그 의미가 인습적이고 친숙하며 "본래부터 있던" 것이다. 모든 언어 예술 작품은 전승적이든 창작적이든 부여된 의미와 본래 갖추어진 의미를 모두 불러일으킨다(둘 중 하나만 불러일으키는 것이 아니다). 전승적인 작품과 문자 문화적 작품의 차이점은 [의미에 관한] 이 두 가지 전략 사이의 균형에 있다.

　　이어서 폴리는 두 번재 "쌍으로 이루어진 긴장"을 설명한다.

33　현대의 법적 저작권 개념은 저작물에 대한 창작자의 권리와 책임을 명시적으로 명문화한다. 이와는 대조적으로, 어떤 저작물을 '퍼블릭 도메인'(공공 영역)에 속하는 것으로 지칭할 때는 지금 본서에서 논의하고 있는 의미에서 그 저작물이 '전승적'이라는 것을 암시하거나 단순히 저작권 상태가 부여하는 권리와 책임이 소멸됐음을 나타낼 수도 있다.

"'내포적'(connotative) 의미와 '지시적'(denotative) 의미의 쌍 혹은 둘 사이의 긴장이 본래 갖추어진 의미 및 부여된 의미와 더불어 각각 존재한다"(xiv: 내포적 의미는 본래 갖추어진 의미와 더불어 존재하고, 지시적 의미는 부여된 의미와 더불어 존재한다는 의미—역주). 지시적 의미란 주어진 맥락에서 단어가 나타내는 철저히 텍스트적이고 "사전적" 수준의 의미를 뜻하며, 내포적 의미란 주어진 맥락에서 단어에 부여되는 더 큰 전승적 연상을 뜻한다. 이렇게 쌍으로 이루어진 긴장이 무엇인지 예시를 통해 설명하는 것이 좋겠다. 그리스어 '퀴리오스'(*kyrios*)는 "우두머리"(lord) 또는 "주인/선생"(master)을 의미하고, 무엇보다도 권위를 가진 사람을 가리킨다.[34] '퀴리오스'의 이러한 의미("우두머리" 또는 "주인/선생")에 비추어 볼 때 누가복음 7:19에서 누가가 '퀴리오스'라는 단어를 사용한 것은 놀랍다. 철저히 텍스트적이며 지시적인 의미의 수준에서 보면, 누가가 세례 요한이 예수에 대해 질문한 내용을 담은 내러티브 도입부에서 '퀴리오스'라는 호칭은 맥락으로 보아 적절하지 않다.[35] 이 단락 바로 이전에

---

34 "이른 시기의 고전 그리스어에서 '퀴리오스'라는 단어는 신에 대한 경칭으로 사용되지 않았다. 여러 신들에게 이 단어가 적용되기는 했으나 … 이 시기의 그리스인들은 자기의 지위를 신에 의존하는 노예(*doulos*)라고 생각하지 않았다. 그리스인은 신들에 대하여 개인적 의무가 있다고 생각하지 않았다. 오로지 신들이 세상의 특정 구역들을 다스릴 경우만 그 신들이 '퀴리오스'라고 불렸다"(*NIDNTT* 2.510).

35 "세례 요한의 제자들이 이 모든 일을 요한에게 알렸다. 세례 요한은 자기 제자 가운데서 두 사람을 불러, 주님께로[*pros ton kyrion*] 보내어 '선생님이 오실 그분입니까? 그렇지 않으면, 우리가 다른 분을 기다려야 합니까?' 하고 물어보게 했다"(눅 7:18-19).

예수는 백부장의 병든 종을 고치고(7:1-10) 과부의 죽은 아들을 살렸으며(7:11-15), "위대한 예언자"(7:16)로 칭송받았다. 그래서 여기 19절에서 '퀴리오스'라는 호칭이 나오는 것은 좀 어색해 보인다.[36] 하지만 '퀴리오스'가 예수를 지칭하는 용어로 널리 사용되면서(*NIDNTT* 2.514-15을 보라), 이 용어는 예수를 내포하게 됐으며, '퀴리오스'의 내포적 의미가 '퀴리오스'의 지시적 의미를 능가하는 맥락에서 사용될 수 있게 됐다(눅 7:19처럼). 여기에서 우리는 세례 요한이 예수에 대해 던진 질문을 담은 누가의 이야기를 공연하는 데에 수반된 "예수를 주님('퀴리오스')으로 부르는" 비텍스트적 (그리고 텍스트화 할 수 없는) **전승**, 즉 소위 "조용한 파트너"(Foley 1991:xv)의 모습을 잠깐 엿볼 수 있다. 다시 말해, 주님으로서의 예수라는 더 큰 전승은 누가가 7:19에서 '퀴리오스'를 특이하게 사용한 것을 완벽하게 이해할 수 있게 만들어주는 배경 맥락이다.

그렇다면 (1) 텍스트, (2) 저자/공연자, (3) 독자/청중이라는 세 개의 독립체가 모두 배경 맥락을 형성하는 더 큰 전승에 참여할 때, 텍스트는 작가와 독자에게 어떻게 의미를 지닐까? 폴리는 전승적인 언어 예술 작품(즉, 한 명의 창조적 천재의 작품이 아닌 것)은 청중에게 이미 익숙한(따라서 청중에게 이미 의미가 있는) 전통적인 단어, 문구, 주제를 사용하기 때문에 '원래 내재된' 의미를 드러내는 경향

36　마태복음의 병행본문은 세례 요한이 "그분에게"[*autō*] 자기 제자들을 보냈다고 간략하게만 말한다. 하지만 마태복음 11장에서 마태복음 저자는 "메시아의 일들"[*to erga tou Christou*]을 언급한다(마 11:2-3).

이 있다고 주장한다. 개별 공연자 및/또는 저자는 전승에 독특한 뉘앙스와 해석을 더할 수 있으며, 어떤 공연자는 다른 공연자보다 더 설득력 있는 공연을 펼친다. 심지어 전승적 텍스트에서도 우리는 공연자 및/또는 저자의 의미 부여를 고려해야 한다.[37] 그러나 전승적인 작품에서는 문자 문화적이거나 창의적인 언어 예술 작품에 비해 더 한층 '본래 갖추어진' 의미가 드러난다. 또한 이와 관련하여 폴리는 전승적인 언어 예술 작품은 문자 문화적 작품에 비해 언어의 지시적 가치보다 내포적 가치에 더 많이 의존한다고 주장한다. 폴리는 이러한 아이디어를 "전승의 지시성"(traditional referentiality)이라는 문구로 요약한다.

> 전승적인 표현과 내러티브가 관습적 구조를 지닌다면, 의미를 생성하는 방식도 관습적일 수밖에 없다. 즉, 이러한 요소들이 "어떻게" 기능하느냐는 질문에 대한 부분적인 답은 "매번 같은 방식으로" 기능한다이다. 물론 개별 시인이 의미 결정을 하는 데에 기여할 수 있는 여지는 있으며, 각 전승, 장르, 텍스트의 독특성 같은 요인에 따라 그 기여의 상대적 중요성은 달라질 수 있다. 그러나 모든 조건이 동일할 경우, 대체로 전승적인 단위의 지시 기능은 일관되게 유지된다. (1991:6)

---

37 Foley는 전승 공연자들 사이에 재능의 차이가 있다고 말한다. "재능이 떨어지는 사람은 전승 유산을 효과적으로 사용하지 못한다. 재능이 뛰어난 사람은 전승을 더 정확하고 충실하게 공연하며, **개별적인 의미 부여를 통해 더 많은 영향을 미친다**"(1991:8-9, 강조는 추가). Botha 1991:307도 보라.

다시 말해, 구술 공연자가 자신이 공연하는 전승에 대해 영향력을 행사할 수 있다는 점은 분명하다. 그러나 구술 공연자는 또한 본질적으로 텍스트가 전달 수단으로 사용되는 배경 맥락에 이미 존재하는 '주위를 휘감고 있는' 전승의 영향 아래 그가 공연하는 구술 텍스트를 접하는 청중의 이해에 의존할 수도 있다. 주위를 휘감고 있는 전승은 구술 공연이 [의미를] 가리키게 만들어주는 지시 대상이다.

전승적 공연에서 전승적 텍스트로

우리는 제1장 초반에 신약학자들이 예수 전승의 실제 구술 공연을 애초에 분석할 수 없다는 사실을 보았다. 학자들은 오직 기록된 텍스트만 다룰 수밖에 없다. 1세기 구술 예수 전승의 공연은 더 이상 존재하지 않는다. 21세기의 학자들은 전승의 기록된 잔재(복음서를 말한다—역주)만 바라보아야 하고, 그저 초기 그리스도인들이 어떻게 그 전승을 다양한 감각으로 충만하게 경험했는지 궁금해하기만 할 수밖에 없다. 신약성서 매체비평가의 연구는 한때 생생하고 온전히 경험할 수 있었던 공연이 아니라 그 공연의 고립되고 탈맥락화된 2차원적 유물인 기록 텍스트만을 연구하는 데 국한될 수밖에 없다. 여기에서도 존 마일스 폴리의 연구는 기록된 예수 전승 분석 작업에서 구술 예수 전승을 이해하고 설명하려고 노력하는 데 유용하다.

폴리는 "구술전승에 굳건히 뿌리를 둔"(1995a:xi) 기록 텍스트인 "구술에서 파생한 텍스트"를 자주 언급한다. 우리는 구술전승을 구술 파생 텍스트의 배후에 있는 자료로 생각해서는 안 된다.[38] 대신, 이 모델에서 구술전승은 구술에서 유래한 텍스트가 만들어지는 배경과 독자나 청중이 그 텍스트를 경험하는 **배경 맥락**을 제공한다. 더 중요한 점은, 실제 청중은 구전의 구술 공연을 경험하고 그 체험의 영향 아래서 구술에서 유래한 텍스트를 받아들이고 해석한다는 것이다. 폴리는 "텍스트가 어떻게 전승의 수용을 이어가는가"(1995a:79)라는 질문을 구체적으로 던지고, 그 답변에 기여하는 세 가지 요소, 즉 공연 마당(performance arena), 독자적 용어(register), 소통의 경제 원리(communicative economy)를 제안한다(1995:79-95; Rodríguez 2010:97-102을 보라). 구술 공연에서 기록된 원고로의 변화는 전승 매체의 역사에서 매우 중요한 순간이다. 그러나 전승의 구술 공연(기록되지 않은 공연)을 개인적으로 경험한 독자(낭독자 및 공개적 장소에서 낭독하는 것을 들은 청중)는, 기록 텍스트를 전승에 대한 결정적이며 유일한 권위 있는 표현으로 받아들이기보다는 전승의 또 다른 사례(또는 또 다른 공연)로 받아들이고 해석할 것이다.

마태복음과 누가복음의 저자들이 마가복음을 기록된 자료로 사용했다는 거의 보편적인 신약학계의 합의를 생각해 보자. 그렇

---

38 구술전승에 대한 자료비평적 개념의 예는 매체비평가들 사이에서 흔히 볼 수 있다. 예를 들면, "연속체의 [구술적] 측면의 끝에 텍스트가 가까울수록, 텍스트는 글로 쓰인 작품이 아니라 **전사되기 이전의 구어**(*spoken word*)로서 연구되어야 한다"(Young 2011:72, 강조는 추가).

다면 마태나 누가가 마가복음을 예수의 삶과 가르침에 대한 고정적이고 변하지 않는 기록으로 인식하지는 않았다는 점을 바로 알 수 있다. 마태와 누가는 마가복음 이야기의 큰 구조와 많은 세부 사항을 보존했기 때문에 마가의 "공연"을 호의적으로 판단한 것이 분명하다. 그럼에도 마태와 누가는 마가복음 속의 자료를 재배열하고, 압축하고, 확장하고, 다른 전승과 통합했다. 다시 말하면, 그들은 마가복음을 예수 전승의 한 **사례**, 즉 전승의 구조나 내용을 기록된 형태로 고정한 것도 아니고 다른 공연을 막지도 않는 **사례**로 받아들였다. 마태복음과 누가복음은 마가복음을 구술 유래 텍스트로 이해하는 것이 어떤 의미인지 엿볼 수 있게 도와준다.

　독자와 청중은 구술 유래 텍스트를 제대로 해석하고 이해하기 위해 "추가 정보"에 의존한다. "수용된 판본이나 텍스트 바깥에 존재하는 배경 맥락은 공연자/저자나 청중 모두에게 가장 확실하게 능동적으로 작용하며 결정적으로 중요하므로, 해석은 관련된 배경과 맥락을 고려해야 한다"(Foley 1995a:xi). 결과적으로 매체비평가들이 구술전승을 직접 접할 수 없다는 사실을 한탄할 때,[39] 우리

39　매체비평가들은 거의 항상 이 점을 역설한다(본서도 포함해서). 다른 예를 들면 이렇다. "그러나 살아 있는 목소리는 어느덧 지나가는 목소리다. 복음서나 신약의 다른 기록에 대한 구술 공연이 남아 있지 않으니 우리는 그들이 공연된 방식에 대해 무엇을 알 수 있는가?"(Shiner 2009:50-1). 그러나 우리는 신중해야 한다. 예를 들어, Shiner는 2세기 초 히에라폴리스(현대 튀르키예)의 주교였던 Papias의 유명한 발언을 넌지시 지시한다. "나는 책에서 얻은 정보가 살아남은 목소리만큼 나에게 도움이 될 것이라고는 생각하지 않았다"(Eusebius, *Hist. eccl.* 3.39.1-4, Shiner 2009:50에서 인용). "살아남다"

가 정말 안타까워해야 할 것은 텍스트의 **원천 자료**를 접할 수 없다는 것이 아니라, 실제 고대인이 구술에서 유래한 텍스트를 짓고, 공연하고, 수용하고, 해석했던 **배경 맥락**을 직접 접할 수 없다는 현실이다. 기록된 텍스트 배후에 있는 사람들, 즉 저자, 낭독자, 구술 공연자, 청중은 기록된 텍스트가 있든 없든, 기록된 텍스트를 직접 읽어 주는 사람이 있든 없든, 언어 형태의 예수 전승을 규칙적이고 반복적으로 경험했다. 또한 예수 전승에 대한 이러한 규칙적이고 반복적인 경험은 저자, 낭독자, 구술 공연자, 청중이 기록된 텍스트 및 대중 앞에서의 텍스트 낭독을 인식하고 경험하고 해석하는 방식에 영향을 미쳤다.

이 점을 좀 더 구체적으로 살펴보자. 초기 그리스도인 청중이 공연자(또는 낭독자)가 "하나님의 아들 예수 그리스도의 기쁜 소식의 시작"(막 1:1)이라는 말하는 것을 들었을 때, 그 청중은 예수 전승을 경험한 내력 전체를 통해 "기쁜 소식", "예수 그리스도", "하나님의 아들"과 같은 의미심장한 문구의 의미를 드러내게 해 주는 더 큰 전승의 연상(또는 내포적 의미)을 접할 수 있었다(예수 이야기를 처음 듣는 것이 아니라면 말이다). 마가 내러티브의 구술 표현은 기록 텍스트가 있든 없든 적어도 적극적으로 참여를 하는 한 사람, 즉 공연

로 번역된 단어는 '메누세스'(*menousēs*)로 문자 그대로 "지속하다" 또는 "견디다"를 의미한다(BDAG, *s.v.*). 그러므로 우리는 구전되는 말의 사라짐("살아 있는 목소리는 … 어느덧 지나가는 목소리다")을 강조하는 반면, Papias는 살아 있는 목소리를 "지속되는" 것으로 묘사한다. 이는 기록된 텍스트("책의 정보")의 일시성과 명백히 대조되는 특성임을 주목하라.

자나 낭독자를 필요로 하고, 공연자와 낭독자는 청중의 요구(청중이 예수 전승에 어느 정도 익숙하든, 그에 대해 열광적이든 회의적이든 등)를 맞추게 된다. 다시 말해, 마가 전승을 구술 공연하는 데 있어서 배경 맥락은, 마가복음을 읽거나 실제로 글을 읽지 않고 마가의 이야기를 들을 때나, 항상 사람 사이의 상호작용적 요소를 필연적으로 포함한다. 이러한 상호작용을 통해 공연에 사용된 단어들은 비교적 새로운 청중들에게도 내포적 단어로 기능할 수 있었다(즉, 지시적 의미 이상의 것을 전달할 수 있었다).

그러나 기록된 마가복음 텍스트는 탈맥락화, 즉 의미를 부여해 주는 맥락에서 제거된 채 뽑혀서 완전히 낯선 환경에 놓이기 쉬웠다. 마가복음 본문에서 읽은 내용 외에는 예수나 그의 추종자들에 대해 전혀 알지 못하는 사람이나 사람들 사이에 떠도는 소문 외에는 아무것도 모르는 사람의 손에 마가복음 사본이 들려 있는 것을 상상해 보라.[40] 마가의 언어, 이미지, 함축된 의미(가령, 사막이 전통적으로 뜻하는 의미와 외치는 목소리가 뜻하는 의미, 세례 요한이 먹는 음식과 그의 복장이 상기시키는 예언자적 모습, 하늘에서 들려온 음성의 내용에 대한 성서적 암시)를 설명해 줄 사람이 없을 경우, 기록된 마가복음 텍스트는 마가복음서에 의미와 중요성, 힘을 부여해 주는 필수적 배경과 맥락을 잃게 된다. 더 큰 [구술] 전승에서 멀리 떨어져 있는 (현대의) 독자는 텍스트가 특정 전승에 깊이 뿌리를 내리고 있음을 나타

40　기원후 2세기에 그리스도교를 비판한 이교도 Celsus는 마태복음뿐만 아니라 비정경 그리스도교 텍스트들을 읽었던 것으로 보인다(Hoffmann 1987).

내는 수사학적 전략을 알아차리고 활용하기 위해 훨씬 더 큰 노력을 기울여야 한다. 그럼에도 불구하고 (현대의) 독자는 텍스트가 주변을 둘러싼 전승과 어떻게 공명을 일으키고 그러한 전승을 암시하는지를 완전히 알아낼 거라 기대할 수 없다.[41] 기록된 텍스트는 이러한 공명과 암시를 활성화하지만, 제대로 준비되지 않은 독자가 이를 파악하기는 어렵다.

이같이 탈맥락화할 가능성은 예수 전승을 글로 쓰는 작업이 가져다준 주요 결과 중 하나다. 그러나 십중팔구 아주 초기에 기록된 예수 전승은 일반적으로 예수 전승에 의미를 부여하는 배경과 맥락 안에서, 그리고 초기 그리스도인 공동체 내에서 경험됐을 것이다. 아주 초기에 기록된 예수 전승 텍스트가 구술 예수 전승의 경우와 동일하거나 유사한 사회적 배경에서 기능했으므로, 이러한 안정성은 구술에서 유래한 텍스트가 구술전승의 "수용의 전

---

[41] 마가 전승의 공개 공연을 직접 경험할 수 없는 독자를 괴롭히는 또 다른 문제가 있다. 즉, [현대의] 독자가 본문과 전승 사이의 연결고리를 파악했다고 생각하더라도 고대의 청중이 동일한 특정 고리를 파악했을지 확신할 수 없다는 점이다. 예를 들어, 막 6:39에서 마가복음 저자가 "푸른 풀"(*tō chlōrō chortō*)을 명시적으로 언급한 것은, 양을 푸른 초장으로 인도하는 목자의 전통적인 의무와 관련이 있는 걸까(France 2002:266-7에서 인용한 시 23:2; 막 6:34을 보라)? 아니면 메시아 시대가 개시됐음을 알려주는 신호인 '꽃이 만발한 사막'을 암시적으로 언급하는 걸까(겔 34:26-9; 사 51:3, Mauser 1963: 136-7; Marcus 1992:24를 보라)? 아니면 단순히 불필요한 세부 사항을 적은 것일까(Yabro Collins 2007:324-5은 "푸른 풀"의 전통적인 의미에 대해 아무런 논평을 하지 않는다[320, 322을 보라])? 상호텍스트적 암시를 식별하는 문제에 대한 유용한 소개는 Hays 1989:25-32; Allison 2000:1-24을 보라.

통"(tradition of reception)을 지속할 수 있게 해주었다(Foley 1995a:79). 기록전승은 그러한 맥락에서 벗어나 오독과 오해(또는 아마도 **다른 독해와 이해**)의 대상이 **될 수도 있지만 일반적으로는** 그 맥락을 벗어나지 않았다.

구술에서 유래한 텍스트의 사회적 배경이 어떻게 전승의 연속성 있는 수용을 촉진하는지를 고려하기 전에 마지막으로 한 가지 지적하고 싶은 것이 있다. 2010년에 나는 이중 전승(즉, 마태복음과 누가복음에는 공통적으로 나오지만 마가복음에는 없는 자료로, 대부분의 신약학자들은 이를 가상의 문서인 Q에서 온 것으로 본다)이 구전인지 문서인지에 대해 논의하는 학술 회의에 참석했다. 논문 발표 후 질의응답 시간에 한 저명한 복음서 학자가 "Q 문서에 대해 '구술'을 논하는 것이 무슨 의미가 있는지 모르겠다"고 불평하는 것을 우연히 들었다.[42] 신약과 구전에 대한 배경 맥락적 접근에 의하면, "구술전승"이란 구술에서 유래한 텍스트를 포괄하는 전승을 의미한다. "주위를 둘러싼" 전승은 구전 유래 텍스트가 초기 그리스도교의 사회적 배경에서 그 의미를 전달하고 기능을 수행할 수 있는 맥락을 제공한다. 이러한 의미에서 구술전승은 기록 텍스트의 원천 자료이지만, 그 이상의 의미를 지닌다. 즉, 구술전승은 초기 그리스도인들이 기록된 텍스트를 해석하고 그에 반응할 수 있게 해준 다감각적이고 다층적이며 총체적인 사회적 맥락을 묘사한다. 신약이라는

42　따옴표는 내가 2년이 지난 후에도 그 학자의 말을 있는 그대로 기억하고 있다는 인상을 줄 수 있는데, 사실은 그렇지 않다.

기록된 텍스트와 그 원천 자료에 대해 "구술적"이란 말이 지닌 의미는 무엇인가? 신약성서가 기록되기 전의 발생, 신약과 원천 자료에 대한 공동체의 표현, 그것들에 대한 해설, 그것들이 후대에 기록된 텍스트와 구술 공연에 미친 영향, 그리고 그 외의 다른 것 등을 말한다.

단어의 힘과 구술에서 유래한 텍스트

지금까지의 논의에서 두 가지 요소가 특히 중요했다. 그 중요성이 명백하든 아니든 말이다. 첫째, 가장 분명하게는 언어 메시지(구술 또는 기록)에 의미를 부여하는 배경 맥락으로서 **전승**의 역할을 강조했다. 둘째는 덜 명시적인데, 우리는 언어 메시지가 표현되고 공연자(또는 낭독자)와 청중의 상호작용을 매개하는 사건으로서 **공연**의 역할을 강조했다. 이러한 의미에서 "공연"이란 청중 앞에서 전승을 표현하는 것을 말하며, 구술전승의 즉흥적 낭송 또는 기록된 텍스트의 극적이며 해석을 곁들인 낭독을 의미한다. 기록된 텍스트는 읽는 행위를 통해서만 그 내용을 전달할 수 있고, 고대의 독서 행위는 대개 소리 내어 읽는 것이었다(항상 그런 것은 아니지만 대개 그러했다).[43] 그 외에도 낭독은 종종 극적인 제스처, 감정적인 속도 조절과 어조 등을 포함한 공연적 행사였다.[44] 낭독자는 텍스트를

---

43 Johnson 2010:4-9을 보라.

44 Shiner 2003 , 2009을 보라. "구술공연의 유형들"(2003:37-56)에 관한 글에서 Shiner는 사적 읽기(37-9)와 공적 읽기(39-40)에 대해 설명하며, [구술] 공연의 더욱 직관적인 사례도 함께 설명한다. 또한 Botha 2005을 보라.

공연함으로써 텍스트의 내용을 전했으며, 공연은 텍스트가 청중에게 그 의미를 전달하는 방식에 중요한 요소다.

폴리는 반복해서 "**공연은 특별한 힘을 부여하는 사건이고, 전승은 특별한 힘을 부여하는 지시물**"(1995a:28, 강조는 원문의 것)이라고 말한다. 공연과 전승 모두에 주의를 기울여야 구술이든 기록이든 전승적인 단어가 어떻게 의사소통으로 기능하는지 이해할 수 있다.

> 의사소통 행위는 (실제 경험한 공연이든 수사학적 흔적에서 볼 수 있는 텍스트적 사례이든) 공연 속에 기호와 해설을 심어 놓는 것(the keying of performance)에서 비롯되며, 또한 공연자와 청중의 경험적 유산인 전승적 맥락에 온전히 젖어들었을 때 강화된다. (28)

우리가 공연이나 전승 중 하나를(또는 둘 다를!) 소홀히 다루면, 그리고 "경험을 텍스트로 한정시키면"(28), 우리는 초기 그리스도인들이 경험한 예수 전승(이러한 경험이 압도적 다수를 차지한다)을 파악하지 못하고, 신약 텍스트가 지닌 힘의 대부분을 잃게 된다.[45] 우리는 특

---

45 예를 들어, Chris Keith는 Jan Assmann을 따른다. "구술전승과 기록전승의 **명백한** 차이점은, 기록은 의례와 축제에 요구되는 전승의 전달자와 청중의 '공존'을 필요로 하지 않는다는 점에 있다"(근간, 강조는 원문의 것). 기록전승은 전달자와 청중의 '공존'을 **필요로 하지** 않을 수 있다. 그럼에도 신약 매체비평가들은 필사본이 **대개** 그러한 공존을 담고 있는지 여부를 고려할 필요가 있다. 내가 보기에는 특히 기원전 1세기의 낮은 문해력을 고려할 때, 필사본조차도 "의례와 축제"와 유사한(심지어 정확히 동일한) 맥락에서 기능했다.

정 단어, 문구, 이미지, 주제를 사용하여 특정 상황, 특정 청중에게 "배경 맥락을 끌어들이고 소통을 매개하는"(1) 능력, 즉 텍스트가 지닌 **단어의 힘**(*word-power*)을 파악하지 못하게 된다. 단어의 힘이란 전승 용어, 주제 및 스토리 패턴이 전승을 효율적이고 효과적으로 지시하게 만드는 힘이다.

나는 이미 전통 구전 언어 예술의 "단어의 힘"에 기여하는 세 가지 측면, 즉 공연 마당(performance arena), 독자적 용어(register), 소통의 경제 원리(communicative economy)에 대해 언급했다.[46] 전승의 실제 구술 공연에 대한 논의에서, **공연 마당**이란 "공연이 벌어지는 장소, 단어들이 특별한 힘을 얻는 장소를 말한다. … 특정한 활동을 위해 전용적으로 마련된 반복적으로 열리는 장(forum), 상연(enactment)이 반복해서 일어날 수 있으며 일어나도록 규정된 장소"(47)를 의미한다. 전승이 기록될 때(예를 들어 요한복음처럼), 기록된 텍스트는 공연 마당이라는 "반복적으로 열리는 장" 안에서 읽힐 수 있지만, 반드시 그래야만 하는 것은 아니다. "오로지 텍스트가 주는 신호만이 독자가 작품을 경험하는 '장소', 즉 재창조된 사건을 끌어낸다"(80). 나는 여기에서 사용된 "오로지"라는 단어에 동의하지 않는다. 복음서를 포함한 일부 기록된 텍스트는 기록되기 이전의 구술전승의 경우와 동일하거나 유사한 의례 맥락과 공동

---

[46] Foley는 실제로 구술적 언어 예술을 논하면서 이 세 가지 측면을 다룬다 (1995a:47-56을 보라). 그러고는 구술 공연이 구술에서 유래한 텍스트로 "바뀌는 것"을 논의하면서 다시 이 세 가지 측면을 다룬다(1995a:47-56을 보라).

체 배경에서 읽혔을 가능성이 높다. 그러나 현대의 독자들은 실제로 텍스트를 읽기에 적절한 맥락과 배경을 인식하고 어림잡기 위해서 텍스트가 주는 신호에 전적으로 의존한다. 공연 마당은 단순히 구술전승이 공연되는 (또는 구술에서 유래한 텍스트가 읽히는) '장소'만을 가리키는 것이 아니다.[47] 공연 마당은 실제 구술 공연이든 구술에서 유래한 텍스트를 읽는 것이든 공연적 경험 전체를 특정한 틀 안에 놓는다. 요한복음의 서문을 보면 구술에서 유래한 텍스트가 어떻게 공연 마당에 관한 신호를 주는지 알 수 있다. 들을 수 있는 귀를 가진 청중에게 "태초에 말씀이 계셨다"라는 구절은 요한 계열 전승 전체를 떠올리게 한다. 그뿐만 아니라 "태초에"라는 문구 자체가 요한 계열 전승 자체를 하나님의 창조하시는 능력(창 1:1을 보라)이라는 전승의 틀 안에 위치시키며, 요한복음 서문 텍스트는 하나님의 첫 번째 창조 행위(창 1:3-5; 요 1:4-10을 보라)를 반향함으로써 이러한 틀을 강화한다.[48]

실제로 전승을 구술 공연하는 것의 역학에 대한 논의로 다시 돌아가자. 숙련된 공연자와 "들을 귀가 있는" 청중이 공연 마당에 들어서면, 그들은 전용되는 독자적 용어(dedicated register), 즉 어떤 단어의 일상적이고 지시적인 의미를 뛰어넘어 함축적인 의미 또는 "규정된 의미"(institutionalized meanings)를 강조하는 언어 또는 관

---

47 Foley가 장소라는 단어에 따옴표를 붙인 것에 주목하라(1995a:80).

48 네 정경 복음서의 시작 부분과 적절한 공연 마당을 끌어오기 위한 수사학적 전략에 대한 함축적(포괄적이지 않은) 논의는 Rodríguez 2010:107-9을 보라.

용구로 말한다(Foley 1995a:50).[49] 구술 공연에서 구술에서 유래한 텍스트로 이동함에 따라 텍스트를 주해하는 사람은 기록 텍스트에 새겨진 전승 공연에 전용으로 사용되는 관용구, 즉 전용되는 독자적 용어(register)을 식별하고 적절하게 해석해야 하는 과제에 직면한다. 전승에서 전용되는 독자적 용어의 고유한 특징은 전승마다 다를 수 있다. 예를 들면, 고풍스러운 언어나 특이한 문법 또는 구문 구조, 준언어적(paralinguistic) 단서, 파라탁시스, 리듬 또는 운율 체계 등이 있다. 전승에 전용으로 쓰인 독자적 용어를 알 수 있는 단서의 예로는 역사적 현재(특히 마가복음에서)의 두드러진 사용이나 반복적인 소리(예, 마 5:3-10) 등이 있다.

구술전승 메시지가 지닌 "단어의 힘"(word-power)을 활성화하는 세 번째 측면은 **소통의 경제 원리**이다. "소통의 경제 원리"란 (실제적이든 수사적이든) 공연 마당이라는 한정된 사회적 환경 내에서 전용으로 사용되는 독자적 용어가 가리키는 힘을 말한다. 실제 구술 사건에서 공연자와 청중은 둘 다 공연 마당에서 함께 모여 전승적인 메시지, 즉 단순히 내용뿐만 아니라 관용구(= 독자적 용어)에 의해서도 정의되는 메시지를 전달한다. 이 관용구는 비교적 효율적으로 의사소통을 촉진한다. 관용구는 이미 전승에 익숙한 청중이 내러티브의 빈틈을 메우거나, 좁은 의미의 텍스트적 관점에서 보면

---

49 앞서 논의한 Foley의 쌍을 이루는 것 사이의 긴장(부여된 것 대 이미 내재된 것 사이의 긴장, 함축적인 것과 표시적인 것 사이의 긴장)에 대한 논의를 보라.

텍스트 자체에는 없는 연결고리를 만들 수 있게 해준다. 공연자와 청중 모두에게 이러한 연결고리는 텍스트가 주는 신호만큼이나 실제적이다.

구술 공연 사건에서 구술에서 유래한 텍스트의 수사학적 역학으로 관심을 돌려보자. 구술에서 유래한 텍스트가 더 큰 전승을 어떻게 불러일으키는지 알게 하기 위해서는, 기록된 텍스트가 독자들에게 신호를 주어야 한다. 그러나 구술로 공연되는 낭독 행위에서도 구술전승에 익숙한 낭독자와 청중은 구술에서 유래한 텍스트의 수용 안에 있는 전승과의 연결고리를 활용할 수 있다. 다시 말해, 전승에 익숙한 청중이 구술에서 유래한 텍스트를 수용하는 것은 그 텍스트에 힘을 부여해 주는 지시물(= 전승)과의 연결고리와 지속적으로 공명한다. 현대의 비평가에게는 텍스트가 함축적 지시물을 약하게만 불러일으킬 수 있을 뿐이라는 사실에도 불구하고 말이다. 예를 들어, 우리는 이미 그리스어 단어 '퀴리오스'(*kyrios*, "주님")가 함축적 연상을 불러일으키는 것에 대해 논한 바 있다. 즉, 어떤 맥락에서는 "부가된 의미" 없이도 예수를 지칭할 수 있지만(가령 요 4:11, 9:36; Foley 1995a:28을 보라), 다른 맥락에서는 '퀴리오스'라는 단어가 예수만을 오로지 배타적으로 지칭한다(예, 요 20:28). 구술전승의 독자적 용어가 지닌 효율적이고 효과적인 소통의 경제 원리는 공연자(또는 낭독자)와 청중이 **모두** 그 독자적 용어를 잘 알고 있을 때만 "작동"한다. 결과적으로 신약학자를 포함한 현대의 독자는 전승적인 독자적 용어를 충분히 알지도 못하고 전승의 공연 마당에 대한 경험도 없기 때문에, 전승적 관용구의 소통의 경제 원리를 감지하기 위해서는 불완전할 수밖에 없고 또 한 상당한 노력을 기울여야 한다. 그러나 구술에서 유래한 텍스트의 저자와 청중은 예수 전승의 구술 공연에 대한 경험에 비추어 기록된 텍스트를 받아들였다. 따라서 우리는 저자, 낭독자, 청중이 공연 행사를 아우르는 더 광범위한 예수 전승과 성서 전승을 텍스트 자체와 어떻게 연결했는지를 보여 주는 증거가 여전히 존재하는지 섬세하게 접근해야 한다.

공연이라는 힘을 부여하는 사건 안에서 전승을 표현하는 데 사용되는 언어는 일상적인 말 가운데 평범하게 쓰이는 의미로부터 전승적인 독자적 용어의 "가치가 부여된" 특별한 의미로 바뀐다. 경험이 실제(실제 일어난 공연 행사)이든 수사적(구술에서 유래한 텍스트를 통한 매개)이든, 텍스트의 언어는 추가적으로 일어난 소통의 경제 원리 가운데 구술에서 유래한 텍스트에 힘을 부여하는 지시물, 즉 "주위를 휘감고 있는" 전승과의 연결을 촉진한다.

구술에서 유래한 텍스트에 관한 모델

폴리는 실제 구술 공연부터 진정한 문학 텍스트에 이르기까지 다양한 종류의 구술에서 유래한 텍스트들 간의 잠재적 차이를 도표화한 모델을 제시한다(2002:38-53; 2006:137을 보라). 폴리의 모델은 우리의 초점을 확장해 주어서, 기록된 텍스트가 어떻게 지어졌는지를 넘어 실제 사람들이 그 텍스트를 어떻게 공연하고 수용했는지도 고려하도록 해준다(〈표 4.3〉을 보라). 아래의 표에서 가장 위의 행은 언어 예술 작품이 지어지고, 공연되고, 수용되는 방식을 묻는다. 왼쪽의 열은 다양한 종류의 언어 예술을 구별하지만, 이것이 범주적으로 뚜렷하게 구분되는 네 가지 현상이 아니라는 점에 주의해야 한다. 예를 들어, "구술공연"(Oral Performance)과 "소리로 낸 텍스트"(Voiced Texts)의 차이는 경우에 따라 모호할 수 있다.[50]

<표 4.3 폴리가 제시한 구술 및 기록전승적 언어 예술 모델>

	작성	공연	수용
구술공연	구술	구술	청각
소리로 낸 텍스트	기록	구술	청각
과거의 목소리	구술/기록	구술/기록	청각/기록
기록된 구전 시	기록	기록	기록

첫째, 구술공연은 기록된 텍스트가 아무런 역할을 하지 않는 언어 예술 작품을 말한다(나중에 녹음이나 전사록이 만들어지지 않는 한). 구술공연에서 "텍스트"는 절대 기록되지 않고, 기억에서 끌어와

---

50 종이를 보고 노래하는 어느 티벳의 가수는 "텍스트"를 필요로 한다. 즉, 게사르(Gesar) 왕의 이야기를 들려주기 위해 종이나 신문 용지 같은 "텍스트"가 필요할 수 있지만, 그는 글을 읽을 수 **없기** 때문에 텍스트를 "읽지" 않는다. 그는 문맹이다. 그의 언어 예술은 여전히 적절하게 구술공연으로 분류되지만, 그가 종이를 응시할 때 "게사르 왕의 이야기가 그의 마음속에 떠올랐다"는 점을 감안하면 우리는 조금이나마 "소리로 낸 텍스트"의 방향에 가까워졌다. 참조, Foley 2002:1-3, 그리고 여러 곳(3번 인용됨).

현재에 재구성되고 재구술된다.[51] 인류학자와 민족지학자들은 전 세계 문화권의 구술공연을 연구하지만, 신약성서와 그리스도교의 기원을 연구하는 학자들은 구술공연으로서의 예수 전승을 접할 방법이 아예 없다. 심지어 예수 전승이 구술공연으로서 **존재했는지**, 예수 전승의 구술공연에 기록된 메모, 대본 또는 전체 텍스트가 항상 역할을 했는지 여부조차 알 수 없다. 나를 포함한 대부분의 매체비평가들은 예수 전승이 순전히 구전으로만 전해지다가 나중에 부차적으로 기록됐다고 추정하며, 이렇게 가정하는 데에는 그럴 만한 이유가 있다. 하지만 이런 추정에 결정적인 영향을 줄 만한 데이터는 아예 없다.

언어 예술 작품이 구술 공연을 의도한 (그리고 구술 공연에서 가장 진정성 있게 경험되는) 작품이라고 해서 반드시 실제 청중 앞에서 구술로 지어진 것이어야 하는 것은 아니다. 텍스트를 미리 써서 암기하고 청중 앞에서 공연할 수도 있다. 폴리는 이러한 유형의 언어 예술을 "오로지 구술 공연만을 목표로 하며, 정의상 구술 공연 없이는 불완전한"(2002:43) "소리로 낸 텍스트"(Voiced Texts)라고 부른다.[52] "소리로 낸 텍스트"를 덜 전문적인 용어로 말하자면 단순

---

51 이러한 종류의 언어 예술을 가리키기 위해 나는 "구술공연"(Oral Performance)이란 용어를 대문자로 쓴다. 이는 기록된 텍스트와는 아무런 관계가 없는 전승의 구술 표현을 나타내는 (소문자로 쓴) "구술 공연(oral performance)이란 용어와 구별하기 위해서다(한국어판에서는 띄어쓰기로 구분했다—편주). Foley 2002:40-3을 보라.

52 Foley 2002:43-5을 보라.

암기이든 드라마틱한 낭독이든 혹은 감정을 넣은 낭독이든 해석을 곁들여 다시 이야기한 것이든, 대본 즉 구술 공연으로 이어지는 텍스트라고 할 수 있다. 복음서들은 구술 공연을 의도한 문서이자 구술 공연 없이는 불완전한 기록된 텍스트, 즉 "소리로 낸 텍스트"로 집필된 것일 수 있다.[53] 바울서신은 거의 확실히 "소리로 낸 텍스트"라고 할 수 있다. 공개적으로 낭독된 바울서신은 "무게 있고 강력한"(고후 10:10) 것이었다. 분명 바울이 의도한 반응이었을 것이다. 염두에 둔 청중 앞에서 공개적으로 낭독을 하기 전까지 바울의 편지들은 "불완전"(incomplete)했다.

세 번째 분류에 해당하는 "과거의 목소리"(Voices from the Past)는 "시간이 지나서 이제는 텍스트 형식으로만 접할 수 있는 구술적 시 전승(oral poetic tradition)"을 뜻한다(Foley 2002:46).[54] 한때 구술전승이었던 것을 보존하고 있는 '기록 텍스트'는 구술적으로 또는 문자적으로(또는 둘 다로) 지어졌을 수 있다. 이러한 텍스트는 구술 공연, 공개 낭독, 개인적 독서(또는 세 가지 모두)를 통해 접할 수 있었다. 따라서 청각적으로 수용되거나 기록 텍스트로 수용됐을 것이다. 이 세 번째 범주가 지닌 유연성은 가능한 한 많은 현상을 포괄하려는 욕구에서 비롯했다기보다는 우리들이 잘 알지 못한다는 사실에서 나왔다.[55] 복음서들의 작성, 공연, 수용에 대해 우리는 거

53　마가복음이 구술 공연을 가능하게 하는 대본으로 어떻게 기능했는지에 대한 도발적인 재구성을 보려면 Shiner 2003을 보라.

54　Foley 2002:45-50을 보라.

55　Foley는 "실용적 불가지론"을 언급하며, 어떤 것에 대한 무지를 인정하도록

의 알지 못한다. 그래서 나는 복음서들을 "소리로 낸 텍스트"보다
는 "과거의 목소리"로 취급하기를 선호한다. 공관복음 사이의 현
저한 유사점과 차이점, 그리고 다른 복음서 텍스트들(특히 요한복음
과 『도마복음』)과의 관계를 고려하면,[56] 구술 매체와 기록 매체 모두
복음서의 작성(뿐만 아니라 공연과 수용)에 기여한 것으로 보인다. 이
러한 면에서 폴리가 말한 "과거의 목소리"라는 개념의 유연성은
특히 적절해 보인다.

　　마지막으로, "기록된 구전 시"(Written Oral Poems)는 모순적인 칭
호다. 이 범주는 구술 매체에서 기록 매체로의 전환이 전승 내용
의 작성, 공연, 수용을 근본적으로 변화시킬 수 있음을 인지한다.
"과거의 목소리"라는 범주의 유연성과는 달리, "기록된 구전 시"
는 **저자가 읽는** 청중을 위해 쓴 구술에서 유래한 텍스트다. 그 내
용은 이전의 구술 공연의 영향에서 벗어나 작성됐고, 저자와 직접
만나거나 함께하지 못하는 독자를 위해 기록됐다. "기록된 구전
시"는 종종 사라져가는 구술전승과 그 전승에 문화적으로 또 고고

강요하는 모델이 오히려 다른 것에 대한 지식을 향상시킨다고 주장한다. "우
리가 이러한 다양성에 너무 많은 질서를 억지로 부여하려 한다면, 우리가 입
증할 수 없는 주장을 함으로써 외부에서 너무 많은 것을 강요하려 한다면,
매체의 역학 체계가 손상될 것이다. 그 점에서 모든 언어 예술을 텍스트 기
반 문학이라는 기본 범주로 다시 축소하는 것은 너무 쉬울 것이다"(2002:
47).

56　Bauckham(1997)은 요한복음이 이미 마가복음에 익숙한 청중을 위해 쓰였
　　다고 주장한다(이에 대한 비판적 평가는 North 2003을 보라). Goodacre
　　(2012)는 『도마복음』이 공관복음, 특히 마태복음과 누가복음을 잘 알고 있었
　　다고 주장한다.

학적으로 관심을 가진 문해력 있는 청중 사이의 간극을 메워준다. "기록된 구전 시"는 공연에 힘을 부여하는 사건이나 전승에 힘을 부여하는 지시 대상을 잘 알지 못하는 독자를 위해 쓰였다. 하지만 그들은 진정한 구술전승을 필사하거나 구술전승을 모방하여 새로운 내용을 지어낼 수 있다.

여러 이유로 나는 기록된 복음서들을 "과거의 목소리"로 간주하고, 신약의 서신서(바울서신과 공동서신 모두)를 "소리로 낸 텍스트"로 간주한다. 예를 들어, 마태복음이나 로마서의 정확한 역학(작성, 구전과의 관계, 공연, 청중과의 관계 등에 관한 것들—역주)은 여전히 신중한 분석이 필요하며, 각 신약 텍스트가 기록 자료 및 구전 자료를 다르게 사용한 방식, 기록된 다른 작품 및 구전 작품과 상호작용하는 다른 방식, 공연적인 것을 예상하도록 알려주는 신호 등을 고려해야 할 것이다. 또한, 특히 사도행전, 히브리서, 요한계시록 등 나머지 신약 텍스트가 폴리의 구술에서 유래한 텍스트 모델 중 어디에 해당하는지(그리고 모델에 정말 부합하기는 하는지) 결정하기 위해 개별적인 주의가 필요하다. 다음 장에서는 구술에서 유래한 텍스트의 모음집으로 신약 문헌에 접근할 때 어떤 결과가 나오는지 보여 주기 위해 다양한 신약 텍스트를 다루며 몇 가지 함축적인 논평을 제시할 것이다. 이 짧은 논평이 신약 텍스트를 보다 섬세하며 역사적으로 신뢰할 만한 매체 배경에 두고 볼 때 얻을 수 있는 잠재적 이점을 보여줄 수 있기를 희망한다.

제5장
구술전승과 신약성서를 연구하는 이유

이전 장에서는 매체비평과 구술전승 학계의 연구를 소개했다. 또한 매체비평과 구술전승 연구가 신약성서 연구와 교차하는 몇 가지 지점을 논했다. 신약학은 궁극적으로 작은 텍스트 모음집(신약성서를 말한다—역주)에 대한 역사적, 문학적, 신학적 해석에 관심을 쏟는다. 따라서 신약학에 대한 학제 간 연구의 이점을 보여 주기 위해서는 복음서, 바울서신 및 기타 초기 그리스도교 문헌 이해에 어떠한 새로운 관점과 해석을 열어주는지 입증해야 한다. 이 마지막 장에서는 신약 정경 속의 네 가지 다른 장르에 속한 구절들을 간략히 주해할 것이다.

예수를 광야로 쫓아냄

마가복음 저자는 예수의 세례를 서술한 직후에 예수가 광야에서 받은 유혹에 대해 간략하게 언급한다. NRSV(New Revised Standard Version)는 마가복음 1:12-13을 이렇게 번역한다. "영이 즉시 그를 광야로 쫓아냈다(drove out). 그는 사십 일 동안 광야에서 사탄의 유혹을 받았고, 들짐승들과 함께 지냈으며, 천사들이 시중들었다." 12절의 "쫓아내다"라는 표현은 그리스어 '에크발로'(*ekballō*)를 번역한 것으로, 이 단어는 강제적인 압력("떠나도록 강요하다")을 묘사하는 데 사용될 수도 있지만, 강압의 의미 없이 무언가를 보내거나 내보내는 것을 묘사할 수도 있다.[1] 주석가들은 마가가 '에크발로'라는 단어를 선택한 것이 놀랍다고 느끼는데, 왜냐하면 이 단어는 축귀 이야기에서 귀신 들린 사람에게서 악마나 더러운 영을 강제로 쫓아내는 것을 묘사할 때 자주 등장하기 때문이다. 마가의 단어 선택은 마태복음과 누가복음과 비교할 때 더욱 두드러진다. 예수가 유혹받는 기사에서 마태와 누가는 덜 생경한 단어를 사용했기 때문이다(마태복음은 "이끌고 가다"[*anagō*], 누가복음은 "이끌다"[*agō*]).

크레이그 에반스(Craig Evans)는 마가복음 1:12과 마태복음 4:1 및 누가복음 4:1의 차이점을 마가 우선설 및 마태와 누가가 "마가의 문체를 개선했다"는 관점에서 설명한다(2004:5-6). 에반스에 따르면, 마가는 예수가 하나님의 영의 영감을 받아 광야로 과감히

---

1   BDAG, *s.v.*

떠났다는 이야기를 쓸 때 상대적으로 생경한 단어인 "몰아내다"(또는 "쫓아내다", *ekballō*)를 사용했다. 마가복음이 작성된 이후 마태와 누가는 각자의 복음서를 썼다. 마태와 누가는 "영이 즉시 예수를 광야로 내쫓으시니"라는 마가복음의 인상적인 구절을 읽었을 때, 비교적 덜 생경한 단어를 사용하기로 선택하고 각각 예수가 "영에 이끌려 광야로 가셨다"(마 4:1) 또는 "영에 이끌려 광야를 다니셨다"(눅 4:1)라고 썼다. 에반스는 마가가 마태와 누가의 "이끌려 다니셨다"는 표현을 본 뒤 "쫓겨나셨다"는 더 이상한 표현을 사용하기로 결정했다는 대안보다(마가복음이 마태복음과 누가복음보다 나중에 쓰였다는 관점—역주), 위의 추측이 훨씬 더 그럴듯하다고 생각한다.[2]

　　나는 마가 우선설(마가복음이 마태복음과 누가복음보다 먼저 기록됐고 후자의 두 복음서가 마가복음을 자료로 사용했다는 설)이 오웬-그리스바흐 가설(the Owen-Griesbach Hypothesis: 마가복음이 마태복음과 누가복음 이후에 기록됐고 후자의 두 복음서를 자료로 사용했다는 설)보다 공관복음서 사이의 유사점과 차이점에 대해 더 일관된 설명을 제공한다는 에반스의 주장에 동의한다. 그렇더라도 에반스가 세 본문(막 1:12; 마 4:1; 눅 4:1)에 대해 설명한 것은 설득력이 없다. 마태와 누가는 모두 다른 문맥에서 '에크발로'를 사용하여 마가복음 1:12과 동일하거나 유

2　비슷한 예, "마 4:1과 눅 4:1이 *ekballō*를 "이끌다"(ἤγετο) 또는 "이끌다"의 어근과 관련된 동사(ἀνήχθη)로 바꾼 것은 놀랄 만한 일이 아니다"(Stein 2008: 63). 그러나 Evans와 달리 Stein은 마가복음 저자가 '에크발로'를 사용한 이유를 설명하지 않는다.

사한 행동을 묘사하므로, 두 저자 모두 마가복음 1:12의 '에크발로'를 형편 없는 단어 선택으로 인식했을 것이라고 생각할 이유가 없다.[3] 게다가 마가복음의 경우에 대한 에반스의 다음과 같은 설명은 더 설득력이 없다.

> 마가복음 1:12은 마가가 '에크발로'(*ekballō*)를 처음 사용한 곳이다. [이 절을 쓸 때는] **마가가 나중에 자신이 이 단어를 축귀 사역과 관련하여 사용하리라고는 생각하지 못했을 것이다**(강조는 추가). 마가복음 저자가 예수가 받은 시험을 이야기하기 **전에** 한두 번의 축귀 사건을 이야기했다면(또는 오웬-그리스바흐 가설을 받아들인다면, 마태복음이나 누가복음에서 이 기사를 **읽었다면**), 마가 역시 나중에 마태와 누가가 그랬듯이 다른 동사를 선택했을 수도 있다. (2004:6)

마가가 정말로 동사 '에크발로'가 강력한 축귀적 의미를 담고 있다는 사실을 몰랐거나, 설령 그가 이 점을 알았다면 1:12에서 이 단어를 사용하지 않았을 가능성이 높은 걸까?[4] 마가가 '에크발로'

3　마 9:38에서 예수는 제자들에게 "그러므로 너희는 추수하는 주인에게 일꾼들을 그의 추수밭으로 쫓아내 달라고[*ekbalē*] 청하라"(마 9:25; 12:20, 35; 13:52도 보라)고 지시한다. 병행구절인 눅 10:2은 어순에 약간의 차이가 있을 뿐 동일하다. (누가복음에서 *ekballō*를 이와 유사하게 사용한 구절은 눅 10:35이다.) 따라서 마 9:38과 그 병행구절인 눅 10:2은 Q에 속한다고 할 수 있다. 마태와 누가가 막 1:12을 편집한 것에 대한 Evans의 설명이 옳다면, 왜 두 복음서 저자들은 모두 Q 10:2도 비슷하게 편집하지 않았을까?

4　마가는 *ekballō*를 16번(16:9, 17 제외) 사용하는데, 이 중 10번(3:23을 포함해

를 축귀적 맥락에서 매우 많이 사용했기 때문에, 우리는 꽤 확신을 가지고 이렇게 말할 수 있다. 마가는 이미 1:12에서 이 동사가 "쫓아내다" 또는 심지어 "귀신을 쫓아내다"를 의미할 수 있다는 점을 알고 있었다고 말이다.

매체비평과 매체비평이 주는 통찰은 이 문제를 이해하는 데 도움을 줄 수 있다. 여러 가지 텍스트적 특징을 보면 마가는 이미 (실제로가 아니라 수사학적으로) 공연 마당에 들어섰고, 그가 받은 전승에 쓰인 독자적 용어를 사용한다. "복음의 시작(*archē*)"(막 1:1)에 대한 언급은 엄밀한 텍스트적, 지시적 차원에서 이해할 수 있다. 즉, 이는 마가가 "복음"(*euangelion*)이라고 부르는 예수의 삶과 가르침에 대한 이야기의 "시작"을 말한다. 하지만 들을 귀 있는 청중에게 마가복음 1:1은 히브리 성서 전통과 공명하는 것으로 들린다.[5] 열두 예언서는 호세아의 예언으로 시작하고, 호세아서는 두 개의 도

서)은 축귀 행위를 가리킨다. 다음 사항에 유의해야 한다. 막 5:40("그런 다음 그는 그들을 모두 내보냈다[*ekbalōn*; 문자적인 뜻은 '던지다']") 같은 문맥에서 영단어 *to exorcise*("쫓아버리다", "내몰다")는 부적절하다는 점을 고려할 때, 우리는 영단어 *to exorcise*(그리고 "쫓아버리다"라는 표현이 의도적으로 담고 있는 축귀적 의미)와 *ekballō* 사이에 의미론적으로 상당한 차이가 있음을 알아야 한다. Louw와 Nida는 *ekballō*를 의미 영역 제15번("선형적 움직임", Linear Movement)에 네 번, 의미 영역 제13번("~이다, 되다, 존재하다, [사건이] 일어나다")에 한 번, 그리고 의미 영역 제53번("종교적 활동")에 한 번 분류해 넣는다. L&N 2.76을 보라.

5   Edwards(2002:23)는 창세기와 호세아(그리고 요한복음)를 언급한다. 창세기와의 공명은 "태초에 …"(*In the beginning*, 창 1:1)라는 전치사 구문 때문에 보다 더 희미하다. 하지만 마가가 자신의 기록이 가리키는 대상으로서 더 큰 창조 전승을 활성화할 수도 있다는 점을 무시하지는 않을 것이다.

입 문장으로 시작한다. 마가복음의 서두(막 1:1은 종종 "서두"라고 불린다)는 호세아서의 두 번째 도입 문장을 반향한다(〈표 5.1〉을 보라).

<표 5.1 마가복음 1:1과 칠십인역 호세아 1:2>

마가복음 1:1	호세아 1:2 LXX
하나님의 아들 예수 그리스도의 복음의 시작(*archē tou euangeliou*).	호세아에게 임한 주님의 말씀의 시작(*archē logou*).

마가복음 서두가 공명하는 예언서의 반향은 "예언자 이사야의 책에 기록된 대로"(막 1:2)라는 두 번째 구절에서 분명해진다. 이 절에서 마가는 기록된 예언자 전승을 인용하면서 이사야 전승을 전승적 지시 대상으로 명시한다. 또한 널리 알려져 있듯이 마가는 예언자 이사야를 언급한 직후 이사야서가 아닌 말라기서(열두 예언서에 포함된 마지막 예언자, 〈표 5.2〉를 보라)를 인용한다.

<표 5.2 마가복음 1:2과 칠십인역 말라기 3:1>

마가복음 1:2	말라기 3:1 LXX
보아라, 내가 내 사자를 너보다 앞서 보낸다. 그가 네 길을 준비할 것이다.	보아라, 내가 내 사자를 내보낸다. 그가 내 앞에서 길을 준비할 것이다.[6]

---

6   학자들은 막 1:2과 출 23:20이 언어적으로 매우 유사하다는 점을 인정한다. **"보라, 내가 네 앞에 내 사자를 보내어** 그가 길에서 너를 지켜 주며, 내가 너를 위해 예비한 땅으로 너는 들어갈 것이다"(출 23:30[칠십인역]; 굵은 서체로 된 단어는 막 1:2의 그리스어와 정확히 같은 것들이다. 밑줄 친 단어는 두 본문 사이에 중요하지만 정확히 같지는 않은 단어들을 나타낸다).

주석가들은 종종 마가가 이사야를 말하면서도 정작 말라기서를 인용하는 이 이해하기 어려운 사실에 초점을 맞춘다. 당연히 그럴 만하다(Yarbro Collins 2007:136을 보라). 그러나 우리는 마가의 "오류"가 주는 효과를 놓쳐서는 안 된다.[7] 마가는 첫 세 절에서, 열두 예언서의 시작 부분을 반향하고(1절), 이사야의 이름으로 기록된 예언을 언급하며, 열두 예언서 중 마지막 장을 암시하고(2절), 실제 이사야서 구절을 상당히 정확하게 인용한다(3절). 그리고 당연히 말라기서의 엘리야에 대한 언급(3:22 LXX)과 마가가 말라기 3:1/이사야 40:3을 세례 요한에 적용한 것은, 마가복음 9:11-13에서 예수가 요한과 엘리야를 연결하는 토대를 놓는다.

마가는 마침내 4절부터 내러티브를 시작하는데, 여기에서 그는 청중에게 자신의 공연에 힘을 부여하는 지시물이 있다는 신호를 준다. 바로 이스라엘의 예언자적 전통이다. 요한이 등장할 무렵, 예언자적 전통은 마가가 "**광야에서** 세례를 베풀고 죄 사함을 위한 **회개의** 세례를 선포하는"(막 1:4) 요한을 묘사할 때 온전히 드러난다. 여기에서 굵은 글씨체로 강조된 단어는 "그 단어에 힘을 부여하는 지시물"과 상호작용하여 훨씬 더 큰 내러티브를 마음속

---

7   나는 막 1:2을 "오류"라고 부른 것을 불편해할 독자가 많을 것이라는 점을 이해한다. 그래서 나는 이 구절을 마가가 실수했다고 말하는 대신 다른 방식으로 이 점을 설명할 수 있음을 보여 주기 위해 따옴표를 사용했다. 그럼에도 불구하고, "성서의 무오류성"을 지지하는 사람이라도 누군가가 한 저자를 인용한다고 주장하면서 다른 저자를 인용하는 경우를 일반적으로 "오류" 또는 "실수"라고 부른다는 사실을 인정해야 한다.

에 떠올리게 한다. 이러한 "더 큰 내러티브"에는 이스라엘의 시내 광야 여정, 야훼와의 언약, 그리고 신명기 30장에 나오는 언약의 결과가 포함된다.[8] 마가는 6절에서 요한이 엘리야처럼 옷을 입은 것으로 묘사함으로써 이러한 전승적인 맥락을 강화한다. 이 6절은 2절에 나왔던 엘리야에 대한 공명에 다시 활력을 불어넣는다 (Yabro Collins 2007:145-6). 마가복음의 첫 여섯 절에 대한 이러한 관찰을 바탕으로 "마가는 비교적 드물게 구약을 인용한다"는 주장에 문제를 제기할 수 있다(Edwards 2002:10).[9] 마가복음에 인용된 성서 구절의 수보다 더 근본적인 것은—다소 거칠고 섬세하지 않은 척도인—구약 인용 횟수가 아니라 내러티브가 성서 전통과 연결되어 있다는 점이다. 실제로 예수의 삶과 가르침에 대한 마가복음의 기록은 이러한 "힘을 불어넣는 지시물"에서 "단어의 힘"을 끌어낸다.

그렇다면 마가가 전승적인 독자적 용어 방식(앞서 말한 것처럼 1-4절의 "시작", "광야", "회개" 같은 용어처럼 모든 표현 스타일의 소통의 경제 원리

---

8   예를 들어, "이 모든 말씀, 곧 내가 네 앞에 놓은 복과 저주가 네게 임할 때마다, 너는 주님께서 너를 흩으시는 모든 민족 가운데서 이 말씀을 네 마음에 받아들이고, 내가 오늘 너에게 명령하는 대로, 마음을 다하고 뜻을 다하여 이 모든 말씀에 주님께로 돌아가 그분의 음성에 순종하면, 주님께서 너희 죄를 치유하시고 네게 자비를 베푸시며 다시 주님께서 너희를 흩으신 모든 민족으로부터 모으실 것이다"(신 30:1-3 LXX).

9   그럼에도 불구하고 Edwards는 그의 주석에서 마가의 내러티브가 구약과 전승의 공명을 불러일으킨다는 점을 줄곧 언급하지만, 이러한 공명이 "마가가 이방인 독자, 특히 로마의 이방인을 위해 썼다는 것은 의심할 여지가 없다"(2002:10)는 그의 (과도한) 자신감을 약화시키지는 않는다.

를 포함하여)으로 언어를 바꾼 것과 전승적 공연 마당을 수사적으로 환유한 것은, 마가복음 1:12에서 영이 예수를 광야로 "쫓아냈다"는 기이한 표현을 이해하는 데 어떤 도움을 줄까?[10] 첫째, 우리는 마가가 아직 어떤 축귀 이야기도 서술하지 않았음에도 불구하고 '에크발로'가 "귀신을 쫓아내다"라는 뜻을 나타낼 수 있다는 점을 이미 알고 있었다고 확신 있게 말할 수 있다. 무엇보다 마가는 예수 전승을 능숙하게 공연하는 공연자였다. 기록된 마가복음서가 저자의 첫 예수 이야기 공연이라거나 처음으로 예수 이야기를 들은 것을 기록한 것이라는 가정을 뒷받침하는 근거는 전혀 없다. 둘째, 마가의 단어 선택이 주는 효과는 "시험이라기보다는 시련, 즉 원하지 않는 경험 또는 불편한 경험이라는 의미를 부각시키려는 것"(Hurtado 1989:20) 그 이상이라고 할 수 있다. '에크발로'의 다른 사례는 분명히 "원치 않는 경험 또는 불편한 경험"이라는 뜻으로 사용되지 않는다(예, 마 9:38과 병행구절). 더욱이 나는 마태와 누가가 '에크발로' 대신에 "이끌다"라는 단어를 사용하여 시험의 "시련"이라는 뜻을 완화하려고 노력했다고 주장할 생각이 전혀 없다.

10　주석가들은 막 1:12의 *ekballei*가 마가복음에서 "역사적 현재"가 처음 등장하는 구절임에 주목한다. 마태는 "역사적 현재"를 상당히 절제하고 누가는 거의 쓰지 않는다. 마가의 (우리가 보기에) 이 이상한 문체적 특징은 "가치가 부가된" 전승의 전용 관용구로의 전환을 알리는 신호 중 하나가 될 수 있다(이와 유사한 논의는, Foley 2002:15-16을 보라). 마가는 역사적 현재를 마태복음(78회)과 누가복음(6회)보다 훨씬 많은 151회 사용했다. "마태복음과 누가복음이 마가복음의 분량보다 약 70% 더 많은데도 말이다"(Stein 2008: 62-3).

어떤 사람들은 마가의 '에크발로' 사용이 칠십인역 창세기 3:24에서 하나님이 "아담을 쫓아내어(*ekballō*) 동산 맞은편에 정착시키셨다"는 구절을 반향한다고 주장한다. 이러한 해석은 마가가 예수를 새로운 아담으로 제시한다고 본다. 그러나 마가는 마가복음서의 다른 곳에서 예수를 새로운 아담의 유형으로 제시하지 않으며, 영이 예수를 대한 것과 하나님이 아담을 저주한 것을 병치해서 이해하는 것은 분명 이상하다. "하나님이 아담의 유혹과 불순종 **후에** 그를 동산에서 '쫓아내신' 반면, 영은 예수가 사탄의 시험을 받기 **전에** 광야로 '쫓아내셨다'"(Heil 2006:64). 이같이 아담 유형으로 해석하는 것은 분명히 틀린 주장이지만, 적어도 이러한 해석은 마가복음 1:12을 더 큰 전승적 배경 안에 위치시키려고 시도한다. 그럼에도 우리는 이 절을 아담의 유형으로 해석하는 것이 어떻게 (그리고 왜) 그 전승적 배경 안에서 틀린 대상을 지시하는 것인지를 알아야 한다.

마가복음 1:12을 제대로 듣기 위해서는 예수의 광야 시험 이야기에서 이스라엘 이야기의 메아리를 감지해야 한다. 칠십인역 출애굽기에서 '에크발로'는 14번 정도 나오는데, 모두 어느 정도 일관된 방식으로 사용됐다.[11] 첫 번째 사례에서는 거친 목자들이 미

---

11 창세기에서 아담과 가인이 하나님의 면전에서 추방당하는 장면(각각 3:24, 4:14)에 사용된 *ekballō*와 사라가 아브라함에게 "이 노예 소녀와 그 아들"(21:10)을 내쫓으라는 강청을 묘사하는 *ekballō*를 비교해 보라. 레위기는 창 21:10과 마찬가지로 *ekballō*를 세 번(총 여섯 번 중에) 사용하는데, 민 30:10과 마찬가지로 이혼당한 여인("남편에게 버림받은 여자", 레 21:7, 14,

디안 제사장의 딸들을 우물에서 "쫓아내고"(*ekballō*), 모세가 와서 그 여인들을 구조하고 그들의 양들에게 물을 먹인다(출 2:17). 마가의 예수 이야기에는 이러한 내용이 전혀 없으므로 다음 사례로 넘어가자. 그다음 '에크발로'가 나오는 다섯 개의 사례에서는 파라오(그리고 이집트인들)가 모세와 이스라엘인들을 결국 이집트에서 "추방"하는 내용과 관련 있다.[12] 이 다섯 개의 용례는 마가복음 1:12과 너무나 다르다. 출애굽기에서는 하나님의 백성을 억압하는 사람들이 '에크발로'를 실행하는 반면, 마가복음에서는 영이 예수를 광야로 쫓아낸다. 그러나 우리는 야훼(YHWH)가 모세에게 "내가 바로에게 행할 일을 이제 너희가 보게 될 것이니, 바로가 강한 손으로 그들을 내보내고, 들어 올린 팔로 그들을 그의 땅에서 쫓아내리라(*ekballō*)"(출 6:1 LXX)고 직접 말하며 약속까지 했다는 사실에 주목해야 한다. 다시 말해, 파라오는 **야훼의 부추김에 따라** 이스라엘 백성을 쫓아냈다. 출애굽기에서 '에크발로'가 사용된 마지막 여덟 개의 사례는 아브라함과 그의 후손에게 약속하신 땅에서 이

22:13 NETS)을 지칭하는 데 사용한다. 레위기는 *ekballō*를 제사적 맥락에서 한 번(1:16), 정결의 맥락에서 한 번(14:40) 사용한다. 이 아홉 번 외에 오경에서 *ekballō*는 세 번 나오는데 이는 출애굽기 후반부와 병행구절을 이루며(민 21:32; 신 11:23; 33:27을 보라), 세 번은 발람이 받은 말을 못하는 저주(민 22:6, 11)나 언약 위반에 대한 야훼의 저주(신 29:27)처럼 이스라엘에 내린 추방 저주를 가리킨다.

12 출 10:11에서 파라오의 신하들은 모세를 파라오의 면전에서 쫓아낸다. 나는 이 장면을 이스라엘 백성이 이집트에서 "쫓겨난다"는 커다란 주제를 나타내는 예라고 본다. 나머지 네 번은 출 6:1; 11:1; 12:33, 그리고 12:39에 나온다.

방 민족을 "쫓아내겠다"는 주님의 약속을 기술한다.[13] 이 사례들 역시 마가복음 1:12과 희미하게만 관련되어 있다. 마가복음 1:12처럼 하나님이 직접 쫓아내시기는 하는데, 쫓겨난 사람들은 이교도 이방인들이기 때문에 **예수를** 광야로 쫓아내신 영의 행동과 적절한 공명을 거의 일으키지 못한다.

처음에는 이러한 결과가 실망스러워 보일 것이다. 출애굽 이야기에서 이스라엘 백성은 광야로 쫓겨난다. 광야에서 '시험'은 중요한 주제로 다루어진다(예, 출 15:22-6; 17:1-7). 그러나 출애굽기에서 '에크발로'가 사용된 세 가지 용례(목자들이 르우엘의 딸들에게 한 행동; 이스라엘 백성에게 파라오/이집트인이 한 행동; 이방 민족에게 주님이 한 행동) 중 어느 것도 마가복음 1:12에서의 '에크발로'와 유사하지 않다. 하지만 철저히 텍스트적인 틀을 넘어 시야를 넓히면 중요한 주제가 드러나기 시작한다. '에크발로'의 첫 번째 용례에서 모세는 "일어나서"(anistēmi) 르우엘의 딸들을 "구조"(rhyomai)한다. 다음에 나오는 다섯 용례에서 주님은 이스라엘을 압제하는 이들을 자극하여 자신의 백성을 이집트에서 쫓아내시는데, 이 행동이 다른 구절에서는 구조 행위로 묘사된다(rhyomai; 출 6:6; 12:27; 14:30을 보라). 마지막으로, 그다음에 나오는 마지막 여덟 번의 '에크발로' 용례에서 주님은 가나안 땅에서 이방인들을 몰아내어 그 땅을 이스라엘이 살기에 적합한 땅으로 만들어 백성들의 구조를 완성하겠다고 약속한다(출 23:29을 보라). 그러므로 전체적으로 볼 때, '에크발

13　출 23:18, 28-31(4번); 33:2; 34:11, 그리고 34:24을 보라.

로'는 야훼가 그의 백성 이스라엘을 파라오의 손에서 구속하시는 모든 단계에서 등장한다.

그러나 잘 알려져 있듯이 이스라엘은 광야에서 백성들을 부양하고 인도하시는 야훼의 능력이나 신실하심을 의지하는 데 실패한다. 우리는 마가가 왜 [출애굽기에서 사용된 단어와] 같은 단어인 '에크발로'를 사용하여 영이 예수를 광야로 몰아내는 이야기를 기록했는지 질문해야 한다. 더 중요한 것은 출애굽 전승을 잘 알고 그 전승으로 빚어진 청중이 마가가 동일한 단어를 사용하여 영이 예수를 밀어낸 이야기를 서술하는 것을 어떻게 '경험'했느냐는 질문이다. 두 질문에 대한 답은 같다. 바로, 대조다. 40년 동안 광야로 쫓겨난 이스라엘은 시험에 직면하고 주님을 시험하며,[14] 한 세대가 사막에서 죽는다. 반면, 40일 동안 광야로 쫓겨난 예수는[15] 사탄의 시험과 들짐승의 위험을 겪고, 주님의 천사들이 그를 시중드는 가운데 시련을 극복한다(막 1:12-13). 출애굽 전승에서 '에크발로'는 이집트에서 울부짖는 이스라엘, 야훼와 파라오의 대결, 광야에서 보호하고 인도하심, 그리고 이스라엘 백성들이 나아갈 때 그 땅에 이방인이 없게 하시겠다는 하나님의 약속에 대한 전체적인 내러

14　예를 들어, 신 8:2. "너는 너의 주 하나님께서 광야에서 너를 인도하시던 그 모든 길을 기억하라. 이는 너를 괴롭게 하시고 시험하시며(*ekpeirasē se*) 네가 그의 계명을 지키는지 안 지키는지 너의 마음에 있는 것을 분별하시기 위함이다"(LXX).

15　나는 Caneday의 다음과 같은 주장에 동의한다. "마가복음에서 가장 지배적인 참조점은 이스라엘의 광야 시험인 것으로 보인다"(1999:30).

티브를 끌어낸다. 마가는 예상치 못한 단어 하나를 사용함으로써 이 훨씬 더 큰 내러티브를 아주 경제적으로 활용한다.

다음 본문을 다루기 전에 마가복음 1:12에 대한 이러한 해석을 마태복음 혹은 누가복음이 확증해 주는지 살펴볼 필요가 있다. 우리는 이미 12절의 '에크발로'에 대한 허타도(Hurtado)의 설명(이 단어는 "시험을 원치 않는 불편한 경험, 즉 시련으로 보이게 한다"; Hurtado 1989:20)에 반대했다. 반대한 이유 중 일부는 마태와 누가의 편집이 시험 이야기를 시련으로 보게 하지 않을 수 있다는 함의 때문이었다. 우리가 제안한 매체비평적 해석은 이러한 문제점에서 자유로운가? 마태복음과 누가복음 모두 '에크발로'를 사용하지 않기 때문에, 두 복음서 모두 이스라엘의 광야 방랑(= 시험)의 전승과 매우 경제적이고 환유적인 연결고리를 잃었다. 그러나 두 복음서 기자는 광야에서의 이스라엘 전승을 세 번이나 명시적으로 인용하면서 예수의 시험에 대한 자신들만의 공연을 확장함으로써 연결고리를 확보한다![16] 마태와 누가가 독자적으로 마가의 시험 이야기를 확장하기로 결정했든(그래서 학자들이 Q라고 부르는, 지금은 사라진 자료의 전승을 포함시켰든),[17] 마태가 단독으로 마가복음을 확장한 뒤 누가가

---

16   마 4:4과 그 병행구절인 눅 4:4은 신 8:3을 인용하고, 마 4:7과 그 병행구절인 눅 4:12은 신 6:16을 인용하며, 마 4:10과 그 병행구절인 눅 4:8은 신 6:13을 인용한다.

17   신약학자 대다수는 "두 자료 가설"이나 "네 자료 가설"을 받아들인다. 이 이론들은 (1) 마가 우선성과 (2) 마태와 누가가 서로 독립적으로 Q를 사용했다고 확언한다. Strauss 2007:48-53을 보라.

마태를 따라 썼든,[18] 마가의 아주 초기 독자들이 출애굽 전승의 기능([단어에] 힘을 부여하는 지시물)을 인식했다는 근거, 즉 출애굽 전승이 마가복음 1:12-13을 가장 완전하고 의미 있게 해석하는 배경임을 인식했다는 근거가 있다. 설사 마가가 12절에서 생경한 동사 '에크발로'를 전승적 함의 때문에 사용한 것이 아니라고 치더라도, 마가는 독자들이 그의 공연을 받아들일 때 그러한 함의를 떠올린 것에 대해 틀렸다고 하지 않았을 것이다.

요한복음 프롤로그에 나타난 전승의 섞임

최근 톰 대처(Tom Thatcher)는 제4복음서의 프롤로그(요 1:1-18)에 관한 소논문에서 이 단락이 오래된 찬가를 포함하고 있다고 보는 전통적인 견해를 반박했다. 대신, 대처는 이 프롤로그가 "세례 요한과 관련된 전승 이야기를 복음서 저자가 시적으로 확장한 것"이라고 주장했다(2011:30). 그는 요한복음의 프롤로그 연구를 이끌어온 자료비평적 전제, 특히 "이 텍스트의 의미는 원자료와 복음서 저자가 그것을 각색한 것 사이의 차이에 있다는 전제"(36)에 반대한다. 대처는 "모든 구술 텍스트는 고유의 정체성과 의미를 지닌 독

---

18 신약학자 중에서 소수에 해당되지만 점차 그 수가 늘어나는 학자들, 특히 Mark Goodacre를 받아들이는 이들은 파러 가설(Farrer Theory)을 받아들인다. 이 가설은 (1) 마가 우선성을 확언하고 (2) 누가복음이 마가복음 및 마태복음을 사용했다고 확언한다. Goodacre 2002을 보라.

립된 구성물"(39)이라는 매체비평적 원칙인 "동등한 원천성"(equip-rimordiality)을 강조한다. 요한 학자들이 재구성하고자 했던 프롤로그의 "원본" 텍스트(또는 판본)는 존재한 적이 없다. 요한복음서 저자가 로고스와 로고스를 대한 세례 요한의 증언을 말하거나 쓸 때마다 "원본" 텍스트가 됐다(40-1). 그러므로 우리는 "로고스 찬가 원본"—그리고 요한복음 저자가 이 "원본"에 세례 요한 및 빛에 대한 세례 요한의 증언에 관한 "외부 자료"를 추가했다는 견해—을 운운할 수 없다. "초창기 찬가의 내용은 늘 유동적이었으며, 공연자의 기억에 따라 그리고 공연자가 주어진 순간에 강조하고자 한 요점에 따라 달라졌다고 말하는 것이 더 정확할 것이다"(41). 프롤로그의 정확한 문구가 서로 다른 공연 중에 특정 문구를 추가하거나 생략하는 등 변동될 수 있었다면, 프롤로그의 안정성을 알기 위해서는 [원본을 찾겠다는 시도보다는] 다른 방법을 찾아야 할 것이다.

하지만 "동등한 원천성"을 고려하더라도, 우리는 전승 공연자들이 전통적인 소재, 즉 청중에게 이미 익숙한 소재를 새로운 맥락에 적용할 수 있음을 알 수 있다. 요한복음의 프롤로그와 관련하여, 복음서 저자의 청중은 "요한복음 저자가 이 특별한 계기에 다른 방식으로 노래를 부르고 있다는 것을 알 것이다"(41). 대처는 이러한 이유들로 그 찬가의 원본을 찾는 작업을 포기한다. 더 중요한 점은, 대처가 일반적으로 주장되는 프롤로그의 단절적 측면(프롤로그는 원래 각기 분리되어 있던 자료가 합쳐진 것이고, 프롤로그가 뒤에 이어지는 본문과 단절된 형태와 내용으로 존재한다는 견해—역주)에서 초점을 옮겨 프롤로그의 내용이 15절에서 발견되는 전승적 주장, 즉 세례 요한이 그리스도—세례 요한 자신보다 먼저 계신 분이자 세례 요한 뒤에 곧 오실 분—에 대해 증언했다는 주장을 설명하고 풀어내는 측면에 집중하도록 했다는 것이다. 프롤로그에 대한 대처의 단절적이지 않은 배경 맥락적 해석은 6-8절을 세례 요한에 대해 "이스라엘 경전의 어조로 소개"하는 것, 즉 구약의 언어를 모방한 소개 구절로 설명하는 컬페퍼(Culpepper 1983:213)의 견해와 한목소리를 낸다.

다니엘 보야린(Daniel Boyarin)도 톰 대처와 마찬가지로 요한복음의 프롤로그가 초기의 찬가라는 주장에 의문을 제기한다. 그는 프롤로그를 창세기 1장과 잠언 8장에 대한 미드라쉬적 해석으로 이해한다(2004:93-105). 보야린은 '미드라쉬'(*midrash*)라는 유대 해석 관습을 아래와 같이 간략하게 정의한다.

> 오경에서 발췌한 본문에 대한 강론으로서, 예언서나 성문서(특히 많은 경우 시편, 아가서 또는 지혜 문헌)의 특정 본문을 명시적 혹은 암시적으로 떠올리게 하는 것이다. 즉, 오경을 강론할 때 오경 본문을 해석하고 확장하는 데 필요한 개념이나 언어를 가져오기 위해 예언서나 성문서를 상호텍스트적 틀로 사용하는 것이다. (95)

다시 말해, 미드라쉬적 관습은 모세 오경의 특정 본문을 조망하고 해석하는 렌즈로 후대의 경전 본문(특히 시편, 아가서, 지혜 문헌)을 사용한다. 미드라쉬적 관습은 의식적으로 경전 텍스트와 텍스트를 둘러싸고 있는 전승 사이의 연결고리를 찾아낸다.

미드라쉬에 관해 논하는 것은 해석하는 청중(특히 유대인 청중)이 이스라엘의 성서 본문을 받아들이는 방식에 관해 논의하는 것이다. 이 청중은 성서 외적인 낯선 개념이 아니라 성서 전통 전체의 관점에서 성서 본문을 받아들인다. "요한복음 프롤로그의 첫 다섯 절은 이 형식에 거의 완벽하게 들어맞는다. 강론되는 구절들은 창세기를 여는 첫 구절들이며, 해석학적 상호텍스트로서 배경에 놓여 있는 본문은 잠언 8:22-31이다"(95). 그러므로, 요한복음 1:1-5의 언어와 지배적 주제는 창세기 1장의 창조 이야기 전승—"태초에"라는 표현, 말씀에 의한 창조, 어둠과 빛 이미지, 심지어 구조적 특징까지 포함—과 공명한다.[19] 동시에 이 구절들은 잠언 8장(칠십인역)의 여러 핵심 주제와 이미지—"태초에"라는 표현, 지혜와 함께 (또는 지혜를 통한) 창조, 하나님과 함께하는 지혜 등—를 차용하고 있다. 보야린은 프롤로그에 대한 기존 학계의 해석이 "창세기 1장과 요한복음 1장 사이의 연관성을 깊이 탐구하지 않았다"(2004:94)고 정확히 지적한다. [창세기 1장과의 연관성을 고려하지 않은] 이러한 해석은 요한복음의 프롤로그를 원래의 배경 맥락, 즉 프롤로그가 지

---

19 예를 들어, 요 1:1-2의 '그라다치오'(*gradatio*: 한 문장의 마지막 단어가 다음 문장의 첫 단어로 나오는 것을 가리키는 수사학적 용어—역주)—"태초에 **로고스**가 있었고, **로고스**가 하나님과 함께 계셨다"—는 "창세기 첫 구절인 '태초에 하나님이 하늘과 **땅**을 창조하셨고, **땅**은 형체가 없고 공허했다'에서 볼 수 있는 전형적인 수사학적 패턴의 확장으로 쉽게 설명된다"(Boyarin 2004: 96).

시하는 대상인 전승에서 분리시켜 청중이 효과적이고 경제적인 의사소통을 할 수 없게 한다. 즉, 이러한 해석은 "단어의 힘"을 차단한다.

이 두 가지 분석, 즉 세례 요한에 관한 어록 전승의 확장으로 요한복음 프롤로그를 읽은 대처의 분석과 창세기 1장과 잠언 8장에 대한 미드라쉬로 프롤로그를 해석한 보야린의 분석은 요한복음 1장과 이를 둘러싼 전승 배경 사이의 연결고리를 보여 준다. 또한 우리는 요한복음 저자가 어떻게 성서 전통과 예수 전승이 상호작용하도록 하는지를 볼 수 있다. 요한복음 1:1-18은 15절에 나오는 세례 요한의 어록 전승을 복음서 저자가 창의적으로 재구성한 결과물이다. 대처는 15절을 줄곧 어록 전승으로 간주하는데, 이 어록 전승(즉, 요한복음서 저자나 그 저자와 관련된 사람들에게만 국한된 것이 아니라 예수를 따르는 사람들 사이에서 흔했던 어록 전승)이 다른 곳에서도 나오는지 구체적으로 말하지 않는다. 그러나 요한복음 1:15은 마가복음에 있는 병행구절과 놀라울 정도로 유사하다(《표 5.3》을 보라).

<표 5.3 마가복음 1:7과 요한복음 1:15>

마가복음 1:7	요한복음 1:15
그리고 [요한은] 선포하여 말하기를, "나보다 더 강하신 분이 내 뒤에 오십니다. 나는 허리를 굽혀 그분의 신발끈을 풀어드릴 만한 사람도 못 됩니다."	요한이 그분에 대해 증언한다. 그리고 외쳐 말하기를, "이분이 내가 말했던 그분입니다. 내 뒤에 오시는 분은 나보다 앞서 계신 분입니다. 그분이 나보다 먼저 계셨기 때문입니다."

분명 위의 요한복음과 마가복음의 구절 사이에는 두드러진 차이가 조금 있다. 실제로 대처는 이러한 차이점을 근거로 "요한복음 1:15의 어록은 프롤로그라는 '소리의 전경'에서 음향적인 지렛대의 받침점, 즉 여러 절을 한데 묶는 주요 용어가 수렴되는 지점으로 보인다"(2011:47)고 주장한다. 그럼에도 우리는 여전히 두 가지 측면에서 15절이 지닌 전승적 성격을 볼 수 있다. (1) 마가와 요한에서 세례 요한의 선포의 핵심이자 예수의 공생애 사역이 임박했음을 가리키는 "내 뒤에 오시는 분"이라는 언급, (2) 세례 요한이 그의 뒤에 오시는 분과 비교하여 축소된 점이 그것이다. 우리는 요한복음 저자가 마가복음 1:7의 이 어록을 잘 알고 있었을 거라 확신할 수 있다. 왜냐하면 그는 요한복음 1:27에서 이 어록을 공관복음과 더욱 유사한 형태로 다시 언급하기 때문이다.

대처의 주장을 따른다면, 요한복음 1:15을 마가복음 1:7과 비교할 때 차이가 나는 점들이 특히 요한복음의 맥락에 적절하다는 점을 볼 수 있게 된다. 대처는 요한복음 1:15에서 몇 개의 "핵심 단어"를 찾아냈는데, 이 단어들을 핵심 단어로 부르는 이유는 신학적으로 중요한 의미를 지니기 때문이 아니라 프롤로그 전체에서 매우 높은 빈도로 반복해서 나오기 때문이다. 이 "핵심 단어"로는 "그는 ~이었다"(*ēn*), "~이 되다" 또는 "그는 ~이 됐다"(*ginomai* 또는 *egeneto*), "오다" 또는 "그가 왔다"(*erchomai* 또는 *ēlthen*) 등이 있는데, 프롤로그에서 각각 9번, 8번, 4번 사용됐다(Thatcher 2011:43-7을 보라). 마가복음 1:7에는 이 단어들 중 하나만 나온다("그가 오신다",

erchetai).[20] 하지만 요한복음 1:15에 나오는 이 전승의 변형된 형태에는 세 단어가 모두 등장한다.

그러므로 요한복음 1:15이 마가복음 1:7에서 발견되는 어록 전승의 여러 형태 가운데 하나, 즉 요한적 전승 형태라면, 요한복음서 저자는 새로운 공연적 맥락에 맞게 그 어록 전승을 재형성했다고 할 수 있다. 설령 대처가 요한복음 1:1-18 배후의, 요한복음서 저작 이전에 존재[했을 법]한 로고스 찬가를 찾는 작업에 반대한 것이 틀렸다고 하더라도(하지만 나는 그가 틀렸다고 생각하지 않는다), 그는 적어도 15절이 프롤로그에 완전히 통합되어 있음을 보여 주었다. 사실 요한복음 1:15과 그 병행구절인 마가복음 1:7(《표 5.3》을 보라)의 차이점을 고려할 때, 우리는 대처의 논지를 거꾸로 만들어 요한복음 1:1-18이 15절의 어록 전승을 확장한 것이 아니라, 오히려 15절이 1:1-18에 더 적합한 용어로 재구성됐다고 보아야 할 것이다. 이렇게 보면, 15절이 한편으로는 요한복음 프롤로그에 완전히 통합되어 있다는 점을, 다른 한편으로는 마가복음 1:7과 놀랍도록 유사한 이유를 설명해 준다.

대처의 분석이 요한복음 프롤로그가 세례 요한의 설교에 관한 어록 전승 형성에 어떻게 영향을 미쳤는지 보여 주었다면, 보야린의 분석은 구약의 창조 전승이 요한복음 프롤로그 전체를 형성하

20　막 1:7에 나오는 현재형 동사 "나는 ~이다"(*eimi*)는 요 1:15의 "그는 ~이었다"(*ēn*)와 동일한 동사다. 그러나 서로 병행구절은 아니다. 마가복음에서 *eimi*는 현재 시제이고 세례 요한을 가리키는 반면, 요한복음에서 *ēn*은 미완료 시제이며 육화된 말씀을 가리킨다(14절).

는 데에 어떻게 영향을 미쳤는지를 보여 준다. 보야린의 해석은 요한복음 1장과 창세기 1장의 차이점을 강조하는, 널리 알려진 해석과 대조적이다(예, Michaels 2010:46-7). 요한복음 1:1-5은 하나님이 말씀하신 말(또는 "그 말씀"[Word])의 힘으로 이루어진 하나님의 창조를 시적으로 해석한다. "하나님이 말씀하셨다. '빛이 있으라.' 그러니 빛이 생겼다"(창 1:3). 이 말(또는 "그 말씀")은 태초에 하나님과 함께 그리고 하나님으로서 모든 것을 창조했고(요 1:3), 특히 그 말씀 안에는 생명(4절)이 있었다. "그분 안에 있던 것은 생명이었으며, **그리고 그 생명은 인류의 빛이었다**"(강조는 추가)라는 이 기묘한 구절은 창세기 1:3과 2:7을 동시에 연상할 때 공명을 불러일으킨다(그리고 그 구절들에 비추어 볼 때만 이해가 된다). 빛이 존재하도록 숨을 불어넣은 그 동일한 숨결이 인류가 존재하도록 생명을 불어넣었다. 따라서 이것이 바로 하나님의 창조적 말(또는 "그 말씀")이다.[21]

---

21 놀랍게도 O'Grady는 요한복음 프롤로그에서 하나님의 '로고스'(*logos*)가 창조적 힘(또는 실체)임을 인정하면서도 요 1장의 프롤로그와 요 17장의 기도 사이의 연관성을 높이기 위해 로고스의 계시적 기능을 강조한다. "예수는 하나님의 '말씀'이므로 그가 말할 때 그는 하나님을 계시한다. … 17장에서 '말씀'은 예수와 아버지 하나님과의 관계와 예수를 통해 성립된 제자들과 하나님과의 관계를 말하고 설명한다"(2007:223, 224). Culpepper는 더 정확한 관점을 제시한다. '말씀'은 하나님의 창조적 힘이지만(예, 1983:57) "프롤로그는 로고스와 생명과 빛을 아주 강력하게 연결하고, 이 연결된 로고스-생명-빛이 요한복음 전체 내러티브의 상징 체계를 지배한다. … 빛은 로고스의 계시일 뿐만 아니라 빛과 접촉하는 모든 사람의 본성을 드러내며, 각 사람에게 내린 심판은 빛에 대한 반응에 따라 결정된다. 빛은 어둠 속에서 빛난다. 빛은 드러낸다(계시한다). 또한 빛은 폭로한다"(1983:190, 191). 다시 말해, 프롤로그에서 계시적 상징은 로고스의 창조적 기능의 대상인 **빛**이다.

요한복음 저자는 어둠이 빛을 이해하는 데 실패하고(5절), 세상이 참 빛을 아는 데 실패하고(10절), 그분 자신의 사람들이 그분을 받아들이는 데 실패했다는 점을 반복해서 말한다(11절). 요한복음 저자가 이러한 실패를 전혀 설명할 필요를 느끼지 않는 것처럼 보이기에 조금 놀랍기는 하다. 그런데 [실패에 대한 설명] 대신, 요한복음 저자는 세례 요한에 관한 전승을 사용하여 우리가 즉각 예상하지 못할 수도 있는 질문을 다룬다. 그는 "왜 사람들은 말씀/빛을 **거부하는가?**"라는 질문이 아니라, "왜 어떤 사람은 하나님의 말씀/빛을 **받아들이는가?**"라는 질문을 던진다. "세례 요한 자신은 그에게 질문하는 사람들에게 처음으로 예수를 '여러분이 알지 못하는 이'(1:26)로 소개하면서 '나조차도 그를 몰랐다'(1:31, 33)고 인정한다"(Michaels 2010:65). 요한복음서를 휘감고 있고 그 안에 내재하는 전승의 세계에서, 하나님의 말씀/빛에 대한 일반적인 반응은 그것을 인식하지 못하고 거부하는 것이다.

그러나 세례 요한은 상황을 반전시켜, 사람들로 하여금 하나님의 창조력 있는 말씀과 하나님의 계시적인 빛을 인식할 수 있는 길을 열어준다. 그는 빛에 대한 증언자로서, 빛을 증언하여 모든 사람이 그의 증언을 통해 믿을 수 있도록 하기 위해 왔다(7절). 그러나 이러한 "드러내는"(revelatory) 역할은 프롤로그에만 중요한 것이 아니라, 독자들이 요한복음 전체에 나오는 예수의 이미지를 이해할 수 있도록 준비시켜 준다. "요한복음의 프롤로그는 이야기의 시작 부분에서 예수의 정체를 드러낸다. 그 덕분에 독자는 나중에 등장하는 인물과 사건의 배후 또는 그 너머에 숨겨진 의미와 드러나지 않은 신호를 인식할 수 있다"(O'Grady 2007:220). 따라서 프롤로그는 독자에게 특정 사실(예수의 정체성, 세례 요한의 역할 등)을 알리는 것뿐만 아니라 요한복음의 청중에게 요한복음이 어떤 성격의 내러티브인지를 알려주는 데에 꼭 필요한 정보를 제공한다. 즉, 프롤로그는 요한복음 내러티브에 구약적 요소를 굳건하게 하고, 요한복음 전체에서 모세와 예수 사이의 전반적인 연결에 기여한다.

대처와 보야린은 요한복음 프롤로그를 다른 곳에서 잘라낸 부분을 붙였거나 어울리지 않게 삽입된 구절을 담고 있는 텍스트가 복음서 도입부에 덧붙여진 것으로 보지 않고, 요한복음 프롤로그와 그 주변을 휘어 감싸고 있는 전승과의 환유적 연결을 인지하고 탐구할 수 있는 길, 즉 요한복음 1:1-18을 가장 처음 접했던 청중에게 의미 있는 소통 행위로 만든 조용하고도 결정적인 연상 과정을 인식하고 탐구할 수 있는 길을 열어주었다. 그 덕분에, 우리는 프롤로그의 나머지 부분과 성서적 전승 및 예수 전승—[이 전승들은] 프롤로그(및 요한복음서)에 꼭 필요한, 힘을 부여하는 지시물(enabling referent)을 제공한다—사이의 여러 추가적인 연결고리를 찾을 수 있다.

첫째, 프롤로그 후반부에 나오는 초점의 이동—그분을 받아들이지 않은 "그분의 백성"(*hoi idioi*)에서 11-12절의 "하나님의 자녀"(*tekna theou*)가 된 사람들로—은 구약의 창조 이야기 이후에 나오는 성서 이야기 전승의 내용 흐름과 유사하다. 즉, 창세기 3장에서 하나님의 형상대로 창조된 남자와 여자는 하나님을 피해 숨는다. 이어지는 이야기(창 4-11장)에서 인류가 하나님을 받아들이는 것은 계속 퇴보한다. 그러나 창세기 12장에서 하나님은 아브람에게 말씀하시고, 아브람은 하나님의 말씀을 받아들이고 그분을 "믿는다"(*pisteuō*, 창 15:6 LXX; 또한 요 1:12을 보라). 하나님께서 아브라함의 후손들을 이집트에서 이끌어 내시기 위해 움직이실 때, 하나님은 그들을 "나의 장자 이스라엘"(*huios prōtotokos mou Israēl*, 출 4:22 LXX)이라고 부르신다. 여기서 요점은 요한복음 저자가 창세기 15:6과 출애굽기 4:22(또는 다른 여타 본문)을 염두에 두고 요한복음 1:11-12을 기록했다는 것이 아니다. 요점은 요한복음 프롤로그 및 요한복음 전체가 성서적 전승을 명시적으로 환기시키고 있다는 것이며, 11-12절에 나오는 내용의 흐름 변화가 성서 전승에서 발견되는 흐름과 유사하다는 것이다. 이 본문들 사이의 관계는 텍스트적인 것이 아니라 **전승적**(*traditional*)이다.

둘째, 요한복음 1:12 이후 이어지는 흐름도 구약의 흐름과 유사하다. 아브람이 하나님을 "믿고" 하나님이 이스라엘을 장자로 명명한 후, 자기 백성들 가운데 장막을 치신다. 요한복음 1:14에서 그 말씀이 "우리 가운데 거처를 두셨다"(*eskēnōsen en hēmin*)는 말씀처럼 말이다. J. 램지 마이클스(J. Ramsey Michaels)는 여기서 전승의 암시를 알아본다. "천막 이미지는 출애굽과 이스라엘 백성이 광야에서 방황할 때 하나님이 함께하셨던 천막을 연상시킨다. 이것은 '우리 가운데 숙영하셨고'라는 구절이 '그 말씀'의 '영광'(*doxa*)과 밀접하게 연관되어 있다는 점에서 분명하게 나타난다"(2010:79). 다시 말하지만, 마이클스가 지적했듯이 요한복음 프롤로그와 출애굽기 전승의 관계는 문학적인 것이 아니다(79-80). 그렇다고 해서 14절의 암시가 덜 분명한 것은 아니다. 이 암시는 요한복음 프롤로그를 모세오경 전승의 맥락에서 읽어야 한다는 판단을 확고히 해준다. 그리고 오그래디(O'Grady)가 지적했듯이(2007:218), "우리가 본"(1:14) 영광은 요한복음 17장에서 예수가 "내가 세상이 생기기 전에 당신과 함께 가졌던 그 영광"(17:5)을 언급하고 이 영광을 제자들에게 주었다고 선언할 때 다시 나온다(17:22). 훨씬 더 의미심장한 점은, 예수가 제자들이 자기와 함께함으로써 자신의 영광을 계속 볼 수 있기를 기도한다는 것이다(17:24). 영광을 보는 것과 임재라는 주제가 교차하는 것은 1:14과 17:24에 공통적으로 나온다. 프롤로그에서 우리가 관찰한 흐름은 요한복음의 나머지 부분에서도 계속 이어진다.

마지막으로, 요한복음 1:17의 모세에 대한 언급은 비판적이거나 적대적이지 않다는 점, 그리고 대조로 놓여있지 않다는 점을 확신할 수 있다. 주석가들은 종종 이 점을 놓쳤다. 예를 들어, C. K. 바레트(C. K. Barrett)는 "모세와 그리스도, 율법과 복음의 대조"(1955:169)라고 말했고, 불트만(Bultmann 1971:78-9)도 마찬가지다. 더 최근의 주석들도 이러한 입장을 따랐다(예, Morris 1995:99; Lincoln 2005:107-8; Michaels 2010:90-1; von Wahlde 2010:2.14[?]). 그러나 17절은 단순히 두 개의 진술("율법은 모세를 통해 주어졌다. 은혜와 진리는 예수 그리스도를 통해 왔다")로 구성되어 있고, 그 두 진술 사이에 역접 접속사("**그러나** 은혜와 진리는 …")를 포함하지 않는다. 주석가들이 17절의 두 진술을 서로 반대되는 내용으로 이해하는 것은 이러한 대조를 본문에 주입하는 것이다. 17절에 이르기까지 요한복음 저자는 모세 전승을 예수에게 적용했으며(특히 창조와 출애굽에 관한), 이 전승을 렌즈로 사용하여 예수의 의미를 보고 해석했다. 나중에 요한복음은 모세가 예수에 대해 기록했고(1:45; 5:46), 모세가 예수의 반대자들을 고발(5:45)한다고 청중에게 일러준다. 그러므로 요한복음 1:17에서 "은혜와 진리"가 "율법"을 반대한다는 주장을 정당화할 수 있는 근거는 아무것도 없다. 대신, 우리는 이러한 대조적인 해석에 저항한 주석가들의 의견에 전적으로 동의한다(예, Schnackenburg 1968:1.277; Beasley-Murray 1999:15; Köstenberger 2004:47-8). 우리는 여전히 "율법/모세"에서 "은혜와 진리/예수 그리스도"로 변화하는 것에 대한 세부 사항을 견고하게 따질 필요가 있지만, 그러한 작업에서도 요한복음 프롤로그의 텍스트와 주변을 휘감고 있는 전승 사이의 연결을 염두에 두어야 한다.

모세의 그리스도 선포를 듣기

지금까지 우리는 두 개의 매우 다른 신약 본문의 구절들—(1) 공관복음서 중 하나에 나오는 예수가 광야에서 시험받은 이야기와 (2)

요한복음의 프롤로그—을 살펴보았다. 이 두 텍스트는 모두 내러티브로 이루어진 복음서들이고, 예수의 이야기를 다루고 있으며, 예수의 처형과 부활에 대한 보고 또는 서술로 정점에 이른다는 점에서 광범위한 유사점이 있지만, 마가복음과 요한복음은 언어, 수사, 이미지, 예수에 대한 표현이 크게 다르기 때문에 이 두 텍스트를 초기 그리스도교 문학의 다른 측면(공관복음과 요한계 문헌)으로 구분하는 것이 정당하다고 할 수 있다.

지금부터 논의할 것은 내러티브 복음서들이 아니라 신약 정경을 이루는 또 다른 부분인 서신 문학(epistolary literature)이다. 내러티브에서 편지라는 텍스트로 논의의 초점을 옮기면서 우리는 폴리(Foley)가 제시한 네 가지 구술 언어 예술 모델을 다시 살펴볼 것이다. 과거의 목소리(Voices from the Past)라는 범주의 모호함은 텍스트의 작성, 공연, 수용에 대한 명확하지 못한 설명(가령 "구술/기록")과 더불어 서신서를 (복음서의 경우처럼) "과거의 목소리"로 이해하라고 우리를 유도할 수도 있다. 그러나 세 가지 요소를 고려하면, 폴리의 사중 모델에서 서신서가 어디에 위치하느냐는 질문을 다시 제기해야 할 것이다. 첫째, 복음서의 경우와 달리, 우리는 편지의 작성, 공연, 수용에 대한 지식을 갖고 있다. 복음서와는 다르게, 많은 편지는 저자나 청중을 명시적으로 언급한다. 비록 수사학적인 언급일 수도 있지만 말이다.[22] 서신서의 작성, 공연, 수용에 대한 간

---

22 즉, 바울이 이른바 제2바울서신(예, 골로새서)을 쓰지 않더라도, 골 1:1("하
  나님의 뜻을 따라 그리스도 예수의 사도가 된 바울과 형제 디모데")은 바울

접적인 증거도 몇 가지 있다. 예를 들어, 바울의 페르소나를 "무게 감과 힘이 있다"(고후 10:10)고 묘사한 것은 바울서신의 공개적 읽기라는 공연이 표현력이 넘치며 수사학적으로 힘이 있었음을 강력하게 시사한다(Ward 1995을 보라).

둘째, 바울이 편지를 공개적으로 선포하기 위해 썼다고(또는 받아 적게 했다고) 보는 것이 합리적인 가정이다. 바울의 편지들은 공개적으로 공연되기 전까지는 말 그대로 "불완전한" 것이었다. "바울의 편지들은 구두 발표에서 유래했고 구두 발표를 위해 고안된 텍스트다"(Botha 1992:21).[23] 그렇다면, 우리는 "소리로 낸 텍스트"(Voiced Texts)에 대한 폴리의 설명을 고려해야 한다(작성-기록, 공연-구술, 수용-청각). "소리로 낸 텍스트는 오로지 구술 공연을 목표로 하며,

---

적 '페르소나'(*persona*)를 수사학적, 내포 저자로서 환기(喚起)시켜 그 권위를 통해 편지의 내용을 보증하고 골로새서에 포함된 윤리적 지침을 행할 동기를 준다. 의사소통 모델의 저자 측면에서 보면, 벧전 1:1의 수신인에 대한 언급("선택받은 사람들 곧 본도, 갈라디아, 갑바도기아, 아시아, 비시디아에 거주하는 디아스포라 나그네들에게")은 실제 이방인 그리스도인들에게 전해지는 것임에도 불구하고 수사학적 내포 독자층으로 이스라엘/유대아 디아스포라 '페르소나'(*persona*)를 환기시킨다(벧전 1:14, 18; 4:3; 그리고 그 외 곳곳). 다시 말해, 바울이 골로새서를 쓰지 않았고 베드로(또는 베드로 계열 저자)가 유대인 청중을 염두에 두지 않았다고 하더라도, 이렇게 저자와 독자를 표현하는 것은 본문이 어떻게 작성됐고 어떻게 받아들여질 것으로 기대됐는지를 아는 데 중요한 역할을 한다.

23 (편지를 전달한 이가 누구인지 명시적 언급을 하지 않는) 갈라디아서에 대해 Botha는 이렇게 말한다. "일반적인 관행과 이 편지에 쏟은 많은 정성과 이 편지의 중요성을 다 고려할 때, 갈라디아서를 신중한 공연을 염두에 두고 작성된 것으로 간주해야 하며 결국 **편지는 제대로 된 하나의 연설처럼 전달됐다**고 생각해야 한다"(1992:24, 강조는 추가).

정의상 구술 공연이 없으면 불완전하다. … 오직 소리로 낸 텍스트의 경우에만 말로 표현된 단어가 작성-공연-수용 과정에 필수적이면서도 결정적인 결과물이다"(2002:43).[24] 기록된 복음서는 전통적으로 "마태, 마가, 누가, 요한에 따른 그 복음서"라는 제목이 달렸는데, 이는 "네 복음서를 네 가지 형태로 존재하는 하나의 복음으로 제시한다"(Alexander 2006:14). 이와 다르게, 각 편지는 적어도 원래는 단 하나의 형태로 존재했다.[25] 따라서, 가령 로마서를 공연하려면 기록된 로마서 문서 및 낭독자가 필요했으나, 예수의 산상설교를 공연하기 위해서는 기록된 마태복음 문서(또는 누가복음이나 Q)가 필요하지 않았다.

셋째, 복음서와 달리 서신서는 이미 존재하는 전승에 형태를 부여하는 것이 아니다. 기록된 복음서들은 약 40-70년 전에 일어난 사건과 가르침에 대한 묘사의 형태를 띠고 있다. 그리고 적어도 양식비평 연구자들이 마가복음 2:1-3:6 사이에 연속으로 나오는 다섯 개의 논쟁 이야기나 마가복음 4-8장에 연속으로 나오는 두 가지 기적 이야기 등 복음서가 기록되기 이전의 전승을 식별하고 연구한 이후로는, 복음서가 이전에 복음서와 무관하게 존재했

---

24   다시 말해, "소리로 낸 텍스트는 오직 구술 공연에서만, 오직 구술 공연을 위해서만 존재하며 … 청중은 그것을 구술 시로만 알고 있다"(Foley 2002:45).

25   이는 극도로 단순화한 표현이다. 예를 들어, "바울서신의 원본"이라는 말을 쓰는 데 생기는 어려움에 대한 간략한 논의는 Metzger and Ehrman 2005: 272-3을 보라. 그러나 이러한 단순화는 타당한 지점도 제시한다. 글쓰기 행위는 내러티브인 복음서보다 신약 서신서가 지어지는 데에 훨씬 더 중요하기 때문이다.

던 전승에 형태를 부여하고 보존하고 있다고 본다. 반면에 신약의 서신서는 기록이라는 행위를 통해 존재하게 된 것이다. 예를 들어, 바울이 빌립보 신자들에게 보낸 편지(빌립보서)에 사전에 작성해 둔 자료를 포함시켰다고 해도, 편지를 쓰는 행위는 전승적 자료를 새로운 맥락에 놓고 특정한 수사적 상황에 적용하는 일이다.[26] 예수에 관한 이야기들이 복음서가 기록되기 전부터 있었는 데 반해, 바울의 편지는 실제로 기록되기 전에는 존재하지 않았다. 따라서 우리는 서신서를 "과거의 온 목소리"(Voices from the Past)라는 범주로 취급할 수 없다. "과거의 온 목소리"는 기록된 텍스트 이전에 혹은 기록된 텍스트와는 별개로 구두로 표현된 전승을 보존한다. 그래서 본 논의에서는 신약 서신서를 "소리로 낸 텍스트"로 간주할 것이다.

마지막으로, 로마서의 특정 구절에 초점을 맞추려 한다. 매체비평적 바울서신 연구는 복음서에 관한 매체비평적 연구만큼 활발하지 않아서 많은 양의 연구물을 산출하지 않았다. 지금까지 수행된 연구의 경향은 바울서신에서 구술적 특징(구술전승과 신약성서에 대한 형태론적 접근)을 식별하는 데 초점을 맞추었다. 매체비평적

26　Lloyd Bitzer가 "수사적 상황"(rhetorical situation)에 대해 고전적 정의를 내린 것을 보라. "수사적 상황은 실제적으로 긴박한 상황 또는 잠재적으로 긴박한 상황을 나타내는 사람, 사건, 사물, 관계의 복합체로 정의할 수 있으며, 상황에 도입된 담론이 인간의 판단이나 행동을 제약하여 긴박한 상황에 중대한 수정을 가져올 수 있다면 이러한 긴박한 요구/상황은 완전히 또는 부분적으로 제거될 수 있다"(1968:6).

바울서신 연구는 또한 바울서신에서 예수 전승의 존재 여부, 형태, 기능을 분석하는 데 초점을 맞추었으며, 특히 바울이 "물려받다"(*paralambanein*) 또는 "전수하다"(*paradidonai*)와 같은 "전승 전달을 나타내는 용어"를 사용한다는 점에 특별한 주의를 기울였다.[27] 이와는 대조적으로, 본 논의에서는 바울서신 본문을 구술전승 맥락에 위치시키고, 바울서신이 그 주위를 휘감고 있는 전승을 어떻게 환유적으로 지시하고 있는지를 나타내는 신호를 찾아내려고 한다.

로마서 10장에서 바울은 모세 언약에 대한 자신의 의견을 피력하는데(gives voice to), 바울에 대한 이전의 매체비평적 논의는 이

---

27 바울서신을 구술전승에 대한 형태론적 접근으로 연구한 학자로는 Harvey 1998과 Davids 1999를 보라. 바울서신 안에 들어 있는 (구술) 예수 전승에 대한 분석은 Holtz 1991; Keightley 2005; Aune 2009을 보라. 세 번째 연구 분야는 바울을 공연비평으로 해석하는 것이다. 이러한 접근은 실제로 바울서신을 구술 공연했을 때 그것이 바울서신의 사회적 기능과 해석에 미친 영향을 탐구한다(예, A. Dewey 1995; Ward 1995). Akio Ito의 소논문(2006)은 지금 우리가 논의하고 있는 단락(롬 10:5-13)을 직접 다루면서, 이 단락을 설명하기 위해 "구술성과 문해력"에 호소한다. 그러나 그의 주장은 첫 두 단계에서부터 흔들린다. (1) 그는 "'토라에서 비롯한 의'와 '믿음에서 비롯한 의' 사이의 대조"(2006:236)가 토라와 복음 또는 심지어 은혜와 행위 사이의 대립과 동일하다고 전제한다. (2) 그는 구두로 하는 소통과 기록을 통한 소통 사이의 관계를 섬세함 없이 지나치게 날카롭게 구분하며 연구를 진행한다 (2006:243-6). Ito는 신약이 쓰인 세계에서 "구술 문화와 문자 문화 사이의 단순한 대립"을 받아들이지 않고, "우리는 구술 문화와 문자 문화 사이의 관계를 단순한 대립이 아니라 미묘한 긴장의 관점에서 생각해야 한다"며 주의를 기울일 것을 당부한다(244). 그럼에도 불구하고 그는 그가 전제한 말하기와 쓰기 사이의 관계를 특징짓는 긴장의 정확한 역학 관계를 설명하지 않는다.

러한 "의견의 명시적 피력"(giving voice)에 대한 매체의 역동성을 모호하게 만들 위험이 있다(예, Kelber 1983:155-9; Ito 2006). 주로 기록을 통한 의사소통과 구두 의사소통을 너무 날카롭게 구분하는 데서 문제가 비롯된다.[28] 바울은 이렇게 썼다.

> 모세는 율법에 의해 계시된 의를 두고 기록하기를(*graphei*)[29] "율법을 행한 사람은 그것들로 살 것이다" 했습니다. 그러나 믿음에 의해 계시된 의는 이렇게 말합니다(*legei*). "너는 마음속으로 '누가 하늘에 올라갈 것이냐(즉, 그리스도를 끌어내리기 위해)?' 하고 말하지 말아라. 또는 '누가 심연에 내려갈 것이냐(즉, 그리스도를 죽은 사람들 가

---

28 Kelber는 특히 고후 3장에 나오는 '영'(*pneuma*)과 '문자'(*gramma*)의 대립에 초점을 맞춘다. 나는 고후 3장에 대한 Kelber의 해석을 롬 10장에 적용하고 있다. Kelber가 모세 율법에 대한 바울의 견해를 연구하는 방식은 다음과 같은 글에서 분명하게 드러난다. "내가 관찰한 바에 따르면 바울이 신경 쓰는 부분은 율법의 문자적 성격이다. 주요한 대립은 영과 행위가 아니라 영과 기록된 것 사이의 대립에 있다. 바울이 반대하는 것은 법적 권위로서의 '노모스'(*nomos*, "율법")에 대한 것이 아니라 율법이 글자로 구체화/객관화된 것이다"(1983:158). 나는 Kelber가 고후 3장에 나오는 매체 역학 관계를 제대로 이해했는지 의심스럽다. 지금 나는 Kelber의 접근법이 롬 10장에 적용되지 않는다는 점을 분명히 보여줄 것이다(Ito 2006에게는 미안하지만 말이다).

29 Wallace는 롬 10:5을 "측면을 나타내는 대격"(accusative of respect: "~에 관하여"라는 의미—역주) 또는 "(일반적) 지시 대상을 나타내는 대격"(accusative of [general] reference)으로 번역한다(Wallace 1996:203-4). BDF §160도 이와 유사한 논의를 담고 있다(그러나 롬 10:5을 언급하지는 않는다). 나는 이 구절과 6절에 "계시된"이라는 단어를 덧붙여 넣었다. 이 단락이 롬 3:21-22(여기서 바울은 토라와 별개로 하나님의 의가 "계시되고 있다"[*pephanerōtai*]고 말한다)과 주제가 유사하고 어휘도 유사하기 때문이다.

운데서 끌어올리기 위해)?’ 하고 말하지도 말아라.” 그러면 그것[= 믿음에 의해 계시된 의]은 무엇을 말합니까? “말씀은 네게 가까이 있다. 네 입에 있고, 네 마음에 있다”(즉, 우리가 선포하는 믿음의 말씀이다). 당신이 만일 예수는 주님이라고 입으로 고백하고, 하나님께서 그를 죽은 사람들 가운데서 살리신 것을 마음으로 믿으면 구원될 것입니다. (롬 10:5-9)

벤 위더링턴(Ben Witherington)을 비롯한 많은 로마서 주석가들은 “5-7절에서 두 개의 다른 목소리”를 감별해 낸다(2004:261; Jewett 2007:622-3도 보라). 위더링턴이 말한 대로 이 본문에서 “두 개의 다른 목소리”가 등장하는 것이 맞다면, 이는 로마서에서 바울이 처음으로 모세오경으로 모세오경을 반박하는 예일 것이다. 5절과 6절에 쓰인 동사는 서로 다르다. 모세는 “기록하고”, 의는 “말한다.” 서로 다른 두 동사는 이 본문에서 서로 다른 두 매체를 사용하는 두 개의 다른 목소리—그래서 서로 다른 두 가지 종류의 ‘하나님과 맺는 관계’가 있다—가 있다는 관찰을 탄탄하게 해 줄 가능성이 있다(표 5.4를 보라).

<표 5.4 로마서 10:5-8의 "두 목소리">

모세	믿음에 의한 의
↓	↓
기록하다	말하다
↓	↓
율법에 의해 계시된 의	네 입에 있고, 네 마음에 있는 말씀
↓	↓
유대교	그리스도교

로마서 10장에서 이러한 이분법을 도출하는 일은 비교적 쉽지만, 이러한 이분법이 바울을 근본적으로 잘못 읽은 것이라는 점을 보여 주는 이유가 여럿 있다. 첫째, 바울은 [로마서의] 다른 단락에서 이스라엘의 신성한 전통을 끈덕지게 긍정하는 모습을 보인다. 그의 상상 속 대화 상대자가 "그러면 우리는 믿음으로 율법을 무효화합니까?"(롬 3:31)라고 물었을 때 바울은 이렇게 외친다. "절대 그렇지 않습니다! 오히려 우리는 율법을 튼튼하게 세웁니다." 바울이 로마서 앞부분에서 그토록 강하게 율법을 긍정했는데 10장에서 율법을 멀리한다면, 그는 끔찍할 정도로 일관성이 없는 사람일 것이다.

둘째, 로마서 10장에서 바울의 목적이 모세 율법의 불충분함을 입증하는 것이라면, 그가 의인화된 '믿음에 의한 의'(*Dikaiosynē*)가 모세 율법, 즉 신명기 30:11-14에서 가져와 사용하는 것은 매우 이상한 일이다. 만약 의(*Dikaiosynē*)가 모세를 인정하지 않고 대체한다면 왜 의(*Dikaiosynē*) 자신을 정의하기 위해 모세의 말을 인용해야 한단 말인가?[30] 셋째, 5-6절에서 모세의 "기록하기"(*graphei*)와 의(*Dikaiosynē*)의 "말하기"(*legei*) 사이의 대조를 끌어내기가 쉽긴 하지

---

30 Arthur Dewey는 바울이 '의'(*dikaiosynē*)를 의인화했다는 점을 강조한다. "이 탐구에서 가장 중요한 것은 바울이 *Dikaiosynē*를 의인화했다는 점이다. … 여기서 바울은 전승에 새로운 목소리(*Dikaiosynē*)를 부여하여 기록전승에 대한 이해를 변화시킨다"(1995:115, 116). 나는 Dewey가 롬 10장에서 도출한 결론에 근본적으로 동의하지 않지만, 바울이 그리스도의 신실하심(*pistis Christou*)에 의해 계시된 의(*Dikaiosynē*)를 의인화하여 *Dikaiosynē*에게 목소리를 부여했다는 그의 주장은 옳다.

만, 우리는 바울이 불과 다섯 절 뒤에 어려움 없이 "기록하기"와 "말하기" 사이의 대조를 뛰어넘었다는 점을 알아야 한다. "기록된 경전(*graphē*)은 말합니다(*legei*). '그를 믿는 자는 누구든지 부끄러움을 당하지 않을 것이다'"(사 28:16을 인용한 롬 10:11). 로마서 10장에서 모세와 의(*Dikaiosynē*)와 이사야는 한목소리로 말한다. 그리고 그들이 하는 말은 기록된 언약의 말씀이다.

　내가 보기에는 N. T. 라이트(N. T. Wright)의 접근법이 더 낫다. "그의 청중이 속임을 당해 신명기는 레위기 같은 모세의 책이 아니라고 생각했을 거라고 바울이 추정했거나 상정했을 것이라는 생각은 어리석다"(2002:658-9). 라이트는 로마서 10장을 "신명기 30장의 전체 문맥"에 비추어 해석한다. 이는 옳은 방향의 해석이지만 라이트는 이 견해를 충분히 더 밀고 나아가지 않는다. 바울이 출애굽기 전체와 출애굽 전통 안에서 신명기 30장이 담당하는 구체적 역할을 전유하는 방식을 이해할 때 우리는 바울의 요지를 분명하게 볼 수 있다.

　출애굽 전승은 모세의 탄생을 둘러싼 특이한 상황과 하나님이 모세에게 나타나셔서 모세를 위임하시는 장면(출 1-3장)으로 시작하는데, 후자의 이야기에서 모세는 야훼에게 직접 말하고, 야훼도 모세에게 직접 말씀하신다. 이러한 직접적인 의사소통은 하나님이 족장들에게 나타나셔서 교류한 내용을 떠올리게 한다(하지만 이 경우에 야훼는 자신의 정체를 드러내지 않았다. 출 6:3을 보라). 야훼는 모세에게 자신을 보여 주시고 모세와 대화하시는데, 이는 아브라함, 이

삭, 그리고 야곱에게 나타나셔서 소통하신 방식을 뛰어넘는 것이다. 출애굽 전승을 통틀어 이스라엘은 하나님과 이렇게 직접적이고 중개자 없이 상호작용을 한 적이 없다. 심지어 출애굽 전승에서는 하나님이 강림하시는 산을 백성들이 건드리지도 못할 정도로 백성들이 하나님께 직접 접근할 수 없었다는 점이 강조된다(출 19장). 출애굽 이야기의 초반부에 "누가 하늘로 올라가서 우리를 위해 그것을 가져다주겠습니까?"(신 30:12)라는 질문을 우리가 던진다면, 자명한 대답은 "모세입니다"일 것이다. 이는 출애굽 이야기의 초반부에만 해당되는 이야기가 아니다. 광야 방랑 생활 내내 모세는 이스라엘과 야훼 사이에 있으며, 모세에 반대하는 것은 즉각 후회할 만한 일이었다(예, 민 12장의 미리암과 아론, 그리고 민 16장의 고라).

신명기 마지막 부분에서 출애굽 전승이 정복 전승으로 넘어가면서 상황은 몇 가지 면에서 변화를 맞는다. 첫째, 애매모호한 모세의 죄 때문에 모세와 아론은 백성들을 가나안 땅으로 인도하지 못하게 된다(민 20:12을 보라). 백성들과 야훼 사이의 중개자로서 모세의 임기는 곧 끝난다. 둘째, 모세는 백성들이 언약의 복과 저주를 경험한 뒤 돌이켜서 야훼의 모든 계명에 순종하면 야훼가 백성들을 다시 모아 약속의 땅으로 인도하실 것이라고 선포한다(신 30:1-10). 셋째, 바울이 로마서 10장에서 인용한 구절에서 모세는 백성에게 말하기를 그들과 야훼 사이의 간극(자신과 아론이 그 사이를 연결했었다)이 더 이상 없을 것이라고 말한다.

오늘 내가 너에게 내리는 이 계명은, 너에게 과하지도 않고, 너에게서 멀리 떨어져 있지도 않다. 이 계명은 저 위 하늘에 있지 아니므로, "누가 우리를 위해, 우리가 그것을 듣고 지키도록, 하늘에 올라가서 그것을 받을 것인가?" 할 것도 아니다. 또한 이 계명은 바다 건너에 있는 것도 아니니 "누가 우리를 위해, 우리가 행하도록, 바다를 건너가서 그것을 받아다가 그것을 듣게 해 줄 것인가?" 할 것도 아니다. 그 말씀은 너에게 아주 가까이 있다. 너의 입, 너의 마음에, 너의 손에 있어서 네가 그것을 행할 수 있도록.

(신 30:11-14 LXX)

하나님과 그의 백성 사이의 간극은 모세와 아론이 아니라 하나님의 말씀, 즉 "과하지도 않고, 너에게서 멀리 떨어져 있지도 않은" 계명에 의해 좁혀졌다. 출애굽 전승에서 백성들이 마침내 하나님이 조상들에게 약속하신 땅으로 들어갈 준비를 할 때 처음으로 야훼는 백성들 사이에(among)가 아니라 백성들 **속에**(within) 자기의 말씀이 임재하고 있다고 선포한다. "말씀이 너의 입과 너의 마음과 너의 손에 아주 가까이 있다"(신 30:14). 모세는 이러한 친밀한 관계가 일어날 가능성을 예상했지만(가령, 신 6:6, 11:18을 보라), 그럼에도 이 구절은 하나님과 그 백성 사이의 놀라운 친밀함을 묘사한다.

출애굽 전승이라는 이 커다란 "삶의 권역"(biosphere) 안에서 바울은 로마의 이방인 그리스도인들을 위한 편지를 더디오에게 받아 적게 했다(롬 16:22). 이방인은 토라의 멍에에 복종할 필요 없이

도 하나님의 가족으로 입양됐다는 바울의 긴 주장은 로마서 8장에서 결론에 다다른다. 로마서 9장부터 바울은 이방인이 [하나님의 가족이] 됐다면 이스라엘에 대한 하나님의 약속은 성취되지 않은 것이 아니냐는 반론이 제기될 것을 예상하고 있다. 이스라엘은 하나님과 토라에 열심을 내지만 토라, 특히 그리스도의 신실하심으로 계시된 하나님의 의를 증거하는 토라의 기능(롬 3:21-2을 보라)에 대해 오해했다(10:2-3). 그렇다면 토라에 대한 적절한 이해란 무엇인가? "그리스도는 토라의 '텔로스'(*telos*)가 되셔서 모든 믿는 사람에게 의를 주십니다"(10:4). 주석가들은 로마서 10:4에 대해, 특히 바울이 그리스도를 토라의 **끝마침**(*end*)으로 제시하는지 아니면 토라의 **성취**(*fulfilment*)로 제시하는지를 두고 오랫동안 논쟁했다.[31] 그러나 문제가 되는 4절과 5-8절에 담긴 바울의 논증 사이의 관계에 대해 두 가지 주목해야 할 점이 있다. 첫째, 바울은 그리스도를 토라의 "끝마침"(*telos*)으로 간주한 직후에 토라(모세오경)의 끝부분(신 30장)을 인용한다. 둘째, 바울은 야훼와 백성 사이의 변화된 관계를 강조하는 토라의 구절, 즉 모세가 중개하는 관계에서 주님의 말씀(*to rhēma*)이 백성의 입과 마음과 손에 가까이 있는 관계로 변화됐음을 강조하는 토라의 구절을 인용한다. 이 단락에서 바울은 '페쉐르'(*pesher*)식 해석—이스라엘과 주님과의 새로운, 중개자 없는

31　이 구절에 대한 서로 매우 다른 해석은 Dunn 1988:596-8과 Jewett 2007: 619-20을 보라. 또한 조금 오래되긴 했지만 중요한 논의는 Badenas 1985를 보라.

관계를 맺게 하는 요인으로서의 그리스도—을 제시한다(Jewett 2007: 624-9을 보라).

그러나 로마서 10장에 제시된 바울의 요지가 가져오는 신학적 결과와는 별개로, 우리는 그의 수사학이 지닌 매체적 역동성을 놓치지 말아야 한다. 켈버(Kelber)에 따르면, 바울은 "율법의 문자적 성격(grammatological nature)에 반대했다. … [그리고] 율법을 글자(*gramma*)로 대상화하는 것/객관화하는 것(objectification)에 반대했다"(1983:158). 비슷한 맥락에서 조애나 듀이(Joanna Dewey)는 바울이 이스라엘의 신성한 **기록**전승을 사용하는 것의 중요성을 낮게 평가한다.

> 하나님, 역사, 묵시에 대한 유대적 이해가 바울에게 영향을 준 것은 분명하지만, 바울은 텍스트로서의 경전에 대해서는 거의 관심을 두지 않는 것처럼 보인다. 바울은 자신의 주장을 뒷받침하는 데 도움이 될 때는 이스라엘의 경전에 호소하지만(그리고 필요할 경우 그렇게 할 수도 있었지만), 이스라엘의 경전이 그의 이해의 기초나 지속적인 변함없는 기준점을 형성하지는 않은 것으로 보인다.
>
> (1995:53)

그러나 켈버와 듀이의 생각과는 정반대로, 예수에 대한 바울의 생각은 바울의 모세오경 해석에 의해 제약받았고, 마찬가지로 바울의 모세오경 해석은 바울의 예수 이해에 의해 제약을 받았다. 이

것이 바로 전승을 "삶의 권역"으로 간주한다는 의미이다. 즉, 히브리 성서 전승과 당시 새롭게 생긴 예수 전승은 바울이 살고 움직이고 존재했던 "삶의 권역" 곧 힘을 부여하는 지시물(enabling referent)—로마의 이방인 그리스도인들에게 보낸 바울의 편지가 역사적인 (그리고 역사를 바꾸어 놓은) "단어의 힘"을 얻을 수 있게 하는 것—이었다. 바울은 모세(율법)를 반대하기 위해 신명기를 인용하지 않았다. "어떤 의미에서 모세는 모세 자신과 대립하고 있다"(2004:262)는 위더링턴의 주장에도 불구하고 말이다. 로마서 10장은 바울이 로마서 3:21-2에서 하나님의 의가 "율법과 예언자들에게 증거됐고" 그 의가 "모든 믿는 자에게 예수 그리스도의 신실하심으로 인해" 나타났다는 말의 구체적 의미를 보여 준다. 바울은 기록된 모세 전승을 반대하거나 전복하는 것이 아니다. 그는 복음을 선포하기 위해 그것을 적절히 활용하고 있다!

그리스도를 왕으로 아로새기다

네 번째이자 마지막 매체비평적 주해의 예로 신약의 묵시 텍스트를 살펴보겠다. 요한계시록은 매체비평적 접근을 하는 학자들에게 진정한 보물 창고와도 같은 책이다. 왜냐하면 구전 매체와 문자 매체가 모두 요한의 환상에 대한 내러티브 기록에서 매우 두드러지고 명백한 방식으로 등장하기 때문이다. 우리는 계시록 본문

전체에서 구술전승과 기록전승이 서로 얽혀 있는 역동성을 볼 수 있는데 이는 별로 놀랄 만한 일이 아니다. 예를 들어, 책의 첫머리에 나오는 축복에서 이러한 모습을 볼 수 있다. "복 있습니다, 이 예언의 말씀을 (소리 내어) 읽어 주는 사람(*ho anaginōskōn*), 듣는 사람들(*hoi akouontes*), 그 안에 적힌 것들(*ta gegrammena*)을 지키는 사람들은! 그때가 가깝기 때문입니다"(계 1:3).[32] 사람들 앞에서 낭독한다는 배경에서 볼 때, 기록된 텍스트는 전승의 구술 공연을 용이하게 하여 청중이 기록된 예언의 내용을 들음으로써 경험하도록 한다.

게다가 요한계시록 1:3과 같은 구절들은 요한의 환상이 (1) 기록되고 (2) 공개적으로 읽히기 위한 의도를 담고 있다는 점을 강력하게 시사한다. 이 첫 번째 요점, 즉 이 말씀들이 반드시 기록되어야 한다는 점을 근거로, 우리는 기록 행위가 결코 원래의 구술전승에 반대되거나 위배되는 것이 아니라고 추론할 수 있다.[33] 두 번째 요점, 즉 이 말씀들이 사람들 앞에서 낭독되어야 한다는 점을 근거로, 우리는 요한의 환상에 대한 기록이 사적이고 조용한 독자들을 위한 것이 아니었음을 추론할 수 있다. 기록된 텍스트는 늘

---

32 계 1:3에 나오는 분사인 "읽는 이"(*ho anaginōskōn*)는 계시록 전체에서 동사 "읽다"(*anaginōskein*)가 나오는 유일한 예다.

33 하지만 특정 상황에서 무엇을 기록할 수 있는지 그리고 무엇을 기록해야 하는지는 제한이 있었음을 알아야 한다. 요한이 사자처럼 우는 힘센 천사와 일곱 천둥이 말하는 것을 듣고, 자기가 들은 것을 기록하려고 할 때 하늘의 음성이 그를 막는다. "일곱 천둥이 말한 것을 봉인하고 그것을 기록하지 말라"(계 10:3-4; 4절 인용).

공동체 안에서의 역할을 염두에 두었으며, 특히 "때가 가까웠으니 그 안에 기록된 것들을 지키는" 공동체를 형성하기 위한 것이었다.

글쓰기에 관한 표현과 기록 텍스트에 관한 표현이 요한계시록 전체에 걸쳐 등장한다. 동사 '그라포'(*graphō*, "쓰다")는 28개의 절에서 거의 29회 나오고, 그와 관련된 동사 '에피그라포'(*epigraphō*, "새기다")는 한 번 나온다. 요한계시록이 기록된 텍스트에 대해 자주 언급하고 있음에도 그와 관련된 명사 '그라페'(*graphē*, "글", "경전")가 한 번도 나오지 않는 것은 매우 놀랍다. "책" 또는 "(작은) 두루마리"를 의미하는 세 개의 서로 연관된 단어인 '비블로스'(*biblos*), '비블리온'(*biblion*), '비블라리디온'(*biblaridion*)은 24개의 절에서 28번 나온다.[34] 이 모든 글쓰기에 관한 표현과 기록 텍스트에 관한 표현에도 불구하고 요한계시록이 독자를 단 한 번만 언급한다는 점에 주목해야 한다(계 1:3). 하지만 누군가가 '비블리온' 또는 '비블라리디온'을 "연다"(*anoigō*)는 언급은 아홉 번 나온다.[35] 요한계시록 5장

---

34 Stefanović(1996:119-45)는 *biblion*이라는 단어, 특히 계 5장에 묘사된 일곱 개의 봉인된 *biblion*에 대한 긴 논의를 제공한다. "요한계시록에서 βιβλίον이라는 단어는 23번 등장하며 다섯 가지 의미로 사용된다. (1) 소아시아의 그리스도교 공동체들에게 보내졌고(1:11; 22:7, 9, 18-9) 봉인되어서는 안 되는(22:10), 예언을 담은 βιβλίον으로 요한계시록 자체를 가리킴; (2) 일곱 인으로 봉인된 βιβλίον(5장); (3) 요한이 먹어야 했던 βιβλαρίδιον('작은 책')(10장); (4) τὸ βιβλίον τῆς ζωῆς, 즉 생명의 책(13:8; 17:8; 20:12; 21:27). (5) 최종 심판과 관련된 τὰ βιβλία(복수형)(20:12)"(1996:120).

35 뒤에서 나는 10:9-10의 동사 "먹어 버리다"와 "먹다"(각각 *katesthiō*와 *esthiō*)가 읽는 행위를 의미한다고 주장할 것이다.

에 소개된 두루마리(*biblion*)의 일곱 봉인이 극적으로 열리는 장면을 묘사한 요한계시록 6-8장도 언급할 필요가 있다. 따라서 요한계시록 1:3에 유일하게 나오는 독자에 대한 언급 외에도 두루마리를 펼치는 사람(또는 펼쳐진 두루마리)에 대한 10개의 언급이 있다.[36] 이 10개의 언급은 분명히 기록된 텍스트를 읽고 있거나 읽을 준비를 하는 사람을 의미한다.[37]

나는 어린양이 봉인된 일곱 개의 두루마리를 받는 요한계시록 5:1-8의 장면에 초점을 맞추고자 한다. 데이비드 아우니(David Aune)는 이 장면을 예수에게 주어지고 천사와 같은 중개자들을 통해 그의 종들에게 전달된 계시(그리스어로 *apokalypsis*)의 신적 기원과 연결시킨다(계 1:1). "요한계시록 5:7에서 어린양이 보좌에 앉으신 분으로부터 봉인된 두루마리를 받는 것은 요한계시록의 첫 구절을 전유해 극화한 것이 분명하다"(Aune 2006:196). 그는 또한 4:1-8:1을 "두 부분으로 구성된, 보좌가 있는 방을 다룬 장면"(198)과 그 뒤에 나오는 두루마리의 일곱 봉인을 여는 것에 대한 긴 설명으로 이루어진 내러티브 단위로 간주한다.[38] 4-5장의 보좌 장면은

---

36   나는 계 6장과 8:1에 나오는 일곱 봉인을 일곱 번 "개봉"하는 것을 하나의 사건으로 간주했다. 모두 계 5장에 묘사된 한 두루마리를 한 번 개봉하는 것을 가리키기 때문이다.

37   나는 눅 4:16-21에 대해서도 유사한 논증을 펼쳤다. Rodríguez 2010:158-63을 보라.

38   Hurtado(1985)는 계 4장과 5장이 긴밀하게 연결된 한 덩어리라고 주장하며, 이것이 "요한계시록 저자의 그리스도교 신앙에 크게 영향을 받은, 완전히 질서 정연한 하늘의 환상"이며 "유대 묵시적 배경에 나오는 하늘의 환상 패턴

상당한 논의를 불러일으켰는데, 논의의 대부분은 지금 우리의 목적을 벗어난 것이다. 대신 나는 5:1-14에 나오는 봉인된 '비블리온'(*biblion*)의 기능과 의미에 초점을 맞추고자 한다.[39]

봉인된 두루마리에 대한 논의는 다음과 같이 몇 가지 중요한 질문에 집중됐다. 즉, 요한이 두루마리를 말하는 건지 코덱스(책 형태의 사본)를 말하는 것인지에 관한 질문, 고대의 봉인 행위과 봉인된 텍스트 사이의 역학 관계 및 중요성, 숫자 7의 의미, 이 단락의 예언적 배경 등에 관한 질문 등이 논의의 초점을 이루었다. 이러한 논의가 전체 장면 및 장면의 주요 구성 요소가 지닌 왕위와 관련된 의미를 강조한 것은 옳다. 그러나 이 기록된 텍스트가 왕과 관련된 신성한 물건(royal totem)으로 기능을 한다는 특이한 측면에는 상대적으로 주목하지 않았다. 이 주제는 장면 전체가 보좌와 보좌에 앉은 사람부터 사자 즉 그의 지파(유다) 그리고 "다윗의 뿌리"에 이르기까지 명백한 왕가의 상징으로 가득 차 있기 때문에 우리의 눈길에서 벗어나기 쉽다. 두루마리의 봉인도 왕과 관련된 의미를 담고 있다. "후대 이스라엘에서는 주로 왕과 관리들이 인장(봉인물)을 소유했다. 따라서 인장(봉인물)은 왕과 관리의 위엄과

에서 주목할 만큼 변이된 것"이라고 주장한다(1985:118).

39 Stefanović에 따르면, 계 5장에 대한 해석은 두루마리의 내용과 보좌 장면의 배경이라는 두 개의 주제 중 하나에 초점을 맞춰왔다. 나는 첫 번째 문제를 아예 다루지 않고 두 번째 문제는 약간의 관심만 기울인다(1996:114-17). Stefanović의 책 제3장인, "봉인된 '비블리온'의 배경과 의미"(Background and Meaning of the Sealed BIBΛION, 1996:228-313)는 계 4-5장의 보좌 장면에서 봉인된 두루마리의 의미가 무엇인지에 명시적으로 초점을 맞춘다.

권력의 양도를 나타내는 표시로 간주될 수 있었다"(Stefanović 1996: 133). 마찬가지로 도장을 새긴 반지는 단순히 "반지"(*daktylion*), 또는 "인장"(*sphragis*)으로 언급되기도 한 왕가의 상징이었다. 파라오가 요셉의 손에 "반지"를 끼워 주었을 때나(창 41:42 LXX), 야훼가 스룹바벨을 선택했다고 선언할 때("너를 인장으로 삼으리니", 학 2:23 LXX)처럼 말이다. 요한계시록 4-5장의 환상을 지배하는 이 모든 왕위 관련 상징들은 일곱 개의 봉인된 두루마리 자체가 지닌 왕과 관련된 의미를 흐리게 할 위험이 있다.

나는 이 두루마리 자체가 왕권의 상징이 분명하다는 점에 초점을 맞추고 싶다. 칠십인역에서는 '트로노스'(*thronos*, "왕좌")와 '비블리온'(*biblion*)이 함께 나오는 구절이 없고, 신약에서는 요한계시록에서 두 번만 함께 등장한다(5:1; 20:12).[40] 칠십인역에서 '아르콘'(*archōn*, "통치자")과 '비블리온'이 한 구절에 나오는 경우는 두 번 있는데(욥 42:17; 단 12:1 Θ), 두 번 모두 두루마리가 통치자의 권위를 상징하지 않는다. 왕권을 나타내는 용어(*basileus*["왕"] 및 그와 동일한 어근을 지닌 단어)가 '비블리온' 및/또는 '비블로스'(*biblos*)와 함께 같은 구절에서 나오는 경우는 78회 있다. 이 중 대부분은 "이스라엘 및/또는 유다 왕들의 시대에 일어난 사건에 관한 책"에 대한 언급으로, 왕의 권위를 상징하는 것은 분명히 아니다. '바실레우

---

40 나는 *biblos*와 *biblaridion*의 동의어를 뒤지기도 했다. 이어지는 논의에서 세 단어를 모두 다시 거론해야 하는 상황을 피하기 위해, 별도의 공지가 없으면 *biblion*에 대한 일반적 진술이 *biblos*와 *biblaridion*에도 다 그대로 해당된다고 보면 된다.

스'(*Basileus*, "왕") 및 그 관련어와 '비블리온'이 한 구절에 같이 나오는 다른 사례에서 왕의 권위나 주권의 구체적 상징을 가리키는 경우는 없다.[41] 왕과 그 측근들은 책을 사용했고, 그들의 행적은 책에 기록됐다. 하지만 어떤 경우에도 책/두루마리는 왕의 권위, 주권 또는 통치권의 상징을 표현하지 않는다.

랑코 스테파노비치(Ranko Stefanović)는 "'책'과 왕좌가 한곳에 나오는 계시록 4-5장 같은 고대의 선례를 탐색"하는 작업을 신명기 17:18-20에서 시작한다.[42]

> 그리고 [너희의 통치자가] 그의 왕좌에 앉을 때마다(*epi tēs archēs autou*; 문자적으로 번역하면 "그의 통치에/시작에"),[43] 그는 레위인 제사장들로부터 토라의 이 두 번째 기록을 두루마리에(*eis biblion*) 직접 기록해야 할 것이다. 그리고 그것을 그와 함께 두고 평생 동안 읽어서 주 그의 하나님을 경외하는 법을 배우고, 이 모든 계명을 지키고, 이 모든 율례를 행하여, 그의 마음이 그의 형제들보다 높아지지 않게 하고, 좌우로 치우치지 않게 하여, 그와 그의 아들들이 이스

41　예를 들어 두 번의 경우에 *biblion*은 편지(*epistolē*)를 가리킨다(왕하 5:5-7과 10:6-7을 보라[칠십인역]). 왕하 22-23장과 그 병행구절인 대하 34-35장(총 13번 나옴)에서 *biblion*은 성전에서 발견되어 요시아 왕의 개혁을 일으킨 언약의 책을 가리킨다. 왕하 20:12에서 바벨론의 왕은 병든 히스기야에게 두루마리들(*biblia*)과 예물을 선물로 보낸다.

42　Stefanović 1996:229-34.

43　히브리어 본문은 *kissē*'("보좌")인데, 칠십인역은 이 단어를 118번 *thronos*로 번역했다. 칠십인역이 *kissē*'를 *archē*로 번역한 경우는 이 구절이 유일하다.

라엘 자손 가운데 오래도록 그의 나라에(*epi tēs archēs autou*)[44] 머물
게 하려 함이니라. (LXX)

스테파노비치는 이 본문이 열왕기하 11:12 및 역대하 23:11, 그리
고 고대 근동과 이집트의 유사 본문처럼 "지침과 규정이 담긴 편
람이나 책을 왕과 연관시키는 것이 고대 근동에도 있었음을 보여
준다"(Stefanović 1996:234)고 주장한다. 하지만, 기록된 두루마리가
왕위 수여의 상징으로 기능했을지라도, 이를 요한계시록에 나오
는 내용과 유사하다고 보기에는 중요한 차이점이 있다. 스테파노
비치가 제시한 모든 예에서 기록된 텍스트는 새로 취임한 군주 **위
에** 권위를 행사한다. 예를 들어, 시칠리아의 디오도로스는 "이집
트 왕들의 행동은 '행정뿐만 아니라 그들이 매일 시간을 보내는
방식도 법률에 명시된 규정에 의해' 규제됐다"는 것을 알게 됐다
(1996:231, Diodorus Siculus, *Bibliotheca historica* 1.240-1에서 인용). 마찬가지
로 신명기 17:18-20에서 왕은 통치 기간 내내 그 두루마리(*biblion*)
를 가지고 다니며 정기적으로 읽어 주고, 왕으로의 권위 행사를
그 두루마리의 계명과 규례에 복속시켜야 할 의무가 있었다. 기록
된 두루마리는 백성 위에 군림하는 군주의 권위의 상징으로 기능

---

44 히브리어 본문은 *mamlaktô*("왕국")인데, 칠십인역은 이 단어를 99번
basileia(또는 그와 동일한 어근을 가진 단어)로 번역했다. 칠십인역은 5번
*mamlaktô*를 *archē*로 번역했다. 18절과 20절의 그리스어 표현은 동일하지만
(*epi tēs archēs autou*; 문자적으로는 "그의 통치에/시작에"), 18절이 지시하는
대상은 왕의 보좌가 분명한 반면 20절의 지시 대상은 덜 명확하다.

할 수 있었지만(왕하 11:12과 대하 23:11 참조), 군주는 기록된 두루마리의 권위에 복종하고 궁극적으로는 하나님에게 복종해야 했다.[45]

이는 요한계시록 4-5장의 보좌 장면과 비교할 때 너무 다르다. 스테파노비치는 요한계시록에서 고대의 언약-조약 형태와 여러 유사한 점들을 식별하고, "신실한 증인이자 '통치자'(ὁ ἄρχων, 1:5)인 그리스도는 봉신의 위치에 있으며, 하나님의 대리자이자 언약의 중재자이다"(1996:294)라고 주장한다. 그러나 이러한 주장은 몇 가지 문제가 있는 판단으로 이어진다. 예를 들어, 스테파노비치는 "요한계시록에는 충성에 대한 복과 언약 파기에 대한 저주가 모두 포함되어 있다"(295)고 말하면서도, 이러한 복과 저주가 어떻게 봉신으로서의 그리스도에게 적용되는지 전혀 설명하지 않는다. 스테파노비치는 다음과 같은 명백한 설명을 충분히 고려하지 않았다. 즉, 복과 저주가 그리스도**에게** 적용되는 것이 아니라 그리스도**가** 복과 저주를 각각 신실한 자와 불순종한 자에게 부여한다는 것이다. 다시 말해,

> 봉신으로서 그리스도가 지닌 종속적 위치는 특히 이런 식으로 표현된다—아버지 하나님을 보좌에 앉으신 분으로, 또는 보좌를 아버지의 것으로 끊임없이 언급함으로써 보좌를 아버지 하나님의 통치권의 상징으로 나타내는 것을 통해서. 보좌와 어린양(아마도

---

[45] 이와 마찬가지로, 고대 근동(특히 힛타이트)의 언약-조약 양식과 이스라엘의 대관식 의례와의 관련성에 대한 Stefanović의 논의(1996:234-63)를 보라.

그리스도를 가리킴)은 밀접한 관련이 있지만(참조, 7:17), 둘은 별개로 구별되는 것으로 보인다(참조, 7:9). ὁ καθήμενος ἐπὶ τῷ θρονῷ καὶ τὸ ἀρνίον("보좌에 앉으신 이와 어린양", 5:13; 6:16; 7:10) 또는 ἐνώπιον τοῦ θρόνου καὶ ἐνώπιον τοῦ ἀρνίου("보좌 앞과 어린양 앞", 7:9) 같은 표현이 이 점을 분명하게 보여 준다. (299)

보좌와 어린양이 "별개로 구별된" 것이든 아니든, 실제로 언약의 복과 저주를 받는 대상과는 둘 다 동일한 관계에 서 있다. 우주 안의 모든 피조물(5:13)와 셀 수 없이 큰 무리(7:9-10)는 보좌에 앉으신 분과 어린양을 찬양한다. 반대로 여섯째 봉인의 희생자들은 언약의 저주를 받고 산과 바위를 향해 "우리 위에 무너져라! 보좌에 앉으신 이의 얼굴과 어린양의 진노에서 우리를 숨겨 다오"(6:16)라고 간청한다. 위에서 말했듯이 어린양은 언약의 복이나 저주를 **받는** 대상이 아니라 복과 저주를 **집행하는** 주체다.

크레이그 쾨스터(Craig Koester)는 요한계시록의 보좌 장면에 나타난 역학 관계를 제대로 파악한다. 하나님과 어린양은 함께 언약적 종주권 역할을 수행하는 반면 우주 자체는 봉신 역할을 수행하고, 요한계시록 4-6장의 환상은 "모든 피조물이 하나님과 어린양을 찬양하는 데 동참"하는 것으로 절정에 이른다(2001:72). 쾨스터는 4장에 나오는 장로들과 5장의 죽임을 당한 어린양이 극명한 대조를 이루는 것으로 묘사한다. 한편으로 장로들은 "하나님의 통치에 주의를 기울인다. 장로들의 보좌와 면류관은 그들이 받을 만한 권리가 있어서 받은 것이 아니라 하나님의 선물이다"(75). 반면에 요한이 두루마리의 일곱 봉인을 아무도 뗄 수 없다고 슬퍼하며 울 때, 장로 중 한 명이 요한을 위로하며 다윗의 뿌리인 유다 지파의 사자에 대해 말한다(5절). 장로가 사자를 가리킨 후에야 요한은 죽임을 당한 어린양이 네 생물과 장로들에게 둘러싸여 보좌 한가운데 서 있는 것을 보게 된다(6절).

이 장면은 장로들과 어린양 사이에 또 다른 대조를 이룬다. 보좌 앞에 **꿇어 엎드린** 장로들과는 달리 어린양은 천상의 예배 한가운데 **서 있다.** 보좌 앞에 면류관을 **던지는** 장로들과 달리 어린양은 보좌에 다가가 봉인된 두루마리를 **받는다.** 요한은 7절에서 "받다"라는 동사의 완료 시제를 사용하는데(*eilēphen*; 문자적으로 번역하면 "받아서 갖고 있다"[has taken]), 이는 우리로 하여금 하늘 보좌가 있는 장소에 관한 다른 모든 세부 사항에 주의를 기울이지 않고 어린양이 두루마리를 받은 행동에 집중하게 하는 효과가 있다(Aune 1998: 354). 요한이 두루마리를 받은 어린양을 두 번째로 언급하는 8절에서 그 효과가 더욱 커진다. "어린양이 그 두루마리를 받았을 때, 네 생물과 24명의 장로들이 어린양 앞에 꿇어 엎드렸다. 그들은 저마다 기타와 향이 가득한 금그릇을 가지고 있었는데, 그 향은 성도들의 기도다."[46] 보좌를 향해 예배를 **드리는** 장로들과 예배를

---

[46] 또한 계 19:10과 22:9에서 어린양과 계시를 전달하는 천사를 대조할 수 있다. 요한이 천사를 경배하기 위해 천사의 발 앞에 엎드리자 천사는 요한을 말리며 "이러지 말아라. 나도 예수의 증언을 간직하고 있는 네 동료들 가운데 하나요, 너와 같은 종이다"(19:10)라고 외친다. 계 22:9은 요한의 형제들

받으시는 어린양 사이의 대조는 뚜렷하고 인상적이다.

요한계시록 5장은 이 봉인된 두루마리가 왕과 그의 통치를 받는 백성들 사이에 기록으로 오간 소통이 수행한 더욱 일상적인 기능과 어떻게 다른지를 보여 준다. 표준적인 의사소통에서 봉인은 두루마리가 진짜임을 보증한다. 왕이나 통치자가 봉인하는 밀랍에 자신의 인장 반지를 찍고 나면,[47] 수취인 외에는 누구도 봉인을 뗄 권한이 없다. 쾨스터는 이렇게 말한다.

> 두루마리에 있는 일곱 개의 봉인은 왕실의 법령 포고, 유언장, 기타 공식 문서에 찍힌 인장과 마찬가지로 두루마리의 내용이 유효하다는 것을 의미한다. … 봉인은 두루마리가 진정으로 작성자의 뜻을 담고 있으며 누구도 그 텍스트를 변경하지 않았음을 보증한다. 적절한 권한을 가진 사람만이 봉인을 깨고 두루마리를 열 수 있었다. (2001:76, 77)

이러한 관습을 통해 보면, 하나님이 직접 두루마리를 봉인하셨고, 어린양이 참된 수취인이었다. 왕, 즉 종주로서 하나님은 두루마리

에 대한 설명과 세 번째 비교 대상이 추가되기 전까지는 19:10과 완전히 동일하다. "이렇게 하지 말아라. 나도, 너와 너의 형제들인 예언자들과 이 책의 말씀을 지키는 사람들과 같은 종이다."

47 왕의 법령과 칙령 포고뿐만 아니라, 법률 문서도 진짜임을 보장하기 위해서, 그리고 멋대로 변경하는 것을 막기 위해서 봉인했다. 법률 문서의 경우, 증인이 본문에 자신의 인장을 더했다(Stefanović 1996:137-40을 보라).

를 봉신에게 보낼 때 그 내용의 진위를 보장하기 위해 두루마리를 봉인하셨다. 두루마리가 전달되면 수취인의 권한으로만 봉인을 풀고 두루마리를 열 수 있다.

그러나 이 본문에 나타난 적어도 세 가지 특징은 요한계시록의 장면이 봉인된 왕실 포고의 표준 절차와는 다르다는 점을 시사한다. 첫째, 이미 살펴본 바와 같이 어린양은 하나님이 종주로서 보낸 친서를 받는 봉신 통치자가 아니다. 어린양은 "보좌 가운데"(*en mesō tou thronou*, 5:6) 서 있고, 하나님과 함께 보좌에 앉아 있으며(3:21), 천상 궁정에서 경배를 받는다. 어린양은 보좌에 앉으신 분을 **대신하여** 통치하는 것이 아니라 **함께** 통치한다. 둘째, 두루마리는 어린양에게 보내진 것이 아니다. 장면이 전개되면서 어린양은 두루마리의 일곱 봉인(6:1-8:5)을 각각 계획적으로 뜯어내지만, 결코 텍스트를 읽지는 않는다. 다음에 두루마리가 나오는 장면에서는, 하늘에서 내려온 천사가 펼쳐진 두루마리를 땅으로 가져와서 요한에게 주면서 "받아서 그것을 먹으라"(10:9)고 말한다.[48] 그렇게 한 뒤 요한은 또 다른 사명을 받는다. "너는 여러 백성과 이방인과 언어와 왕들에 관해서 다시 예언을 하여야 한다"(10:11). 그러고 나서 두루마리는 세상("많은 백성, 이방인, 언어, 왕들")에게 전달되고, 그 말씀을 문자 그대로 내면화한 요한에 의해 선포(= "읽음")된

---

48 Osborne은 "5장과 10장의 두루마리 환상 사이의 밀접한 연관성"을 다음과 같이 잘 표현했다. "6:1-8:1에서 봉인이 떼어지면서 점진적으로 펼쳐진 두루마리가 이제 이 강력한 천사의 손에 '펼쳐져' 있다"(2002:393-5를 보라. 393에서 인용).

다(겔 2:8-3:7을 보라).[49] 셋째, 두루마리의 일곱 인을 떼는 권한은 두루마리를 받는 사람이 아니라 두루마리의 저자에게 있다. 어린양이 처음 여섯 개의 봉인을 하나씩 뗄 때 심판과 신원의 장면이 이어진다. 신실하지 않고 반역한 자들에게는 심판이, 증언 때문에 죽은 자들에게는 신원과 영광이 주어진다(다섯째 인, 계 6:9-11). 그러나 6:16에서 우리는 봉인들이 "어린양의 진노"를 발산한다는 사실을 알게 된다. 그러므로 본문은 일곱 개의 봉인된 두루마리의 내용이 보좌에 앉으신 분과 어린양 둘 다의 소유임을 분명히 나타낸다. 이 세 가지 점을 고려하면, 즉 하나님과 어린양이 공동으로 다스림, 두루마리의 실제 수신자, 그리고 특별히 두루마리의 봉인을 깰 수 있는 구체적인 권한이 두루마리의 **저자에게** 있다는 점을 고려하면, 요한계시록 5장의 두루마리가 문화적으로 특이하고 비범한

---

49 "대다수의 학자는 [요한계시록 10장의 '작은 두루마리'를] 5장의 두루마리와는 다른 것이라고 생각했다. 요한이 그것을 βιβλαρίδιον이라고 부르기 때문이다. 그러나 이 점을 지나치게 강조하는 것은 아마도 옳지 않을 것이다(참조, ἀρνίον, θηρίον). 요한계시록 5장의 봉인된 두루마리가 이미 열렸고(계 6-8장), 이제 요한에게 먹으라고 주어졌다. 따라서 에스겔의 두루마리가 계시록 5장과 10장에 영감을 준 주요 원천인 것이 분명해 보인다"(Moyise 1995:77). 나는 Linton(1993:205-6)의 다음과 같은 주장에 동의하지 않는다. "일곱 번째 봉인이 열리면 이 두루마리는 다시는 언급되지 않는다. 그러나 10장의 작은 두루마리, 생명의 책, 사람들의 행위에 관한 책, 요한이 쓴 예언의 책을 포함한 다른 여러 책이 언급된다." Aune(1998:571)는 이 문제에 대해 명확한 입장을 보이지 않는다. 먼저 그는 5장의 *biblion*과 10장의 *biblaridion*을 동일한 것으로 보는 여섯 가지 이유를 나열하지만, 그리고 나서 이러한 입장에 반대하는 세 가지 이유를 제시하며 이를 "강력한" [증거]라고 말한다.

방식으로 기능한다는 것을 분명히 보여 준다.

요한계시록 5장의 보좌 장면을 봉인된 두루마리에 관한 표준적 관습으로 설명하는 것이 궁극적으로 불가능함에도 불구하고, 쾨스터는 이 장면을 이해하는 데 도움이 되는 유용한 단서를 제시한다. 누구도 봉인된 두루마리를 열 수 없다는 것에 대한 요한의 절망을 묘사한 후, 쾨스터는 이어지는 장면을 "듣는 것과 보는 것의 차이"라는 관점에서 설명한다.

> 요한은 장로 중 한 사람이 "유다 지파의 사자이며 다윗의 뿌리가 이기셔서 두루마리와 그 일곱 봉인을 열 수 있으십니다"(5:5)라고 말하는 것을 **듣는다**. 힘과 위엄을 뜻하는 사자의 이미지는 구약성서에서 왕들이 나온 지파 유다와 동일시된다. 창세기는 "유다는 사자의 새끼"이며 "규가 유다를 떠나지 아니하며 통치자의 지팡이가 그 발 사이에서 떠나지 아니하기를 실로가 오시기까지 이르리니 그에게 모든 백성이 복종하리로다"(창 49:9-10)고 했다. … 그러나 요한이 실제로 **본 것**은 사자가 아니라 "마치 도살당한 것처럼 서 있는 어린양"(계 5:6)이다. 도살된 어린양에 대한 비전은 사자가 나타날 것이라는 기대를 감안할 때 놀라운 것이다.
>
> (Koester 2001:77, 78)

제임스 레세기(James Resseguie)도 우리를 이 패턴에 대해 주목하도록 하며 도움을 준다. "보기와 듣기의 교대는 계시록을 이해하는 해석학적 열쇠다"(2009:118). 보기와 듣기의 교대가 정확히 어떤 기능을 하는지는 여전히 논의의 대상이나, 그러한 논의는 우리의 관심사에서 벗어난 것이다. 그보다 나는 요한이 듣고 보는 것에 있어서 구약과의 역학 관계에 주의를 기울이고 듣기와 보기의 교대에서 봉인된 일곱 두루마리가 어떤 위치를 차지하는지에 대한 결론을 도출하고자 한다.

요한이 세상에서 아무도 두루마리의 일곱 봉인을 열어 그 내용을 알 수 있는 자가 없다며 울자, 24명의 장로 중 한 명이 그를 위로한다. "울지 마세요. 보세요, 유다 지파의 사자인 다윗의 뿌리가 이기셔서 두루마리와 그 일곱 봉인을 열 수 있으십니다"(계 5:5). 장로의 말에 있는 두 개의 은유는 "메시아적 함의를 지니며 구약을 잘 아는 사람들에게 구원자—강력한 힘을 통해 하나님의 통치를 세우실 분—에 대해 높은 기대를 갖게 한다"(Resseguie 2009:117). 널리 알려져 있듯이, 유다 지파의 사자는 창세기 49장에서 야곱의 축복에 대한 분명한 암시다. "유다는 사자 새끼로다. 내 아들아 너는 움킨 것을 찢고 올라갔도다. 그가 엎드리고 웅크림이 수사자 같고 암사자 같으니 누가 그를 범할 수 있으랴? 규가 유다를 떠나지 아니하며 통치자의 지팡이가 그 발 사이에서 떠나지 아니하기를 실로가 오시기까지 이르리니, 그에게 모든 백성이 복종하리로다"(창 49:9-10 개역개정).[50] 사자의 이미지는 통치하는 힘과 권위를

---

[50] 요한이 히브리 경전(구약)의 그리스어 번역과 히브리어 본문 중 어느 것을 사용했느냐는 질문에 초점을 두지는 않으나, Jan Fekkes는 요한이 일반적으

의미하며(Osborne 2002:253), 사자와 규와 통치자의 지팡이를 연관
시키면 이러한 의미가 더욱 확장된다.

　　요한은 창세기 49:9-10과 이사야 11장을 병치하여 사자의 역
할이 권력과 힘에 대한 환유로서 확장된 것을 강조한다(Resseguie
2009:117).[51] 이사야는 이스라엘의 적들(특히 앗수르, 사 10:24-6)에 대한
심판을 예언하면서 "주님, 곧 만군의 주님께서 그들을 나뭇가지
치시듯 요란하게 치실 것이니, 큰 나무들이 찍히듯, 우뚝 솟은 나
무들이 쓰러질 것"(10:33 새번역)이라고 약속한다. 주님께서 숲을 개

　　로 히브리어 본문을 활용하고 있다고 보았다. "예언자(요한계시록 저자를 말
　　한다—역주)가 항상 '히브리어(또는 아람어) 본문에서 직접 자료를 끌어온
　　다'는 R. H. Charles의 결론은 이후 다양한 연구에서 지지됐으며, 내가 분석
　　할 때도 이 주장을 약화시킬 만한 것은 아무것도 없었다. … 요한이 직접 또
　　는 간접적으로 [히브리 경전의] 그리스어 본문 전통과 접촉하는 경우가 있으
　　며, 마찬가지로 타르굼과 랍비 전통을 반영하는 것으로 보이는 몇 가지 예도
　　있다. 그러나 대부분의 경우 요한이 히브리어 본문에 대한 지식을 바탕으로
　　작업하고 있음이 분명해 보이며, 달리 명시되지 않는 한 이것이 개별 어휘의
　　사전적 의미 비교에서 채택된 전제다"(Fekkes 1994:16-17, Charles 1920:lxvi
　　을 인용). 칠십인역 창 49:9-10에는 홀(*skēptron*) 또는 지팡이(*rhabdos*)가 언
　　급되지 않는다. 그 대신 통치자(*archōn*) 및 지도자(*hēgoumenos*)가 언급되어
　　있다. 그러나 나는 요한의 환상의 바탕에 있는 저본(*Vorlage*)을 창 49:9-10로
　　보고 그에 비추어 해석하고 있다.

51　Fekkes에 따르면, 요한은 사 11:1이 아니라 11:10을 구체적으로 암시한다
　　(1996:150). 이렇게 정확히 콕 집어 말하는 것은 계 5장의 역동성을 제대로
　　포착하지 못한다. 장로가 요한의 시선을 "유다 지파의 사자, 다윗의 뿌리"로
　　향하게 할 때, 요한은 반드시 특정한 **텍스트**를 염두에 두고 있는 것이 아니
　　라, 열방에 대한 주님의 통치를 다시 확립하기 위해 이새의 뿌리에서 현재
　　타락한 외세의 '숲' 위로 일어나는 다윗의 뿌리라는 전통을 염두에 두고 있
　　다.

간하신다는 약속 다음에 새로워진 다윗 왕조에 대한 익숙한 예언이 나온다. "이새의 줄기에서 한 싹이 나며 그 뿌리에서 한 가지가 자라서 열매를 맺는다. … 그날이 오면, 이새의 뿌리에서 한 싹이 나서, 만민의 깃발로 세워질 것이며, 민족들이 그를 찾아 모여들어서, 그가 있는 곳이 영광스럽게 될 것이다"(사 11:1, 10 새번역). "유다 지파의 사자"라는 표현에 권위적인 의미뿐만 아니라 **왕적** 의미까지 있다는 점을 놓치는 사람이 있을까 봐, 요한은 이사야의 식물 은유를 덧붙여 그 의미를 분명히 한다. 사자는 땅의 왕들과 군주들을 다스리는 다윗의 뿌리다.[52]

사자 곧 다윗의 뿌리가 이겼다는 소식을 요한이 듣고 돌아서서 보좌 가운데에 서 있는 도살된 어린양을 본 장면은 유명하다. 지금까지 살펴본 바와 같이, 주석가들은 거의 예외 없이 이 "[주의를 끄는] 유인술"에 주목하고, 사자에 관한 선포와 어린양의 환상에 대해 집중적으로 논의했다.[53] "요한은 5-6절에서 두 개의 상징적인 서술을 나란히 배치했는데, 각 서술은 널리 알려진 이야기를 표현한다"(Aune 2006:199). 아우니가 언급한 "널리 알려진 이야기"는, 어린양에 대한 환상을 제외한 요한의 환상과 사자에 대한 선포가 해석되고 요한과 청중 사이의 의사소통을 가능하게 하는 적

---

52 계 6:15; 15:3; 17:14; 19:16; 21:24을 보라.

53 예를 들어, 다음의 연구를 보라. Bauckham 1993:179–85; Osborne 2002: 252–4; Resseguie 2009:117–19. Aune는 요한이 어린양 은유를 사용한 것에서 왕적인 의미와 희생의 의미 둘 다를 제대로 파악한다(1998:352, 368–73). 이 이중적 의미는 사자와 어린양이라는 두 이미지의 병치에 의해 강화된다.

절한 맥락을 제공하는 전승(힘을 부여하는 지시물)이다.[54] 그러나 또 다른 전환(혹은 "병치"가 더 나은 표현일 수도 있다)이 일어난다. 전통적으로 유다 지파의 사자가 지닌 홀(笏) 대신에 어린양은 보좌에 다가와 봉인된 두루마리를 받는다. 보좌가 아니라 두루마리가 어린양의 왕적인 존엄성을 두드러지게 상징한다.[55] 이스라엘의 다른 왕들의 경우에는 이스라엘을 다스리는 권위의 상징이 기록된 텍스트에 대한 복종으로 상징된 반면, 요한이 본 일곱 개의 봉인된 두루마리에 대한 환상은 어린양이 기록된 **텍스트에 대해** 가진(또는, 더 나은 표현으로, 텍스트를 **통해** 행사하는) 권위를 강조한다. 묵시적 내러티브가 전개되면서 힘센 천사가 이제 막 펼쳐진 두루마리를 지상으로 가져오고, 신적 목소리가 요한에게 두루마리를 가져다 먹고 그 내용을 선포하라고 말한다(계 10:1-11). 신명기 17:18-20에서 이스라엘 왕이 기록된 텍스트를 읽고 그 규례에 복종하라는 명령을 받은 것과는 대조적으로, **유대인 군주가 아닌** 요한이 두루마리의 내용을 읽고 선포하라는 명령을 받는다.

---

54 Aune는 요한계시록의 일련의 환상이 요한계시록의 청중에게 이해될 수 있는 배경으로서의 "널리 알려진 이야기"를 자주 언급한다.

55 Aune는 "황제가 두루마리를 손에 들고 있는 모습을 묘사한 로마 제국 시대의 수많은 부조"를 언급하며 다음과 같이 결론을 내린다. "여러 황제들의 손에 있는 이 두루마리는 분명히 제국의 힘과 권위의 상징으로 기능하는 것으로 보인다"(1998:341). 그러나 우리가 살펴본 구절에서, 기록된 텍스트는 민중에 **대한** 왕의 **권위**와 신/신들에 **대한** 왕의 **복종**을 동시에 담고 있다. 계 5장에서 어린양의 권위를 상징하는 일곱 개의 봉인된 두루마리의 기능은 전적으로 다른 방식으로 작동한다.

지금까지 요한계시록 4-5장의 보좌 장면에 대한 우리의 논의
는 유다의 홀을 대체하는 왕실 상징물로서 봉인된 두루마리가 지
닌 혁신적인 기능을 살펴보는 작업 그 이상의 것을 수행했다. 또
한 요한계시록에서 말하는 "읽기"와 현대 서구 문화에서 말하는
"독서"의 실제적인 차이점에도 부딪히게 됐다.[56] 현대의 학문적 맥
락에서의 "읽기", 즉 연구실(또는 공공 도서관이나 열람실의 조용한 공간)
에 고립된 채 여러 텍스트와 자료를 훑어보고 텍스트의 독특한 표
현에 주의를 기울이며 일관된 의미 또는 의미의 뭉치를 구성하는
것은, 고대의 "읽기" 관행만큼이나 학계 바깥에 있는 현대인에게
도 분명 기괴하게 보일 수 있다. 오늘날에도 "읽기"는 사람마다 다
른 의미를 가지며, 심지어 같은 사람이라도 맥락에 따라 다른 의
미를 갖는다(Johnson 2010:9-14). "읽기"에 대한 더 넓은 이해 가운데
1:3의 "듣는 자"와 "읽는 자" 사이의 대응 관계에 대한 문화적 유
사점을 찾을 수 있다.[57]

---

56   눅 4:16-21에 독특한 "읽기" 개념에 대한 나의 주장은 Rodríguez 2010:158-
      63을 보라.

57   고대의 소리 내어 읽기에 대한 일반적인 논의는 Achtemeier 1990; Gamble
      1995:203-5; Mournet 2005:133-41; Hearon 2008:101-3; Young 2011:73,
      78-9을 보라. 흥미롭게도 이러한 논의 중 어느 것도 계 1:3을 구체적으로 언
      급하지 않는다. (Gamble은 초기 그리스도교에서 **낭독자**의 역할과 지위에 대
      한 분석으로 계 1:3을 논의하지만, 소리 내어 읽기에 대한 논의에서는 이 구
      절의 중요성을 다루지 않는다; Gamble 1995:219을 보라). 현대 문화에서 이
      러한 "읽기"와 유사한 예로는 작가가 서점에서 사람들 앞에서 낭독을 하거
      나, 낭독자가 예배 중에 성서를 읽거나, 자원봉사자가 도서관에서 어린이에
      게 이야기 책을 읽어 주는 것을 들 수 있다.

그러나 내가 경험한 서양 대중 문화권에서는 요한계시록 10:9-11에 나오는 "읽기"를 개념화하는 데 유용한 유비를 찾을 수 없다. 힘센 천사는 요한에게 이제 막 펼쳐진 두루마리를 먹으라고 말한다. 그렇게 한 뒤 요한은 또 다른 사명을 받는다. "너는 많은 민족과 이방인과 언어와 왕들에 대해 다시 예언해야 한다"(10:11). 여기서 두루마리를 먹는 행위는 독자가 기록된 두루마리의 내용을 내면화하는 읽기에 대한 비유다. 그러나 "먹는다"는 것은 단순히 기록된 텍스트를 암기하는 것에 대한 은유가 아니라, 요한에게 두루마리의 내용을 예언적으로 선포하라는 신적 숙명을 암시한다 (그리스어로 *dei prophēteusai*, "예언해야만 한다", 계 10:11). 이 유비에서 기록된 텍스트는 완전히 사라졌지만 요한의 구두 선포로 다시 등장한다.

우리가 읽기를 먹는 것으로 비유한 측면을 지나치게 강조한 탓에 이 본문에서 "텍스트가 사라졌다"(즉, 요한이 두루마리를 먹어서 두루마리가 없어짐―역주)고 보게 된 것인지 묻지 않을 수 없다. 이게 일곱 개의 봉인된 두루마리를 "읽는다"라는 것의 의미를 잘못 이해했음을 알려주는 신호일 수도 있기 때문이다. 하지만 나는 우리가 요한계시록 10장의 역학 관계를 잘못 읽었다고 생각하지 않는다. "예언하라"고 요한이 받은 사명은 그에게 텍스트적 성격의 의무보다는 구두적(그리고 신탁적) 성격의 의무를 강하게 지운다. 요한의 사명에 텍스트와 관련된 의무가 있다면, 그것은 기록된 텍스트를 쓰고 보전하는 일이다. 그는 텍스트를 **읽으라**는 명령을 받은 적이 없다.[58] 에스겔 2:8-3:7도 같은 역학 관계를 보여 준다. 즉, 예언자는 펼쳐진 두루마리를 보고, 그것을 먹으라는 음성을 들은 다음 이스라엘 자손에게 말하라는 지시를 받는다.[59] 이러한 일련의 사건들을 보면, "읽기"에 대한 이러한 개념화는 이 본문에서 "읽기"라는 것이 현대적 의미의 "읽기"에서 정반대로 간주하는 두 가지 일을 동시에 수행한다는 결론을 내릴 수밖에 없다. 한편으로, 이러한 읽기 개념은 실제 기록된 텍스트의 존재, 중요성, 기능을 강조한다. 요한이나 에스겔은 단순히 어딘가에 기록된 어떤 전승이나 소식을 보고하거나 반복하는 데 그치지 않는다. 그들은 분명히 기록된 텍스트를 그 텍스트가 수반하는 물질성과 실체성을 가지고 사용하며, 특정한 목적을 위해 기록된 텍스트로서의 문화적 의미를 알맞게 사용한다. 그러나 다른 한편으로 기록된 텍스트는 사라지고 공적인 선포에서 뚜렷한 역할을 하지 않는다. 예언자는 자신이 먹은 기록된 텍스트로부터 권위와 승인을 얻지만, 청중은 그의 메시지를 확증해 주는 기록된 텍스트와는 별개로 그의 권위 있는 '페르소나'(*persona*)에 전적으로 의존해야 한다.[60]

---

58 2인칭 단수 명령형 *grapson*("[글을] 써라")은 요한계시록 전체에서 12번 나오는데, 계 5장에서 두루마리가 등장하기 전에 9번(계 1:11, 19; 2:1, 8, 12, 18; 3:1, 7, 14) 나오고, 계 10장에서 요한이 펼쳐진 두루마리를 먹은 후에 3번(계 14:13; 19:9; 21:5) 나온다. 계 22:18-19의 저주는 요한계시록 내용의 본래의 상태를 보호하고, 주석가들의 말이 옳다면, 요한계시록의 내용을 5장과 10장의 봉인된 일곱 두루마리 자체와 동일시하기 위한 것이다.

59 히브리어로는 *dabbēr*, 그리스어로는 *lalēson*.

60 바울이 전한 메시지의 정확성을 확인하기 위해 "경전을 살펴본"(11절) 베뢰

＊ ＊ ＊

지금까지 매체비평이 신약 주해와 신약학계에 어떤 기여를 할 수 있는지 구체적으로 네 개의 텍스트를 살펴보며 설명하고자 했다—예수의 시험에 대한 최초의 기록인 마가복음 1:12-13, 성서 전승과 예수 전승이 결합된 요한복음 프롤로그(요 1:1-18), 신명기와 출애굽 전승을 바울이 '페쉐르'식으로 읽은 로마서 10:5-8, 왕과 연관된 의미를 지닌 봉인된 일곱 두루마리가 나오는 요한계시록 5장. 지면 관계상 초기 그리스도교 문학의 다른 범주에 속한 문서들, 즉 정경(예, 히브리서)과 비정경 문서(예, 『디다케』, 『야고보의 원복음』, 『도마복음』) 연구에 매체비평이 기여할 수 있는 부분은 다루지 못했다. 매체비평은 그리스도교 역사가 남긴 기록된 텍스트 유산을 역사적 맥락에 더 근접한 "근사값"(approximation) 내에 위치시키는 데 도움이 되는 분석적 질문과 도구를 제공한다. 앤서니 르 돈(Anthony Le Donne)과 톰 대처(2011)는 이러한 "역사적 맥락에 더 근접한 근사값"을 "1세기 매체 문화"라고 부르는데, 나는 이 용어가 "구술성"이라는 잘 정의되지 않은 모호한 용어보다 확실히 더 낫고 유용하다고 생각한다. 르 돈과 대처(그리고 그들이 편집한 책에 기고한 학자들)는 현존하는 텍스트를 그들이 재구성한 "매체 문화"의 안에 놓고 이해하는 것으로 초점을 전환함으로써, 신약 매체비평의 주요 목표—기록된 초기 그리스도교 텍스트의 기능을 텍스트의 작성,

---

아의 디아스포라 유대인들에 대한 누가의 묘사(행 17:10-13)와 대조해 보라.

공연, 수용을 포함한 본래의 맥락 안에서 해석하고 설명하기—를 적절한 테두리에 둔다(Keith의 근간 저서를 보라).[61]

우리는 늘 초기 그리스도교가 남긴 기록된 유물만을 해설하고 있다는 점을 분명히 인정해야 한다. 그럼에도 우리는 적절한 방식으로 **구술**전승에 대해 말할 수 있다. 다음과 같은 이유에서다. 첫째, 현대 신약 매체비평가들이 탐구에 사용하는 많은 모델은 구 유고슬라비아나, 아프리카와 동남아시아의 다양한 부족 문화에서, 그리고 미국 도시의 슬램 시인(slam poet: 랩퍼처럼 자기가 쓴 자유시를 역동적으로 읊는 시인—역주) 등에서 발견되는 실제 구술전승을 연구하기 위해 개발된 것들이다. 둘째, 우리는 구술 경험을 포함하여 초기 그리스도교인들이 전승을 총체적으로 경험한 것이 기록된 텍스트의 작성, 공연, 수용에 어떤 영향을 미쳤는지에 순수한 관심을 갖고 있다. 셋째, 기록된 신약 텍스트(및 정경 외 텍스트)에 대한 많

---

61 따라서 신약 매체비평은 기록된 텍스트와 또 다른 기록된 텍스트와의 상호작용(또는 상호간섭)에만 좁게 초점을 맞추는 "상호텍스트성"에 대한 문학 비평적 관심을 뛰어넘는다. 상호텍스트성과 관련하여 Foley는 이렇게 제대로 말한다. "이 비평 용어의 어원 자체가 정해진 양식을 지닌, 상호작용하는 자체적으로 완결된 항목들을 지칭하는 것으로, 각각의 배경 맥락이 어느 정도 뚜렷하게 정해지고 개별 텍스트가 그 자체로 고유하게 절대적인 지위를 유지한다는 점을 볼 수 있다. 해석의 영역이 확대되고 깊어졌음에도 불구하고, 텍스트적인 발견 방법(textual heuristics)은 무엇보다도 개별 문서에 특권을 부여할 것을 암묵적으로 요구한다"(1995a:xi). 신약에 대한 매체비평적 분석은, 단순히 어떤 텍스트를 다른 기록 텍스트와 관련하여 읽는 것이 아니라, 텍스트를 전승적인 배경 맥락에서 총체적으로 두고 이해하는 것을 목표로 한다.

은 매체비평 분석은 초기 그리스도교인들이 이러한 텍스트를 구술 현상으로 경험했다는 점을 강조한다. 그들이 기록된 복음서가 제의적으로 공개 낭독되는 가운데 공연되는 것을 들었든, 바울의 편지가 수사학적으로 낭독되는 것을 들었든 간에 말이다. 구술전 승에 대한 관심이 초기 그리스도교가 남긴 기록 텍스트에 대한 새로운 관점을 열어주는 것은 분명하다. 하지만 구전에 대한 관심이 실제 구술전승에 직접 다가갈 수 있는 통로를 열어 주지는 못한다. 그래서 이 책에서 우리는 기록 텍스트 "안에" 있을 법한 구술전승에 대한 탐색을 일관되게 피하고, 대신 (구두) 전승적 맥락 안에서 기록된 텍스트가 수행하는 기능에 초점을 맞추었다. 따라서 르 돈과 대처가 제시한 관점, 즉 1세기 매체 문화 가운데 현존하는 초기 그리스도교 텍스트를 놓고 이해하려는 노력은 가치가 있다. 이 책이 매체 문화를 재구성하고 그 안에 초기 그리스도교 텍스트를 두고 이해하는 데 관심이 있는 모든 이에게 유용한 지침이 되기를 바란다.

| 참고 문헌 |

Achtemeier, Paul J. 1990. "*Omne Verbum Sonat*: The New Testament and the Oral Environment of Late Western Antiquity." *Journal of Biblical Literature* 109/1: 3-27.

Alexander, Loveday. 1990. "The Living Voice: Scepticism towards the Written Word in Early Christian and in Graeco-Roman Texts." In *The Bible in Three Dimensions: Essays in Celebration of Forty Years of Biblical Studies in the University of Sheffield*. Journal for the Study of the Old Testament Supplement Series 87. Edited by D. J. A. Clines, S. E. Fowl, and S. E. Porter. Sheffield: Sheffield Academic Press, 221-47.

————. 2006. "What is a Gospel?" In *The Cambridge Companion to the Gospels*. Edited by S. C. Barton. Cambridge: Cambridge University Press, 13-33.

————. 2009. "Memory and Tradition in the Hellenistic Schools." In *Jesus in Memory: Traditions in Oral and Scribal Perspectives*. Edited by W. H. Kelber and S. Byrskog. Waco, TX: Baylor University Press, 113-53.

Allison, Dale C., Jr. 2000. *The Intertextual Jesus: Scripture in Q*. Harrisburg, PA: Trinity Press International.

————. 2010. *Constructing Jesus: Memory, Imagination, and History*. Grand Rapids: Baker Academic.

Assmann, Jan. 1997. *Moses the Egyptian: The Memory of Egypt in Western Monotheism*. Cambridge, MA: Harvard University Press.

Aune, David E. 1998. *Revelation*. 3 volumes. Word Biblical Commentary 52. Nashville: Thomas Nelson.

————. 2006. *Apocalypticism, Prophecy, and Magic in Early Christianity: Collected Essays*. Grand Rapids: Baker Academic.

————. 2009. "Jesus Tradition and the Pauline Letters." In *Jesus in Memory: Traditions in Oral and Scribal Perspectives*. Edited by W. Kelber and S. Byrskog. Waco, TX: Baylor University Press, 63-86.

Badenas, Robert. 1985. *Christ the End of the Law: Romans 10.4 in Pauline Perspective*. Journal for the Study of the New Testament Supplement Series 10. Sheffield: JSOT Press.

Bailey, Kenneth E. 1991. "Informal Controlled Oral Tradition and the Synoptic Gospels." *Asia Journal of Theology* 5/1: 34-54. Reprinted in *Themelios* 20 (1995a): 4-11 (citations come from the 1995 reprint).

————. 1995b. "Middle Eastern Oral Tradition and the Synoptic Gospels." *The Expository Times* 106/12: 363-7.

Bakker, Egbert J. 1997. *Poetry in Speech: Orality and Homeric Discourse*. Myth and Poetics. Ithaca, NY: Cornell University Press.

————. 1999. "How Oral is Oral Composition?" In *Signs of Orality: The Oral Tradition and its Influence in the Greek and Roman Worlds.* Supplements to Mnemosyne 188. Edited by E. A. Mackay. Leiden: Brill, 29–47.

————. 2005. *Pointing at the Past: From Formula to Performance in Homeric Poetics.* Hellenic Studies 12. Cambridge, MA: Harvard University Press.

Barrett, C. K. 1955. *The Gospel according to St. John: An Introduction with Commentary and Notes on the Greek Text.* (2nd edn 1978). Philadelphia: Westminster Press.

Bascom, William R. 1955. "Verbal Art." *Journal of American Folklore* 68: 245–52.

Bauckham, Richard J. 1993. *The Climax of Prophecy: Studies on the Book of Revelation.* Edinburgh: T&T Clark.

————. 1997. "John for Readers of Mark." In *The Gospels for All Christians: Rethinking the Gospel Audiences.* Edited by R. Bauckham. Grand Rapids: Eerdmans, 147–71.

————. 2006. *Jesus and the Eyewitnesses: The Gospels as Eyewitness Testimony.* Grand Rapids: Eerdmans.

Bauman, Richard. 1992a. "Folklore." In *Folklore, Cultural Performances, and Popular Entertainments: A Communications-centered Handbook.* Edited by R. Bauman. New York: Oxford University Press, 29–40.

————. 1992b. "Performance." In *Folklore, Cultural Performances, and Popular Entertainments: A Communications-centered Handbook.* Edited by R. Bauman. New York: Oxford University Press, 41–9.

Beasley-Murray, George R. 1999. *John.* Word Biblical Commentary 36. 2nd edition. Nashville: Thomas Nelson.

Bitzer, Lloyd F. 1968. "The Rhetorical Situation." *Philosophy and Rhetoric* 1/1: 1–14.

Botha, Pieter J. J. 1990. "Mute Manuscripts: Analysing a Neglected Aspect of Ancient Communication." *Theologia Evangelica* 23/3: 35– 47.

————. 1991. "Mark's Story as Oral Traditional Literature: Rethinking the Transmission of Some Traditions about Jesus." *Hervormde Teologiese Studies* 47/2: 304–31.

————. 1992. "Letter Writing and Oral Communication in Antiquity: Suggested Implications for the Interpretation of Paul's Letter to the Galatians." *Scriptura* 42: 17–34.

————. 1993a. "Living Voice and Lifeless Letters: Reserve towards Writing in the Graeco-Roman World." *Hervormde Teologiese Studies* 49/4: 742–59.

————. 1993b. "The Verbal Art of the Pauline Letters: Rhetoric, Performance and Presence." In *Rhetoric and the New Testament: Essays from the 1992 Heidelberg Conference.* Journal for the Study of the New Testament Supplement Series 90. Edited by S. E. Porter and T. H. Olbricht. Sheffield: Sheffield Academic Press, 409–28.

————. 2004. "Cognition, Orality-Literacy, and Approaches to First-Century Writings." In *Orality, Literacy, and Colonialism in Antiquity.* Semeia Studies 47. Edited by J. A. Draper. Atlanta: Society of Biblical Literature, 37–63.

————. 2005. "New Testament Texts in the Context of Reading Practices of the Roman

Period: The Role of Memory and Performance." *Scriptura* 90: 621-40.

—————. 2009a. "Authorship in Historical Perspective and its Bearing on New Testament and Early Christian Texts and Contexts." *Scriptura* 102: 495-510.

—————. 2009b. "The Greco-Roman Book: Contextualising Early Christian Documents." *Acta Patristica et Byzantina* 20: 2-27.

Boyarin, Daniel. 2004. *Border Lines: The Partition of Judaeo-Christianity*. Divinations: Rereading Late Ancient Religion. Philadelphia: University of Pennsylvania Press.

Bultmann, Rudolf. 1963. *History of the Synoptic Tradition*. Translated by John Marsh. Oxford: Basil Blackwell.

—————. 1971. *The Gospel of John: A Commentary*. Translated by G. R. Beasley-Murray. Philadelphia: Westminster Press.

Burnyeat, M. F. 1997. "Postscript on Silent Reading." *The Classical Quarterly* 47/1: 74-76.

Byrskog, Samuel. 2000. *Story as History, History as Story: The Gospel Tradition in the Context of Ancient Oral Historiography*. Wissenschaftliche Untersuchungen zum Neuen Testament 123. Tübingen: Mohr Siebeck.

Caneday, A. B. 1999. "Mark's Provocative Use of Scripture in Narration: 'He was with the Wild Animals and Angels Ministered to Him.'" *Bulletin for Biblical Research* 9: 19-36.

Carr, David M. 2005. *Writing on the Tablet of the Heart: Origins of Scripture and Literature*. Oxford: Oxford University Press.

Carson, D. A., Douglas J. Moo, and Leon Morris. 1992. *An Introduction to the New Testament*. Grand Rapids: Zondervan. Second edition: 2005.

Cartlidge, David R. 1990. "Combien d'unités avez-vous de trois à quatre? What Do We Mean by Intertextuality in Early Church Studies?" In *SBL Seminar Papers* 29. Edited by D. J. Lull. Atlanta: Scholars Press, 400-11.

Casey, Maurice. 2010. *Jesus of Nazareth: An Independent Historian's Account of his Life and Teaching*. London: T&T Clark International.

Charles, Robert Henry. 1920. *A Critical and Exegetical Commentary on the Revelation of St John*. 2 volumes. International Critical Commentary. New York: Charles Scribner's Sons.

Choat, Malcolm and Rachel Yuen-Collingridge. 2009. "A Church with No Books and a Reader Who Cannot Write: The Strange Case of *P.Oxy.* 33.2673." *Bulletin of the American Society of Papyrologists* 46: 109-38.

Craffert, Pieter F. and Pieter J. J. Botha. 2005. "Why Jesus Could Walk on the Sea but He Could Not Read and Write: Reflections on Historicity and Interpretation in Historical Jesus Research." *Neotestamenica* 39/1: 5-35.

Crossley, James G. 2004. *The Date of Mark's Gospel: Insight from the Law in Earliest Christianity*. Journal for the Study of the New Testament Supplement Series 266. London: T&T Clark International.

—————. 2010. *The New Testament and Jewish Law*. A Guide for the Perplexed. London: T&T

Clark International.

Culpepper, Alan R. 1983. *Anatomy of the Fourth Gospel: A Study in Literary Design*. Philadelphia: Fortress Press.

Davis, Casey W. 1999. *Oral Biblical Criticism: The Influence of the Principles of Orality on the Literary Structure of Paul's Epistle to the Philippians*. Journal for the Study of the New Testament Supplement Series 172. Sheffield: Sheffield Academic Press.

──────. 2008. "Hebrews 6:4-6 from an Oral Critical Perspective." *Journal of the Evangelical Theological Society* 51/4: 753-67.

Dewey, Arthur J. 1995. "A Re-Hearing of Romans 10:1-15." In *Orality and Textuality in Early Christian Literature*. Semeia 65. Edited by J. Dewey. Atlanta: Society of Biblical Literature, 109-27.

Dewey, Joanna. 1973. "The Literary Structure of the Controversy Stories in Mark 2:1-3:6." *Journal of Biblical Literature* 92/3: 394-401.

──────. 1980. *Markan Public Debate: Literary Technique, Concentric Structure and Theology in Mark 2:1-3:6*. Society of Biblical Literature Dissertation Series 48. Chico, CA: Scholars Press.

──────. 1989. "Oral Methods of Structuring Narrative in Mark." *Interpretation* 43/1: 32-44.

──────. 1991. "Mark as Interwoven Tapestry: Forecasts and Echoes for a Listening Audience." *Catholic Biblical Quarterly* 53/2: 221-36.

──────. 1992. "Mark as Aural Narrative: Structures as Clues to Understanding." *Sewanee Theological Review* 36/1: 45-56.

──────. 1995. "Textuality in an Oral Culture: A Survey of the Pauline Traditions." In *Orality and Textuality in Early Christian Literature*. Semeia 65. Edited by J. Dewey. Atlanta: Society of Biblical Literature, 37-65.

──────. 2008. "The Gospel of Mark as Oral Hermeneutic." In *Jesus, the Voice, and the Text: Beyond The Oral and the Written Gospel*. Edited by T. Thatcher. Waco, TX: Baylor University Press, 71-87.

Dewey, Joanna, ed. 1995. *Orality and Textuality in Early Christian Literature*. Semeia 65. Atlanta: Scholars Press.

Dibelius, Martin. 1935. *From Tradition to Gospel*. Translated by Bertram Lee Woolf. New York: Charles Scribner's Sons.

Dunn, James D. G. 1988. *Romans*. 2 volumes. Word Biblical Commentary 38. Nashville: Thomas Nelson.

──────. 2003a. "Altering the default setting: re-envisaging the early transmission of the Jesus tradition." *New Testament Studies* 49/2: 139-75. Reprinted in Dunn 2005: 79-125 (citations come from the 2005 reprint).

──────. 2003b. *Jesus Remembered*. Christianity in the Making 1. Grand Rapids and Cambridge: Eerdmans.

—————. 2005. *A New Perspective on Jesus: What the Quest for the Historical Jesus Missed.* London: SPCK.

—————. 2009. "Kenneth Bailey's Theory of Oral Tradition: Critiquing Theodore Weeden's Critique." *Journal for the Study of the Historical Jesus* 7/1: 44–62.

Edwards, James R. 2002. *The Gospel According to Mark.* The Pillar New Testament Commentary. Grand Rapids: Eerdmans.

Ehrman, Bart D. 1993. *The Orthodox Corruption of Scripture: The Effect of Early Christological Controversies on the Text of the New Testament.* Oxford: Oxford University Press.

—————. 2005. *Misquoting Jesus: The Story behind Who Changed the Bible and Why.* San Francisco: HarperCollins.

Elman, Yaakov. 1999. "Orality and the Redaction of the Babylonian Talmud." *Oral Tradition* 14/1: 52–99.

Evans, Craig A. 2004. "Sorting out the Synoptic Problem: Why an Old Approach is Still Best." In *Reading the Gospels Today.* Edited by S. Porter. Grand Rapids: Eerdmans, 1–26.

Fekkes, Jan. 1994. *Isaiah and Prophetic Traditions in the Book of Revelation: Visionary Antecedents and their Development.* Journal for the Study of the New Testament Supplement Series 93. Sheffield: JSOT Press.

Finnegan, Ruth. 1990. "What is Orality—if Anything?" *Byzantine and Modern Greek Studies* 14: 130–49.

Foley, John Miles. 1988. *The Theory of Oral Composition: History and Methodology.* Bloomington, IN: Indiana University Press.

—————. 1991. *Immanent Art: From Structure to meaning in Traditional Oral Epic.* Bloomington, IN: Indiana University Press.

—————. 1995a. *The Singer of Tales in Performance.* Voices in Performance and Text. Bloomington, IN: Indiana University Press.

—————. 1995b. "Words in Tradition, Words in Text: A Response." In *Orality and Textuality in Early Christian Literature.* Semeia 65. Edited by J. Dewey. Atlanta: Society of Biblical Literature, 169–80.

—————. 1999. "What's in a Sign?" In *Signs of Orality: The Oral Tradition and its Influence in the Greek and Roman Worlds.* Supplements to Mnemosyne 188. Edited by E. Anne Mackay. Leiden: Brill, 1–27.

—————. 2006. "The Riddle of Q: Oral Ancestor, Textual Precedent, or Ideological Creation?" In *Oral Performance, Popular Tradition, and Hidden Transcript in Q.* Semeia. Edited by R. A. Horsley. Atlanta: Society of Biblical Literature, 123–40.

France, Richard T. 2002. *The Gospel of Mark: A Commentary on the Greek Text.* New International Greek Testament Commentary. Grand Rapids: Eerdmans.

Fuchs, Ernst. 1964. "The Quest of the Historical Jesus." In *Studies of the Historical Jesus.* Translated by A. Scobie. Studies in Biblical Theology 42. London: SCM, 1964, 11–31.

Fusi, Alessandra. 2003. "The Oral/Literate Model: A Valid Approach for New Testament Studies?" PhD Thesis. Sheffield: The University of Sheffield.

Gamble, Harry Y. 1995. *Books and Readers in the Early Church: A History of Early Christian Texts.* New Haven, CT: Yale University Press.

Gavrilov, A. K. 1997. "Techniques of Reading in Classical Antiquity." *The Classical Quarterly* 47/1: 56–73.

Gerhardsson, Birger. 1961. *Memory and Manuscript: Oral Tradition and Written Transmission in Rabbinic Judaism and Early Christianity.* Acta Seminarii Neotestamentici Upsaliensis 22. Translated by E. J. Sharpe. Lund: C. W. K. Gleerup. Republished with *Tradition and Transmission* by Eerdmans (1998).

————. 1964. *Tradition and Transmission in Early Christianity.* Coniectanea Neotestamentica 20. Translated by E. J. Sharpe. Lund: C. W. K. Gleerup. Republished with *Memory and Manuscript* by Eerdmans (1998).

————. 1991. "Illuminating the Kingdom: Narrative Meshalim in the Synoptic Gospels." *Jesus and the Oral Gospel Tradition.* Journal for the Study of the New Testament Supplement Series 64. Edited by H. Wansbrough. Sheffield: Sheffield Academic Press, 266–309.

————. 2001. *The Reliability of the Gospel Tradition.* With a foreword by D. A. Hagner. Peabody, MA: Hendrickson.

————. 2005. "The Secret of the Transmission of the Unwritten Jesus Tradition." *New Testament Studies* 51: 1–18.

Gilliard, Frank D. 1993. "More Silent Reading in Antiquity: *Non Omne Verbum Sonat.*" *Journal of Biblical Literature* 112/4: 689–94.

Gombis, Timothy G. 2010. *Paul.* A Guide for the Perplexed. London: T&T Clark International.

Goodacre, Mark. 2002. *The Case against Q: Studies in Markan Priority and the Synoptic Problem.* Harrisburg, PA: Trinity Press International.

————. 2012. *Thomas and the Gospels: The Case for* Thomas's *Familiarity with the Synoptics.* Grand Rapids: Eerdmans.

Goody, Jack and Ian Watt. 1968. "The Consequences of Literacy." Reprinted in *Perspectives on Literacy* [1988]. Edited by E. R. Kintgen, B. M. Kroll, and M. Rose. Carbondale, IL: Southern Illinois University Press, 3–27.

Graham, William A. 1987. *Beyond the Written Word: Oral Aspects of Scripture in the History of Religion.* Cambridge: Cambridge University Press.

Green, Joel B., Scot McKnight, and I. Howard Marshall, eds. 1992. *Dictionary of Jesus and the Gospels.* Downers Grove, IL: InterVarsity Press.

Harris, William V. 1989. *Ancient Literacy.* Cambridge: Harvard University Press.

Harvey, John D. 1998. *Listening to the Text: Oral Patterning in Paul's Letters.* Evangelical Theological Society Studies Series 1. Grand Rapids: Baker.

Havelock, Eric A. 1963. *Preface to Plato.* Cambridge: Belknap of Harvard University.

─────. 1984. "Oral Composition in the *Oedipus Tyrannus* of Sophocles." *New Literary History* 16/1: 175–97.

Hays, Richard B. 1989. *Echoes of Scripture in the Letters of Paul*. New Haven, CT: Yale University Press.

Hearon, Holly E. 2008. "Storytelling in Oral and Written Media Contexts of the Ancient Mediterranean World." In *Jesus, the Voice, and the Text: Beyond The Oral and the Written Gospel*. Edited by T. Thatcher. Waco, TX: Baylor University Press, 89–110.

Heil, John Paul. 2006. "Jesus with the Wild Animals in Mark 1:13." *Catholic Biblical Quarterly* 68/1: 63–78.

Hezser, Catherine. 2001. *Jewish Literacy in Roman Palestine*. Texts and Studies in Ancient Judaism 81. Tübingen: Mohr Siebeck.

Hoffmann, Joseph R. 1987. *Celsus: On the True Doctrine: A Discourse against the Christians*. New York: Oxford University Press.

Holmes, Michael W. 2007. *The Apostolic Fathers: Greek Texts and English Translations*. 3rd edn. Grand Rapids: Baker Academic.

Holtz, Traugott. 1991. "Paul and the Oral Gospel Tradition." In *Jesus and the Oral Gospel Tradition*. Journal for the Study of the New Testament: Supplement Series 64. Edited by H. Wansbrough. Sheffield: Sheffield Academic Press, 380–93.

Hooker, Morna D. 1970. "Christology and Methodology." *New Testament Studies* 17: 480–7.

─────. 1972. "On Using the Wrong Tool." *Theology* 75: 570–81.

Horsley, Richard A. 1994. "Innovation in Search of Reorientation: New Testament Studies Rediscovering its Subject Matter." *Journal of the American Academy of Religion* 62/4: 1127–66.

─────. 2001. *Hearing the Whole Story: The Politics of Plot in Mark's Gospel*. Louisville, KY: Westminster John Knox Press.

─────. 2010. "Oral and Written Aspects of the Emergence of the Gospel of Mark as Scripture." *Oral Tradition* 25/1: 93–114.

Horsley, Richard A., with Jonathan A. Draper. 1999. *Whoever Hears You Hears Me: Prophets, Performance, and Tradition in Q*. Harrisburg, PA: Trinity Press International.

Horsley, Richard A., Jonathan A. Draper, and John Miles Foley, eds. 2006. *Performing the Gospel: Orality, Memory, and Mark. Essays Dedicated to Werner Kelber*. Minneapolis: Fortress Press.

Hurtado, Larry W. 1985. "Revelation 4–5 in the Light of Jewish Apocalyptic Analogies." *Journal for the Study of the New Testament* 25: 105–24.

─────. 1989. *Mark*. New International Biblical Commentary. Peabody, MA: Hendrickson.

─────. 1997. "Greco-Roman Textuality and the Gospel of Mark: A Critical Assessment of Werner Kelber's *The Oral and the Written Gospel*." *Bulletin for Biblical Research* 7: 91–106.

Ito, Akio. 2006. "The Written Torah and the Oral Gospel: Romans 10:5–13 in the Dynamic

Tension between Orality and Literacy." *Novum Testamentum* 48/3: 234–60.

Iverson, Kelly R. 2009. "Orality and the Gospels: A Survey of Recent Research." *Currents in Biblical Research* 8/1: 71–106.

Jewett, Robert. 2007. *Romans*. Hermeneia. Minneapolis: Fortress Press.

Johnson, William A. 2000. "Toward a Sociology of Reading in Classical Antiquity." *The American Journal of Philology* 121/4: 593–627.

—————. 2010. *Readers and Reading Culture in the High Roman Empire: A Study of Elite Communities*. Classical Culture and Society. Oxford: Oxford University Press.

Keightley, Georgia Masters. 2005. "Christian Collective Memory and Paul's Knowledge of Jesus." In *Memory, Tradition, and Text: Uses of the Past in Early Christianity*. Semeia Studies 52. Edited by A. Kirk and T. Thatcher. Atlanta: Society of Biblical Literature, 129–50.

Keith, Chris. 2009. *The* Pericope Adulterae, *the Gospel of John, and the Literacy of Jesus*. New Testament Tools, Studies and Documents 38. Leiden: Brill.

—————. 2010. "The Claim of John 7.15 and the Memory of Jesus' Literacy." *New Testament Studies* 56/1: 44–63.

—————. 2011a. *Jesus' Literacy: Scribal Culture and the Teacher from Galilee*. Library of Historical Jesus Studies 8. Library of New Testament Studies 413. London: T&T Clark International.

—————. 2011b. "Memory and Authenticity: Jesus Tradition and What Really Happened." *Zeitschrift für die neutestamentliche Wissenschaft und die Kunder der älteren Kirche* 102: 155–77.

—————. 2012. "The Indebtedness of the Criteria Approach to Form Criticism and Recent Attempts to Rehabilitate the Search for an Authentic Jesus." In *Jesus, Criteria, and the Demise of Authenticity*. Edited by C. Keith and A. Le Donne. London: T&T Clark International, 25–48.

—————. forthcoming. "Prolegomena on the Textualization of Mark's Gospel: Manuscript Culture, the Extended Situation, and the Emergence of the Written Gospel." In *Keys and Frames: Memory and Identity in Ancient Judaism and Early Christianity*. Semeia Studies. Edited by T. Thatcher. Atlanta: Society of Biblical Literature.

Keith, Chris and Anthony Le Donne, eds. 2012. *Jesus, Criteria, and the Demise of Authenticity*. London: T&T Clark International.

Kelber, Werner H. 1983. *The Oral and the Written Gospel: The Hermeneutics of Speaking and Writing in the Synoptic Tradition, Mark, Paul, and Q*. Philadelphia: Fortress Press. Reissued in 1997 by Indiana University Press.

—————. 1995. "Jesus and Tradition: Words in Time, Words in Space." In *Orality and Textuality in Early Christian Literature*. Semeia 65. Edited by J. Dewey. Atlanta: Society of Biblical Literature, 139–67.

—————. 1997. "Introduction." *The Oral and the Written Gospel: The Hermeneutics of Speaking and Writing in the Synoptic Tradition, Mark, Paul, and Q.* Voices in Performance and Text. Bloomington, IN: Indiana University Press, xix–xxxi.

──────. 2009. "Conclusion: The Work of Birger Gerhardsson in Perspective." In *Jesus in Memory: Traditions in Oral and Scribal Perspectives.* Edited by W. Kelber and S. Byrskog. Waco, TX: Baylor University Press, 173–206.

──────. 2010. "The History of the Closure of Biblical Texts." In *The Interface of Orality and Writing: Speaking, Seeing, Writing in the Shaping of New Genres.* Wissenschaftliche Untersuchungen zum Neuen Testament 260. Edited by A. Weissenrieder and R. Coote. Tübingen: Mohr Siebeck, 2010, 71–99.

Kelber, Werner H. and Samuel Byrskog, eds. 2009. *Jesus in Memory: Traditions in Oral and Scribal Perspectives.* Waco, TX: Baylor University Press.

Kelber, Werner H. and Tom Thatcher. 2008. "'It's Not Easy to Take a Fresh Approach': Reflections on *The Oral and the Written Gospel* (an Interview with Werner Kelber)." In *Jesus, the Voice, and the Text: Beyond* The Oral and the Written Gospel. Edited by T. Thatcher. Waco, TX: Baylor University Press, 27–43.

Kirk, Alan. 2008. "Manuscript Tradition as a *Tertium Quid*: Orality and Memory in Scribal Practices." In *Jesus, the Voice, and the Text: Beyond* The Oral and the Written Gospel. Edited by T. Thatcher. Waco, TX: Baylor University Press, 215–34.

Kirk, Alan and Tom Thatcher, eds. 2005. *Memory, Tradition, and Text: Uses of the Past in Early Christianity.* Semeia Studies 52. Atlanta: Society of Biblical Literature.

Koester, Craig R. 2001. *Revelation and the End of All Things.* Grand Rapids: Eerdmans.

Köstenberger, Andreas J. 2004. *John.* Baker Exegetical Commentary on the New Testament. Grand Rapids: Baker Academic.

Le Donne, Anthony and Tom Thatcher, eds. 2011. *The Fourth Gospel in First-Century Media Culture.* European Studies on Christian Origins. Library of New Testament Studies 426. London: T&T Clark International.

Lincoln, Andrew T. 2005. *The Gospel according to Saint John.* Black's New Testament Commentaries. London: Continuum.

Linton, Gregory L. 1993. *Intertextuality in the Revelation of John.* PhD Thesis. Durham, NC: Duke University.

Lohr, Charles H. 1961. "Oral Techniques in the Gospel of Matthew." *Catholic Biblical Quarterly* 23/4: 403–35.

Lord, Albert B. 1960. *The Singer of Tales.* Harvard Studies in Comparative Literature 24. Cambridge: Harvard University Press.

──────. 1978. "The Gospels as Oral Traditional Literature." In *Relationships among the Gospels: An Interdisciplinary Dialogue.* Edited by W. O. Walker. San Antonio, TX: Trinity University Press, 33–91.

Marcus, Joel. 1992. *The Way of the Lord: Christological Exegesis of the Old Testament in the Gospel of Mark*. Louisville, KY: Westminster John Knox.

Mauser, Ulrich W. 1963. *Christ in the Wilderness: The Wilderness Theme in the Second Gospel and Its Basis in the Biblical Tradition*. Studies in Biblical Theology 39. Naperville, IL: Allenson.

Maxey, James A. 2009. *From Orality to Orality: A New Paradigm for Contextual Translation of the Bible*. Biblical Performance Criticism 2. Eugene, OR: Cascade Books.

Metzger, Bruce M. and Bart D. Ehrman. 2005. *The Text of the New Testament: Its Transmission, Corruption, and Restoration*. 4th edition. Oxford: Oxford University Press.

Michaels, Ramsey J. 2010. *The Gospel of John*. New International Commentary on the New Testament. Grand Rapids: Eerdmans.

Morris, Leon. 1995. *The Gospel according to John*. New International Commentary on the New Testament. Grand Rapids: Eerdmans.

Mournet, Terence. 2005. *Oral Tradition and Literary Dependency: Variability and Stability in the Synoptic Tradition and Q*. Wissenschaftliche Untersuchungen zum Neuen Testament 2/195. Tübingen: Mohr Siebeck.

Moyise, Steve. 1995. *The Old Testament in the Book of Revelation*. Journal for the Study of the New Testament Supplement Series 115. Sheffield: Sheffield Academic Press.

North, Wendy E. Sproston. 2003. "John for Readers of Mark? A Response to Richard Bauckham's Proposal." *Journal for the Study of the New Testament* 25/4: 449–68.

O'Grady, John F. 2007. "The Prologue and Chapter 17 of the Gospel of John." In *What We Have Heard from the Beginning: The Past, Present, and Future of Johannine Studies*. Edited by T. Thatcher. Waco, TX: Baylor University Press, 215–28.

Ong, Walter. 1971. *Rhetoric, Romance, and Technology*. Ithaca, NY: Cornell University Press.

—————. 1978. "Technology Outside Us and Inside Us." *Communio* 5/2: 100–21.

—————. 1982. *Orality and Literacy: The Technologizing of the Word*. London: Methuen.

Osborne, Grant R. 2002. *Revelation*. Baker Exegetical Commentary on the New Testament. Grand Rapids: Baker Academic.

Parker, David C. 1997. *The Living Text of the Gospels*. Cambridge: Cambridge University Press.

Resseguie, James L. 2009. *The Revelation of John: A Narrative Commentary*. Grand Rapids: Baker Academic.

Rhoads, David. 2006a. "Performance Criticism: An Emerging Methodology in Second Testament Studies—Part I." *Biblical Theology Bulletin* 36: 1–16.

—————. 2006b. "Performance Criticism: An Emerging Methodology in Second Testament Studies—Part II." *Biblical Theology Bulletin* 36: 164–84.

Rodríguez, Rafael. 2009. "Reading and Hearing in Ancient Contexts." *Journal for the Study of the New Testament* 32/2: 151–78.

—————. 2010. *Structuring Early Christian Memory: Jesus in Tradition, Performance and Text*. European Studies on Christian Origins. Library of New Testament Studies 407. London: T&T Clark International.

Sanders, E. P. 1969. *The Tendencies of the Synoptic Tradition.* Society for New Testament Studies Monograph Series 9. Cambridge: Cambridge University Press.

Schmidt, Karl. 1919. *Der Rahmen der Geschichte Jesu.* Berlin: Trowitzsch & Sohn.

Schnackenburg, Rudolf. 1968. *The Gospel according to St John.* 3 volumes. Herder's Theological Commentary on the New Testament. Translated by K. Smyth. New York: Herder and Herder.

Shiner, Whitney. 2003. *Proclaiming the Gospel: First-Century Performance of Mark.* Harrisburg, PA: Trinity Press International.

————. 2009. "Oral Performance in the New Testament World." In *The Bible in Ancient and Modern Media: Story and Performance.* Biblical Performance Criticism 1. Edited by H. E. Hearon and P. Ruge-Jones. Eugene, OR: Cascade Books, 49–63.

Silberman, Lou, ed. 1987. *Orality, Aurality, and Biblical Narrative.* Semeia 39. Decatur, GA: Scholars Press.

Smith, Morton. 1963. "A Comparison of Early Christian and Early Rabbinic Tradition." *Journal of Biblical Literature* 82/2: 169–76.

Stefanović, Ranko. 1996. *The Backgrounds and Meaning of the Sealed Book of Revelation 5.* Andrews University Seminary Doctoral Dissertation Series 22. Berrien Springs, MI: Andrews University Press.

Stein, Robert H. 2008. *Mark.* Baker Exegetical Commentary on the New Testament. Grand Rapids: Baker Academic.

Stock, Brian. 1983. *The Implications of Literacy: Written Language and Models of Interpretation in the Eleventh and Twelfth Centuries.* Princeton: Princeton University Press.

Strauss, Mark L. 2007. *Four Portraits, One Jesus: An Introduction to Jesus and the Gospels.* Grand Rapids: Zondervan.

Talbert, Charles H. 1974. *Literary Patterns, Theological Themes and the Genre of Luke-Acts.* Society of Biblical Literature Monograph Series 20. Missoula, MT: Scholars Press.

Taylor, Vincent. 1933. *The Formation of the Gospel Tradition.* London: Macmillan and Co.

Thatcher, Tom. 2011. "The Riddle of the Baptist and the Genesis of the Prologue: John 1.1–18 in Oral/Aural Media Culture." In *The Fourth Gospel in First-Century Media Culture.* European Studies on Christian Origins. Library of New Testament Studies 426. Edited by A. Le Donne and T. Thatcher. London: T&T Clark International, 29–48.

Thatcher, Tom, ed. 2008. *Jesus, the Voice, and the Text: Beyond* The Oral and the Written Gospel. Waco, TX: Baylor University Press.

Thomas, Rosalind. 1992. *Literacy and Orality in Ancient Greece.* Key Themes in Ancient History. Cambridge: Cambridge University Press.

Tödt, Heinz Eduard. 1965. *The Son of Man in the Synoptic Tradition.* Translated by D. M. Barton. Philadelphia: Westminster Press.

von Wahlde, Urban C. 2010. *The Gospel and Letters of John.* 3 volumes. Eerdmans Critical

Commentary. Grand Rapids: Eerdmans.

Wallace, Daniel B. 1996. *Greek Grammar beyond the Basics: An Exegetical Syntax of the New Testament*. Grand Rapids: Zondervan.

Ward, Richard F. 1995. "Pauline Voice and Presence as Strategic Communication." In *Orality and Textuality in Early Christian Literature*. Semeia 65. Edited by J. Dewey. Atlanta: Society of Biblical Literature, 95–107.

Weeden, Theodore J., Sr. 1979. "Metaphysical Implications of Kelber's Approach to Orality and Textuality: A Response to Werner Kelber's, 'Mark and the Oral Tradition.'" In *SBL Seminar Papers, 1979*. 2 vols. Edited by P. J. Achtemeier. Society of Biblical Literature Seminar Papers 17. Missoula, MT: Scholars Press, 2:153–66.

————. 2009. "Kenneth Bailey's Theory of Oral Tradition: A Theory Contested by its Evidence." *Journal for the Study of the Historical Jesus* 7/1: 3–43.

Weissenrieder, Annette and Robert B. Coote, eds. 2010. *The Interface of Orality and Writing: Speaking, Seeing, Writing in the Shaping of New Genres*. Wissenschaftliche Untersuchungen Zum Neuen Testament 260. Tübingen: Mohr Siebeck.

Witherington, Ben, III, with Darlene Hyatt. 2004. *Paul's Letter to the Romans: A Socio-Rhetorical Commentary*. Grand Rapids: Eerdmans.

Wright, N. T. 1996. *Jesus and the Victory of God*. Christian Origians and the Question of God 2. Minneapolis: Fortress Press.

————. 2002. "The Letter to the Romans: Introduction, Commentary, and Reflections." In *The New Interpreter's Bible: A Commentary in Twelve Volumes*. Volume 10. Edited by Leander E. Keck. Nashville: Abingdon Press, 393–770.

Yarbro Collins, Adela. 2007. *Mark: A Commentary*. Hermeneia. Minneapolis: Fortress Press.

Young, Stephen E. 2011. *Jesus Tradition in the Apostolic Fathers*. Wissenschaftliche Untersuchungen zum Neuen Testament 2/311. Tübingen: Mohr Siebeck.

기타 고대 문헌